U0663622

高职高专物业管理专业规划教材

物业管理招投标

全国房地产行业培训中心　组织编写

张弘武　主　编

中国建筑工业出版社

图书在版编目(CIP)数据

物业管理招投标/张弘武主编. —北京：中国建筑
工业出版社，2014.3（2022.4重印）
高职高专物业管理专业规划教材
ISBN 978-7-112-16158-4

Ⅰ.①物… Ⅱ.①张… Ⅲ.①物业管理-招标-高
等职业教育-教材②物业管理-投标-高等职业教育-教
材 Ⅳ.①F293.33

中国版本图书馆 CIP 数据核字(2013)第 285416 号

本书是由全国房地产行业培训中心组织编写的高职高专物业管理专业规划教
材，主要介绍物业管理招投标中涉及的工作任务、工作过程和能力训练。主要内
容包括：物业管理招投标所涉及的基本概念、物业管理招投标的主要工作任务、
完成工作任务的主体、完成工作任务必备的知识、招投标的工作过程、物业管理
招标工作过程、物业管理投标工作过程、物业管理决标工作过程、工学结合训练
职业能力、招标策划能力训练、编制投标文件、现场答辩能力训练等。

本书可作为高职高专物业管理专业教材，也可供从事物业管理招投标工作的
人员参考使用。

责任编辑：王 跃 张 晶 吉万旺
责任设计：李志立
责任校对：陈晶晶 赵 颖

高职高专物业管理专业规划教材
物业管理招投标
全国房地产行业培训中心 组织编写
张弘武 主 编

＊

中国建筑工业出版社出版、发行（北京西郊百万庄）
各地新华书店、建筑书店经销
北京科地亚盟排版公司制版
北京建筑工业印刷厂印刷

＊

开本：787×1092毫米 1/16 印张：13 字数：323千字
2014年3月第一版 2022年4月第五次印刷
定价：**30.00**元
ISBN 978-7-112-16158-4
（24928）

序　言

　　《高职高专物业管理专业规划教材》是天津国土资源和房屋职业学院暨全国房地产行业培训中心骨干教师主编、中国建筑工业出版社出版的我国第一套高职高专物业管理专业规划教材，当时的出版填补了该领域空白。本套教材共有 11 本，有 5 本被列入普通高等教育土建学科专业"十二五"规划教材。

　　本套教材紧紧围绕高等职业教育改革发展目标，以行业需求为导向，遵循校企合作原则，以培养物业管理优秀高端技能型专门人才为出发点，确定编写大纲及具体内容，并由理论功底扎实，具有实践能力的"双师型"教师和企业实践指导教师共同编写。参加教材编写的人员汇集了学院和企业的优秀专业人才，他们中既有从事多年教学、科研和企业实践的老教授，也有风华正茂的中青年教师和来自实习基地的实践教师。因此，此套教材既能满足理论教学，又能满足实践教学需要，体现了职业教育适应性、实用性的特点，除能满足高等职业教育物业管理专业的学历教育外，还可用于物业管理行业的职业培训。

　　十余年来，本套教材被各大院校和专业人员广泛使用，为物业管理知识普及和专业教育做出了巨大贡献，并于 2009 年获得普通高等教育天津市级教学成果二等奖。

　　此次第二版修订，围绕高等职业教育物业管理专业和课程建设需要，以"工作过程"、"项目导向"和"任务驱动"为主线，补充了大量的相关知识，充分体现了优秀高端技能型专门人才培养规律和高职教育特点，保持了教材的实用性和前瞻性。

　　希望本套教材的出版，能为促进物业管理行业健康发展和职业院校教学质量提高做出贡献，也希望天津国土资源和房屋职业学院的教师们与时俱进、钻研探索，为国家和社会培养更多的合格人才，编写出更多、更好的优秀教材。

天津市国土资源和房屋管理局副局长

天津市历史风貌建筑保护专家咨询委员会主任

路红

2012 年 9 月 10 日

前　言

我国物业管理市场化的进程比较缓慢，物业管理服务虽已开展多年但仍未形成公平有序的市场竞争环境。2003 年《物业管理条例》的出台，促进了物业管理市场的发展，迫使一些住宅项目的物业管理走向市场公开招标。为了适应物业管理发展的需要，笔者当时曾将《物业管理市场》一书奉献给了读者。该书旨在剖析物业管理市场运行规律，探索关联主体之间的约束机制，以求对市场发展有所裨益。最近十余年，人们对物业管理市场的认识发生了很大的变化，从研究市场的特点而转向具体工作细节。为此在物业管理系列教材再版之际，笔者根据近几年招投标策划和评标实践中的心得将原书重写，且将其更名为《物业管理招投标》。

本书适用于物业管理相关专业的学生和业内人士，其内容包括了物业管理招标、投标和决标的工作过程。为了满足在校学生和从业人员实训需要，还用了较多笔墨描述了能力训练的手段和方法，供读者参考。

本书由张弘武教授担任主编并编写了第 1、2、3、5、6、8、9、10、11、12 章；工程师张帆编写了第 4、7 章；高级经济师刘喜英和副教授佟颖春担任主审；副教授马丽参与了本书的校对。许多物业管理业内人士都为本书提供了相关信息，在此共致谢忱。

因作者水平所限，疏漏谬误在所难免，恳请业内专家斧正。

目　　录

上篇　工作任务篇

中篇　工作过程篇

下篇　能力训练篇

上篇 工作任务篇

1 物业管理招投标所涉及的基本概念

1.1 工作对象——物业

物业是物业管理的标的物，是研究物业管理的核心，也是物业管理招投标的工作对象之一。在招投标过程中，招标方必须根据物业的实际情况编制招标文件，同时也要组织投标方到现场查勘，分析研究物业具体情况才能有针对性地编制标书。

1.1.1 物业的含义

"物业"原为香港地方俚俗之语，意指单元性的房地产，包括一宗土地、一幢楼宇或一套住房。20世纪80年代初这一概念已经传到内地，但字典中并无确切解释，将其理解为房地产也不十分准确，因此内地多不使用。自从1994年《城市新建住宅小区管理办法》出台以后，为了区别房地产消费过程中传统的管理模式，而把新的管理模式称之为"物业管理"。从此"物业"一词不胫而走，成为家喻户晓的概念。但我们所指的物业与香港人所说的物业并不完全相同。我们所指的物业是消费阶段的房地产，而香港所说的物业包括了尚未开发建设的生地。

抛开物业的社会属性不谈，物业的自然属性应包括房屋和土地。但《物业管理条例》的第六条明确指出："房屋的所有权人为业主"。意即物业管理中所说的"物业"不涉及土地。因为业主应当是财产的所有权人，而按照《宪法》规定，我国"城市的土地属于国家所有"。任何人都不会拥有土地的所有权，最多只能拥有使用权。因此，业主所拥有的所有权中不包括土地。在以后的探讨中也仅围绕着有关房屋、相关设施、设备和场地问题，而不探讨没有建筑物的素地及其使用权问题。

"物业"的概念官方并无法定解释，《物业管理条例》也未直接作出回答。如果我们把管理的标的理解为物业，或者按照一些地方法规对物业的诠释，则"物业"应该是指："房屋和与其相配套的共用设施、设备和场地。"这一解释在业内基本能够达到共识。

物业是管理的标的物，是物业管理活动的载体，是竞标工作的对象，也是沟通各主体之间关系的介质。对于异产毗连房屋（即多主楼宇或区分所有权建筑），由于存在着共有部位或共有设备，因此众多业主才成为某一不动产的共有人。为了维护共有财产的完好，就需要每一个业主承担一定的义务。物业是连接业主的共同利益的纽带，业主之间的相互制约仅涉及因物业业权而引起的行为。物业是确立业主之间财产共有人关系的介质。如果没有物业就不存在物业管理服务行为，业主和物业管理公司就是毫不相干的两个主体。有些登门入户的服务活动属于家政服务，而不是物业管理服务。因此，物业是反映物业管理服务质量，连接物业管理供求双方的介质。

1.1.2 物业的分类

在研究物业管理招投标的过程中，肯定要涉及各种类型的物业。为了后面描述问题的方便，在这里必须把不同物业类型分析清楚。物业的分类方法有很多种，许多专家、学者各持己见，很难统一，业内也有许多不同的看法。一般认为，研究任何问题应以法律、法规和规范规定为准。房屋虽然不等于物业，但房屋毕竟是物业的物质形态构成核心，尤其是回避了土地问题以后，研究物业更应当围绕房屋及其配套设施、设备和场地进行。

有关房屋的分类，我国《房产测量规范》中有明确的规定，应以国家现行规范为准。目前已经出台的国家规范中也只有《房产测量规范》涉及了房屋的分类问题。按照《房产测量规范》的规定，把物业分为房屋用地和房屋两大类，房屋的分类方法有三种，即：按房屋的产别分类、按房屋的建筑结构分类和按房屋用途分类。

1.1.2.1 房屋用地分类

（1）商业金融业用地

（2）工业用地、仓储用地

（3）市政用地

（4）公共建筑用地

（5）住宅用地

（6）交通用地

（7）特殊用地

1.1.2.2 房屋按产权类别划分

（1）国有

（2）集体所有

（3）私有

（4）联营企业所有

（5）股份制企业

（6）港、澳、台投资

（7）涉外

（8）其他

1.1.2.3 房屋按建筑结构类别划分

（1）钢结构

（2）钢-混凝土组合结构

（3）钢筋混凝土结构

（4）混合结构

（5）砖木结构

（6）其他结构

1.1.2.4 房屋按用途类别划分

（1）住宅

（2）工业、交通、仓储

（3）商业、金融、信息

（4）教育、医疗卫生、科研

（5）文化、娱乐、体育

（6）办公

（7）军事

（8）其他

1.1.3　物业的权属关系

管理的权利、义务和责任源于财产的产权，只有明确了物业的权属关系，才能对物业管理进行深入的研究，才能在招标投标中分清责任。前面我们在物业分类中已经提到了物业的产权有国有、私有和集体所有等。但在一个物业管理区域内，究竟哪些是国有、哪些是私有、哪些是业主群体共同所有必须界定清楚。

现在新建的住宅小区都属于异产毗连房屋，有些商贸楼也是异产毗连房屋。按照住房和城乡建设部的解释，"本规定所称异产毗连房屋，系指结构相连或具有共有、共用设备和附属建筑，而为不同所有人所共有的房屋"（《城市异产毗连管理规定》第二条）。业内习惯上称之为多主楼宇，有的学者则将日文直接引进，叫做"区分所有权建筑"。从产权关系上讲，异产毗连房屋实际上是国有产权、私有产权和业主共有产权的混合体。《物权法》中的提法是"建筑物区分所有权"，但这是对产权而言，不是指建筑物，而且是指私有产权业主之间的权属关系。由于异产毗连房屋是物业管理的主要标的物，我国的物业管理也源于异产毗连房屋的出现，因此这种类型物业的物业管理招投标是本书研究的重点。

消费者购买了物业以后，就拥有了物业的产权即所有权，使其所购部分成为"私有"物业。但如果所购买的物业不是单体的，或具有共有、共用设备和附属建筑的建筑物，就应该是异产毗连房屋，众多业主共同拥有的"共有"产权。在现在所能见到的文件中，大多不用"共有"而用"共用"。一是因为过去并没有把所有权与管理权密切挂钩；二是因为传统的房地产管理模式中产权均为国家所有，公共部位只能是共同使用而不能共同拥有。"房改"以后，虽然许多产权已经私有，但"插花"居多，并未全部转变为私有，公共部位的产权关系比较模糊，只能使用"共用"一词。

在一个物业管理区域内也存在公有产权。"公"和"共"有不同的含义，"公有"是全民所有即国家所有，也可称为"国有"。"共有"是多个私人共同拥有，是一定范围内业主群体共同所有的财产。城市的基础设施应该是国有财产，物业管理的出现只是改变了管理模式，并未变更权属关系。因此，城市基础设施仍然属于国有财产。不过随着城市管理体制改革的不断深化，有些已经交由国家的垄断性经营机构去经营管理，但产权关系并没有转交给任何私人企业。这些垄断性经营机构在经济上和政策上仍然享受着特殊的照顾。

物业管理区域内私有、共有和公有产权究竟如何划分，国家迄今尚无明确规定，因此严重地影响了物业管理责任的界定及物业管理市场上正常的交换活动。为了方便研究物业管理市场，在此先阐明本书的观点。

1.1.3.1　物业的公有部分

物业管理区域内，建筑物以外的水、电、气等基础设施应为公有即国有部分。计划经济时期，这些基础设施均由政府主管部门负责维修养护，现在是由国有垄断经营单位负责。公有部分业主和物业服务企业不负责养护和维修。当然政府也可以购买服务，责任主体也可以将这项工作作为专项服务委托给物业服务企业，但应另外付费。

1.1.3.2　物业的共有部分

（1）共有设施、设备

公有和共有设施、设备的界限应以建筑物的外围为准，建筑物以外为公有部分，建筑物以内为共有和私有部分。

1）供水设施、设备，多层建筑以建筑物外第一个水表井为界，高层建筑以建筑物内供水泵房计费水表为界；

2）排水设施、设备以建筑物外第一个检查井为界；

3）供电设施、设备中使用架空线路的，高层以建筑物内配电箱为界，多层以建筑物外墙为界；使用地下埋设线路供电的，以电缆进线匝接箱为界。

（2）建筑物的共用部分

前面我们已经分析了物业的公有部分，如果再把私有和共有分开，把私有部分剥离出去，剩下的就是共有部分。建筑物的共有和私有部分不容易划分清楚，世界各国划分方法也不尽相同。有的国家是按空间划分，业主的私有部分仅为单元以内的空间，物质实体（包括所有的结构、装修和设备）都是业主群体共有；有的国家是按结构划分，建筑物的结构都是业主群体共有，装修可以是业主私有（设备在后面另议）。现在国内在这一问题的认识上比较混乱，有人认为建筑物中的单元门以内是业主私有部分，单元门以外是共有部分。我们认为不妥，单元以内的墙体也要抗剪切和传递上部荷载，对其他业主的单元照样起支撑作用。如果该业主装修时随便破坏墙体，造成承受动荷载或静荷载的能力下降，很容易使建筑物坍塌。可以认为，只要对建筑物整体结构起到一定作用的任何部位，都是业主群体共有部分。本书倾向于按建筑物结构划分共有和私有部分。虽然按空间划分对建筑物安全更加有利，但我国业主习惯于二次装修，按空间划分无法控制。

如果上述观点可以成立，则建筑物的共有部分具体指：屋盖、楼盖、楼板、楼梯、梁、柱、立杆、支墩、支撑、墙体、屋架、悬索、连接节点和基础等建筑实体的结构构造和承重结构。

业内习惯把物业分为建筑本体（或实体）和设施设备。以上我们分析了建筑本体，现在分析一下设施设备的共有和私有的划分方法。有人认为，以各种管线的安装方向为准，以横、竖管线节点为界，铅直放置的为业主群体共有，水平放置的为业主个人私有。对于下水管线可以这样理解，但"自来水表"或"燃气表"，"横表"和"竖表"都有。对于给水管线或供气管线末端单元，如果所装计量表是竖表，又以横、竖管节点为界，则该单元的计量表划入了共有部分。本书认为，应当以单元内的计量表为界，计量表以上是业主群体共有，计量表以下是业主私有。

《物权法》出台以后，对共有部分作出了规定："建筑区划内的道路，属于业主共有，但属于城镇公共道路的除外。建筑区划内的绿地，属于业主共有，但属于城镇公共绿地或者明示属于个人的除外。建筑区划内的其他公共场所、公用设施和物业服务用房，属于业主共有"（第七十三条）。但对于建筑物以内共有部分仍未作出规定。2009年3月23日，最高人民法院的《关于审理建筑物区分所有权纠纷案件具体应用法律若干问题的解释》第三条规定："除法律、行政法规规定的共有部分外，建筑区划内的以下部分，也应当认定为物权法第六章所称的共有部分：

（一）建筑物的基础、承重结构、外墙、屋顶等基本结构部分，通道、楼梯、大堂等公共通行部分，消防、公共照明等附属设施、设备，避难层、设备层或者设备间等结构部分；

（二）其他不属于业主专有部分，也不属于市政公用部分或者其他权利人所有的场所及设施等。

建筑区划内的土地，依法由业主共同享有建设用地使用权，但属于业主专有的整栋建筑物的规划占地或者城镇公共道路、绿地占地除外。"

1.1.3.3 物业的专有部分

《关于审理建筑物区分所有权纠纷案件具体应用法律若干问题的解释》第二条规定："建筑区划内符合下列条件的房屋，以及车位、摊位等特定空间，应当认定为物权法第六章所称的专有部分：

（一）具有构造上的独立性，能够明确区分；

（二）具有利用上的独立性，可以排他使用；

（三）能够登记成为特定业主所有权的客体。

规划上专属于特定房屋，且建设单位销售时已经根据规划列入该特定房屋买卖合同中的露台等，应当认定为物权法第六章所称专有部分的组成部分。"

具体地说，业主的个人专有部分包括业主单元以内的专用空间和装修，以及各种计量表以下的管线和业主专用设施、设备。毗连单元以结构部分为界，装修为所在单元的业主所有。

1.2 物业管理

物业管理是物业管理市场上的商品，建立物业管理服务供求关系是竞标的最终目的。要想研究物业管理招标投标，必须对其商品本身有清晰的了解。

1.2.1 物业管理的含义

众所周知，物业管理是舶来品，但是我们对物业管理的理解和外国人所说的物业管理并不完全一样。如果我们在一些英文资料中看到"Property management"时，千万不要理解为我国现行的管理模式。因为耐心看下去的话，很快就会发现所阐述的都是住宅租赁经营过程中的管理问题。可以认为，近代物业管理模式确实始于斯。在 19 世纪 60 年代，英国一些出租的住房环境恶劣，承租人拒交租金，出租人利益不能得到保证。当时有一位女士，制定了严格的管理制度改善了居住环境，因此提高了租金收缴率。后来这种管理方式在一些国家和地区得到推广，时称"Property management"，即物业管理。现在境外的物业管理公司大多仍然承担租赁经营的业务，而且设有住宅租赁经营代理部门。我们现在所说的物业管理，实际上是多主楼宇管理和商贸楼宇管理。因此广义的物业管理应该包括，多主楼宇管理、商贸楼宇管理和租赁经营代理。

我国的物业管理有其特定的含义，《物业管理条例》第二条规定："本条例所称物业管理，是指业主通过选聘物业服务企业，由业主和物业服务企业按照物业服务合同约定，对房屋及配套的设施设备和相关场地进行维修、养护、管理，维护物业管理区域内的环境卫生和相关秩序的活动。"物业管理是一种活动，更确切地说是一种以物业为标的所进行的服务活动。服务本身是一种产品，《质量管理和质量保证标准》规定："产品是活动和过程的结果","产品包括服务、硬件、流程性材料、软件或它们的组合"。服务作为一种产品究竟始于何时现在已经无法考证，但在生活中却无时不在进行着。有些属于自我服务，有些是亲友之间的服务，这些仅仅是产品而不是商品。产品不一定都是商品，只有进入市场进行交换才是商品。物业管理服务是经营性的服务，是一种供求双方在市场上进行交换的商品。

1.2.2 物业管理的服务内容

物业管理服务实际上是物业消费过程中，针对物业所进行的管理服务工作。物业管理服务的内容主要包括常规服务、专项服务和特约服务。

1.2.2.1 常规服务

对于多主楼宇的常规服务，一般是指物业管理公司向物业管理区域内的全体业主所提供的最基本的公共性管理和服务。服务的目的主要是对业主群体共有财产和公共秩序的管理和维护。对于单一业主物业管理的常规服务，是对产权人所拥有的物业和秩序的管理和维护。常规服务通常需要写入物业服务合同之内，具体内容包括：

（1）建筑物共有部位的管理和服务

1）建筑物的查勘；

2）制定维修方案；

3）编制维修预算和专项维修资金使用计划；

4）组织维修养护；

5）建筑物档案资料管理。

（2）共有设施设备的管理和服务

1）保证设施设备正常运行；

2）办理设施设备使用许可证；

3）不同级别的定期保养、检查和维修；

4）设施设备档案资料的管理；

5）制定维修方案；

6）编制维修预算和专项维修资金使用计划。

（3）物业管理区域内的环境管理

1）共有部位的保洁；

2）共有部位消毒；

3）共有设施设备的保洁；

4）垃圾清运；

5）花草树木和绿地的浇灌、施肥、补苗和养护。

（4）公共秩序的维护和管理

1）指挥车辆行驶，维护物业管理区域内的交通秩序；

2）引导车辆停放，保证道路畅通；

3）协助公安人员宣传安全防范和消防常识；

4）发现治安和消防隐患及时报告有关部门；

5）遇到治安问题和火灾立即报警并保护事故现场；

6）装修管理。

1.2.2.2　专项服务

专项服务的内容包括了上面所罗列的各项服务中的任何一项服务，以及尚未包括进去的与业主使用物业有关的各种服务。专项服务的含义业内有两种不同的理解，其一是《物业管理条例》所提到的"专项服务"转托；其二是物业管理公司日常操作中经常涉及的"专项服务"设定。

（1）"专项服务"转托

专项服务转托所涉及的服务大多是常规服务范围之内的项目。物业管理的常规服务有很多项，承接委托的物业管理公司需要权衡利弊，决定是否全部由自己直接管理。利弊分析时，主要考虑人力资源、物业管理服务中的设备和服务成本的大小等各种因素。如果自己管理不如转托出去更有利，物业管理公司有可能委托专业性服务机构提供专项服务。国家的现行法规也允许转托行为的存在。《物业管理条例》第四十条规定："物业管理公司可以将物业管理区域内的专项服务业务委托给专业性服务企业，但不得将该区域内的全部物业管理一并委托给他人。"值得注意的是，虽然物业管理公司可以将某些专项服务转托出去，但不允许将物业管理区域内的全部管理和服务工作整体转托出去。如果整体转托就意味着合同转让，其实是在"炒"物业管理项目从中渔利。物业管理项目整体转托无疑是在损害业主的利益，必须严格禁止。另外，《合同法》第四百条规定："受托人应当亲自处理委托事务。经委托人同意，受托人可以转委托。转委托经同意的，委托人可以就委托事务直接指示转委托的第三人，受托人仅就第三人的选任及其对第三人的指示承担责任。转托未经同意的，受托人应当对转托的第三人的行为承担责任，但在紧急情况下受托人为维护委托人利益需要转移委托的除外"。据此，物业管理公司在转托某项服务之前应当报请业主大会同意，如果业主大会同意只对选任环节和布置任务负责，否则要对转托的第三人的所有行为负责。

对转托专项服务的内容国家并无限制，常规服务中的任何一项都可以作为专项服务。但通常的做法是将某一大类服务作为专项服务，如：园林绿化、秩序维护以及电梯维修等。

（2）"专项服务"设定

物业管理公司承接了某物业管理区域后，为了满足某些业主潜在需求而设定一些服务内容。这些服务内容是根据广泛调查而确定的，大多是在常规服务范围之外，如：接送学龄儿童上下学、组织"小饭桌"及房地产的中介服务等。设定某些"专项服务"必须深入调查，对于该项服务要有相对稳定的潜在需求者，否则经济效益无法保证。

这两种专项服务的区别就在于，前者服务对象是全体业主，服务内容已经列入物业服务合同之中，是在常规服务范围之内的；后者服务对象是部分业主，服务内容未被列入物业服务合同之中，是在常规服务范围之外的。

1.2.2.3　特约服务

特约服务是为了满足个别业主的需求而提出的服务。其内容在物业服务合同中和设定的专项服务中均未涉及，有些服务可能已经属于家政服务的范畴，而在使用物业的过程中又确有需求。特约服务的需求一般比较零散，很难形成一定的规模。特约服务与设定的专项服务的区别在于，特约服务是服务于个别业主，并针对需求方委托的事务和具体的要求所进行的服务。物业服务企业所设定的专项服务是针对业主中的部分群体，服务内容是供给方预先设定的。

1.2.3　物业管理服务分类

物业管理属于一种服务，服务有若干种类型，物业管理中不同的服务内容又分属于不同的服务类型。为了后面表述方便，在这里先把物业管理各种服务的归类分析清楚。服务活动有多种类型，其分类方法观点各异，迄无定论。但任何一种分类方法都不是尽善尽美的，不能满足交集为零的科学分类原则。

1.2.3.1　按管理标的用途分类

国外的物业管理大多按管理标的物的用途分类，主要分为商贸楼宇管理和住宅管理两大类，住宅管理又可分为住宅租赁经营和多主楼宇管理。这里所说的商贸楼也不是通常认为的商品交换的楼宇，而是包括了写字楼、商店、工业楼宇以及一些康乐设施等的楼宇。实际上是把除住宅以外的所有房屋都归为商贸楼宇。许多国家的物业管理公司业务范围界定得十分清楚，因此物业管理公司也分为两类。负责商贸楼宇物业管理的公司绝不接管住宅，负责住宅物业管理的公司也不接管商贸楼。不交错管理并不是国家不允许，而是因为技术含量不同使企业不愿意分散精力。我国物业管理行业恰恰相反，大的物业管理公司都是多种物业类型混合管理。一些行政管理规定中也倡导多种物业归由一个公司管理，如：《物业服务企业资质管理办法》中规定：一级企业必须"管理两种类型以上物业"。

我国的物业管理虽然也偶有租赁经营代理的业务，但并没有形成一定的规模。从行政管理的界限上看，租赁经营属于房地产市场部门管辖，和物业管理不是一个主管部门。因此，物业租赁经营代理业务目前还不属于物业管理范畴。但是对于某些物业的物业管理，租赁经营代理是无法避免的，如：商厦、写字楼和标准厂房等。随着市场经济的发展，物业经营代理业务会越来越多地夹杂在物业管理之中。现在有些物业管理招标项目中，已经出现了租赁经营服务的需求，如何处理好物业经营代理与物业管理相互之间的关系实现双赢是一个值得探讨的重要问题。

最近几年，出现了一些资产经营公司，实际上在从事着真正的物业管理工作。此类公司目前还没有执业资格归类，但迟早会并入物业管理范围之内。

1.2.3.2　按服务活动作用的对象分类

（1）直接作用于人体

作用在人体的服务是指服务行为直接触及消费者的身体，如：医疗、美容、按摩和理发等。物业管理中的常规服务很少直接作用于人体，但特约服务中有些内容与此雷同，如协助就医。

（2）直接作用于物体

作用在物体上的服务是指服务行为直接触及消费者所拥有的物体，如：保管、维修和清洁等。物业管理中的常规服务大多属于这种类型。但其中的保管服务属于物业管理中的特约服务。

我们认为服务可以按照服务活动直接作用的对象划分，分为作用在"人体"的服务和作用在"物体"的服务。如前所述，物业管理是"对房屋及配套的设施设备和相关的场地进行维修、养护、管理，维护物业管理区域内的环境卫生和相关秩序的活动"。很显然，物业管理属于直接作用于物体上的服务。《质量管理和质量保证标准》规定：服务是"为满足顾客需要，供方和顾客之间接触活动以及内部活动所产生的结果"。照此，服务也可以按照供求双方接触频度划分，分为低度接触服务、中度接触服务和高度接触服务。物业管理中的常规服务，主要是针对物业本身所进行的服务，属于中度接触服务。物业管理中的一些特约服务和管理行为，供求双方接触频度较大，属于高度接触服务。但有些特约服务是物业管理的延伸，严格地讲应属于家政服务范畴。至于物业管理中是否应该有管理行为，现在还是一个争议中的问题，我们将在后面的有关章节中阐述。

物业管理服务中的常规服务活动属于一种中度接触直接作用在物体上的服务，特约服务属于高度接触直接作用在人体或物体上的服务。

1.2.3.3　按公共物品理论分类

物品（包括财产和服务）可以分为公共物品、准公共物品和私有物品。这三种物品的区别，主要视其在使用和消费过程中有无排他性。

（1）公共物品

公共物品不是为某些人生产的，也无法决定谁能得到它。它的特点是该物品生产出来以后全社会都可享用，生产者无法排斥那些未付费的人。其所有权属于全社会所有，应由国家或政府的某些部门提供。生产这些产品或服务的成本由财政列支，虽然这些成本源于纳税人的税赋，但是非纳税人照样可以享用。公共物品主要有国防、社会治安、市政基础设施以及对其维护的服务等。

（2）准公共物品

准公共物品也叫俱乐部物品，是由某范围内的成员按一定的规则集资购买，全体成员共同享用。准公共物品的特点是不排除范围之内的成员，只排除这个范围之外的所有社会成员。其所有权属于该范围内全体成员共同拥有，应在市场上购买或有偿委托供给者提供。生产准公共物品的成本，由该范围内全体成员支付。在物业管理活动中，准公共物品主要有综合性常规服务、物业管理区域内的共有设施和异产毗连房屋的共有部位等。

（3）私有物品

私有物品是只为某付款人生产的物品。私有物品的特点是具有排他性，其所有权属于私人拥有。私有物品可在市场上购买或有偿委托供给者提供，需求者支付私有物品的价格。只有付款取得所有权的人才有权占有、使用、收益和处置该物品，其他人只能在所有人同意的前提下才可使用该物品。

在物业管理活动中，物业的私有部分属于私有物品，物业管理中的特约服务也属于私有物品。

公共物品理论可以较为恰当地解释物业管理的有关问题。在物业管理市场上交换的常规服务商品，就是准公共物品；物业管理区域就是无法排他的范围；物业管理区域内的业主就是"俱乐部"成员；物业管理费就是该范围内准公共物品生产成本。

1.2.4　物业管理区域

前面我们说过物业是反映物业管理服务质量，连接物业管理供求双方的介质，没有物业谈不到物业管理，更不会有物业管理招标投标。但是一套100m²的住宅可以理解为一个物业的单位，一个几十万平方米的小区也可以理解成为一个物业的单位。作为物业管理市场商品交换的载体，究竟物业量定位到什么程度才最为适宜、才便于物业管理的实施、才便于物业管理市场运作，是我们现在要研究的问题。国家的《物业管理条例》规定："一个物业管理区域成立一个业主大会"（第九条），"一个物业管理区域由一个物业服务企业实施物业管理"（第三十四条）。物业管理区域是物业的集合，是物业管理的基本单位，是物业管理市场供求双方进行商品生产、交换和消费的载体。《物业管理条例》规定："物业管理区域的划分应当考虑物业的共用设施设备、建筑物规模、社区建设等因素。具体办法由省、自治区、直辖市制定"（第九条）。现在各地有关物业管理区域划分的方法有很多种，有的以订立同一管理规约的物业来确定、有的以拥有相对独立的共用设施设备来确定、有的以主要交通道路围合而成的区域来确定、有的以自然街坊或封闭小区来确定。在物业管理招投标过程中，一定要注意各地的有关规定，界定物业管理区域的范围。

1.2.5 物业管理项目

物业管理公司对于所接管的每一个物业管理区域，都应作为一个项目去管理。在物业管理市场上，也是以某一个物业管理项目去招投标的，项目是物业管理市场交换的单位。项目管理自古有之，但作为一种科学的管理手段应用于社会实践活动，则是始于 20 世纪中叶，近十几年才得到普遍的推广和应用。

项目是指按限定的时间、预算和质量标准完成的单件性的任务。项目管理是为了使项目能够实现所要求的目标、所限定的时间和所预测的费用，而进行的全面的计划、组织、协调和控制。单件性是项目的最主要特征，也可以理解为一次性。项目的任务和最终的成果是唯一的，没有完全相同的另一项任务。大批量的重复性生产活动不是项目。项目的单件性促使其管理者必须根据某一项目的特殊情况和要求进行管理。

项目应该有明确的目标，其目标可分为成果性目标和约束性目标。成果性目标是指项目的功能性要求，不同类型的各种项目应有各种具体的标准或技术经济指标。约束性目标是指项目的限制条件，包括时间、费用、环境和其他条件。项目是一个整体的管理对象，在按照需要配置生产要素时，必须以总体效益的提高为前提，做到数量、质量和结构的总体优化。由于项目实施过程中内外环境的变化，管理和生产要素的配置应该是动态的。项目应以最终结果进行分类，这样可以分为：建设项目、维修项目、科研项目、航天项目和服务项目。

物业管理的标的物——物业，从其出现伊始就是按项目进行管理的。决定立项之前要进行项目的可行性研究，然后要进行项目的报批工作，接下来就要进行项目的建设施工。生产阶段完成后，项目进入流通领域，通常需要进行项目的代理销售。项目在消费过程中，需要专业化的管理以达到其设计使用功能，实现其使用价值。这种专业化的管理就是物业管理，属于服务类的项目管理。需要进行专业化管理的标的物——消费过程中的物业整体，就是物业管理项目。

物业管理项目是单件性的任务，首先，管理标的物本身就有异质性，世界上找不到完全相同的两个项目。另外，物业的所有者——业主对管理质量标准的要求也不尽相同，因此其任务和最终结果是唯一的。物业管理的时间应在政府主管部门规定范围内由甲乙双方约定，因此物业管理项目有一定的时间要求。物业管理应在一定预算控制下完成，而且要达到一定的目标，物业管理服务活动具有项目的所有特征。物业管理项目是以消费过程中的某物业为整体的管理对象，按照国家规定和甲乙双方约定的成果目标和约束目标，所完成的单件性任务。

1.2.6 前期物业管理

1.2.6.1 含义

前期物业管理，是指在业主、业主大会选聘物业管理公司之前，由建设单位选聘物业管理公司实施的物业管理。前期物业管理是业主大会的执行机构——业主委员会，与物业管理公司所签合同生效前的物业管理服务。前期物业管理与通常所说的物业管理，在管理和服务内容上没有什么本质区别，其仅比通常的物业管理增加了一些前期铺垫工作。两者根本的区别是物业服务合同双方是业主大会和物业管理公司，而前期物业服务合同双方是房地产开发企业和物业管理公司。

《前期物业服务合同》签订之前要做许多与物业管理有关的工作。现在国家并没有规定前期物业管理起始时点。如果我们把时点定在房屋销售时，则还须定义一个时段把售房前物业管理有关的工作包括进去。因此本书把前期物业管理起始时点，确定在房地产开发建设单位售房前。按照国家的有关规定："在业主、业主大会选聘物业服务企业之前，建设单位选聘物业服务企业的，应当签订书面的前期物业服务合同。"（《物业管理条例》第二十一条）此时就应该选聘物业管理公司，为物业管理创造条件。真正的物业管理服务活动虽然尚未开始，但已进入了前期物业管理阶段。

物业管理区域内，已交付的专有部分面积超过建筑物总面积50%时，建设单位应当按照物业所在地的区、县房地产行政主管部门或者街道办事处、乡镇人民政府的要求，及时报送筹备首次业主大会所需的文件资料，成立业主大会。

1.2.6.2　前期物业管理内容

前期物业管理可以延续到业主委员会与物业管理公司所签订的合同生效时。此时物业管理服务活动的正常运行已经开始了一段时间。这里所说前期物业管理服务内容，不包括物业管理服务活动正常运行的主要内容，只谈为物业管理服务铺垫所做的主要工作，包括：

（1）招聘物业管理公司；

（2）拟订管理模式和管理制度；

（3）起草相关文件；

（4）建立供求联络渠道；

（5）建立服务系统；

（6）物业管理项目移交；

（7）业主入伙；

（8）装修管理；

（9）物业管理服务正常运行。

1.2.6.3　为什么要有前期物业管理阶段

（1）客观需要

1）工作性质本身的异同

一个物业管理项目的启动阶段和常规管理有很多不同之处。常规管理大多数是重复性工作，而前期的启动阶段很多都是一次性工作。

启动阶段工作技术含量高，如：承接查验就需要对建筑结构、建筑设备和装修非常熟悉，而且还应该了解施工工艺过程、承接查验办法和建筑物的质量标准。

2）准备工作的必要性

施工告竣并不意味物业可以投入使用，一般要进行拓荒整理，设施设备还要试运行，确认没有任何问题以后才能进入正常使用阶段。而且有关合同、规约和规章制度必须在业主入伙前事先拟订，潜在的业主在购房时就应充分了解并书面确认。这些工作都需要前期物业管理做必要的准备。

（2）行业管理的需要

有些房地产开发单位只顾售房赚钱不顾后期管理，将商品房售罄后逃之夭夭，给行业管理带来很多麻烦。强制房地产建设单位前期招标，避免了不选物业管理公司可能会留有后遗症的情况。

（3）保护业主合法权益

如果没有前期物业管理筹备，物业管理公司与业主同时进驻。先期入伙业主不可能得到所必需的服务，利益得不到有效的保证。前期物业管理可以保证业主的合法权益。

1.3　物业管理市场

1.3.1　市场

市场的内涵有狭义和广义之别。狭义的市场是指商品交换的场所，也就是说可以满足供求双方进行商品交换的物质空间。广义的市场并不是指它的物质形态，不是指某类商品经常进行交换的固定的空间，而是交换关系的总和。市场是一整套保证商品交换活动顺利进行，运行机制合理的社会经济制度。市场实际上是组织化和制度化的交换。

市场的内容包括市场主体、市场客体和交换环境。市场主体主要是指商品交换的行为人（包括自然人和法人），包括供给主体、需求主体和协调主体。市场客体是指市场上交换的商品，其中包括有形的商品和服务。市场环境指的不是市场运行的硬件环境，而是指保证生产正常运行的法律、法规、政策、制度以及市场的组织和管理方法。

1.3.2　物业管理市场

物业管理市场应该从广义的角度去理解，没有固定的物质空间只是一种交换关系的总和。现在理解市场一般都站在"卖方"立场上，研究"买方市场"的客观规律。因此，如果给物业管理市场下一个定义，那么物业管理市场应该是：在一定的时间内、一定的区域范围内、一定的条件下，对于物业管理服务所具有的潜在购买欲望和购买力的消费主体的集合。物业管理市场应该是物业管理服务商品组织化和制度化的交换。

物业管理市场的主体主要有：物业服务企业、专项服务企业、政府主管部门、业主及其自治组织等。物业管理市场的客体是指物业管理服务。

1.3.2.1　物业管理市场的特殊性

（1）商品本身不是"物"

大多数商品都是以物质形态展示于众，但物业管理市场的商品是一种服务活动而不是"物"。普通商品市场肯定会有商品流通，商品的供给者把在生产基地生产的产品带到市场上进行交换。作为某类商品的这些物品，在交换时也肯定会发生空间位移，形成物体本身的流动。但在物业管理市场上，商品的本身不是"物"，商品的流通不能体现"物"的流动。供给者并不是把生产好的商品送到市场上交给需求者，而是供给者到需求者的消费空间生产这种商品。因此，物业管理市场上是供给者的"人"在流动，而不是商品的"物"在流动。

（2）服务产品的载体没有位移

物业管理服务的载体和反映物业管理服务质量的介质——物业，属于不动产，本身不能随便移动。物业管理服务的载体既是商品的生产场地，又是流通的市场，还是消费空间。商品的供给者根据与需求者达成的协议，在需求者指定的空间完成生产任务，立即提供给需求者直接消费。供给主体的服务人员，要按照合同约定的时间和路线进行生产劳动。既然载体本身不能随便移动，附着其上的商品也就不能移动。当供给主体变更时，新旧物业管理公司的服务人员要"交换场地"。这样物业管理市场上商品交换时，经常会有人体的空间位移形成"人流"。

（3）服务活动随供给者移动

物业管理市场与其他服务市场也有所不同。绝大多数服务市场人体流动都是需求方，需求者到供给者提供的场地上接受服务进行消费，如：教育、医疗以及观看各种表演等。物业管理市场上，物业管理公司将服务送到物业管理区域，需求方是不动的，人体流动是供给方。

1.3.2.2　供求关系确定方式特殊

在普通商品市场上，供求关系是在货币和商品交换的一瞬间随即确定。在购买"服务"商品时，一般是先付款而后再享受服务，供求关系同时被确定下来。但在物业管理市场上，供求关系必须通过特殊的方式确定。常见的方式有：

（1）公开招标

公开招标是需求方向全社会符合条件的物业管理公司发出邀请，通过一系列复杂的运行程序选出符合需求方需要的供给方，通过签订合同确定供求关系。这里只简单说一下公开招标的概念，后面还要详述运行的有关问题。

（2）邀请招标

邀请招标是需求方向一定范围符合条件的物业管理公司同时发出邀请，通过该范围内供给者之间的竞争最后确定物业管理服务的供求关系。

（3）协商议定

需求方不主动发放招标信息，而是供给方在市场上随时收集潜在需求者的信息。当得知某物业管理项目有可能需要物业管理服务时及时上门争取。需求方随时接待随时商议，通过比较如果觉得某企业比较适宜便将供求关系用合同确定下来。

（4）非市场行为交换

物业管理的起步阶段，大多数物业管理项目都没有进入市场而是由房地产开发建设单位直接交给了自己派生的物业管理部门。这种私相授受的方式属于一种非市场行为。需求方实际掌权人利用选择供给方的方便，随意与一些有特殊关系的企业签订合同确定供求关系。但物业管理的实际需求方一般不是一个业主，某个业主将物业管理工作私下授予某个供给者显失公正。

（5）几种方式比较

招标投标是一种国际上通行的经济活动，是商品经济高度发展的产物，是应用技术、经济的方法和市场经济的竞争机制的作用，有组织开展的一种择优成交的方式。这种方式是在货物、工程和服务的采购行为中，招标人通过事先公布的采购和要求，吸引众多的投标人按照同等条件进行公平竞争，按照规定程序并组织技术、经济和法律等方面专家对众多的投标人进行综合评审，从中择优选定项目的中标人的行为过程。其实质是以较低的价格获得最优的货物、工程和服务。

公开招标和邀请招标都是在同一时间内，各企业展开公平竞争，通过优胜劣汰确定供求关系，所不同的只是投标人的范围和入围的方式。协商议定不属于招投标，但也是在不同时间内，通过权衡利弊而确定供求关系。只有私相授受是一种私下交易，容易损害业主合法权益，是国家所不允许的。但在物业管理起步阶段，这种模式所占比例很大，随着物业管理市场逐渐规范，私相授受的会越来越少。

1.3.2.3 国家干预

普通商品市场上，需求与供给靠市场自身规律进行调节。对于垄断经营的行业和比较特殊的商品市场，国家要进行必要的干预，但通常只是控制供给一方。而在物业管理市场上，国家对供求双方都要进行必要的干预。国家甚至通过立法，拉动某些类物业的物业管理需求增长。

（1）对需求的干预

多元化产权结构的产生，为房地产消费过程的管理出了一个很大的难题。很多房屋因为失于管理而严重损坏，无法达到设计使用年限，只能提前"退役"。房地产资源本来就十分缺乏，如果不能很好养护而减少使用时间是对人类资源的浪费，对个人、国家和社会都是无法弥补的损失。物业管理是经多年探索，被业内肯定的唯一可行的管理模式。许多消费者目前能够感觉到物业管理的好处，但并没有意识到物业失于管理的危害性和严重性。国务院颁布的《物业管理条例》规定："住宅物业的建设单位，应当通过招投标的方式选聘具有相应资质的物业服务企业"（第二十四条）。全国各地的地方法规有更具体的规定，通常是如果房地产开发企业不选好物业管理公司，就不允许销售商品房。国家这样做的目的不是为物业管理公司兜揽生意，主要是为了维护业主的长期利益。但在客观上却起到拉动甚或是强迫需求的作用，使市场上住宅物业的管理需求具有永续性。这是在其他各类商品市场上极难见到的情况，是研究物业管理市场必须注意的特性。

（2）对供求关系确定方式的干预

一般商品交换是市场主体各自目的的自发行为，其供求关系随着交换行为的发生自然形成。而物业管理服务，国家对某类达到一定规模的物业，供求关系确定方式有硬性的规定。《物业管理条例》要求，住宅规模较大的项目，应当通过招投标的方式确定物业管理服务的供求关系，而且要干预供求关系确定的过程。

（3）对价格的干预

按照我国《价格法》第三条的规定："国家实行并完善宏观经济调控下的价格机制，价格的制定应符合价值规律，大部分商品和服务的价格实行市场调节价，极少数商品和服务价格实行政府指导价或者政府定价"。在普通商品市场上，商品的价格都是由经营者自主制定，通过市场机制而形成。但对于关系群众切身利益的公用事业价格、公益性服务价格、自然垄断经营的商品价格，国家必须进行干预。物业管理关系到群众的切身利益，国家应该对其价格活动实行管理、监督和必要的调控。

《物业管理条例》出台后，国家发展和改革委员会与住房和城乡建设部又颁布了《物业服务费管理办法》。该办法规定了物业管理收费的原则、办法和服务成本构成等。全国各地的一些地方法规对物业管理收费管理得更细，有的按照服务质量确定了收费标准、有的规定了收费上限。在其他商品市场上，国家很少对商品和服务的价格干预到如此深度。

1.3.2.4　供求主体特殊

普通商品市场，供给和需求主体没有特殊的要求，既可以是自然人也可以是法人。而物业管理市场上，由于管理的标的物的权属关系比较复杂，使供求主体也与普通商品市场有所不同。

（1）需求主体

对于物业管理市场的需求主体也是物业管理招标人，国家的法律法规并无硬性规定。与普通商品市场相比所不同的是，其需求者视物业的产权结构而定。单一产权物业的物业管理，需求方与普通市场相同，可以是自然人也可以是法人。但异产毗连房屋物业管理的常规服务，是全体业主的共有物品。在一个物业管理区域内，可能会有成千上万个业主。按照《物业管理条例》的规定："物业管理区域应当考虑物业的共用设施设备、建筑物的规模、社区建设等因素。具体办法由省、自治区、直辖市制定。"现在全国各地所制定的物业管理区域划分的标准不尽相同，住宅小区的规模相差悬殊。有的小区仅有一万平方米，有的小区多达几百万平方米。在一个物业管理区域内的业主，可能是自然人也可能是法人。因此，需求方往往不是某一个自然人或某一个法人，而是自然人群体、法人群体或自然人和法人群体。而且这个群体非常庞大，有时可达几百个、几千个甚至几万个。如此众多的民事主体成为一件商品的共同需求者，在各类商品市场中是绝无仅有的。为此，物业管理市场在操作中也是十分困难的，必须有特殊的手段和方法。按照《物业管理条例》的规定，可以组成业主大会代表业主群体成为市场的需求方。但这个需求方在我国并不是民事主体，只能起到汇集群体意见的作用。

（2）供给主体

物业管理市场上的供给主体也是物业管理的投标人，由于需求主体结构复杂，物业管理市场运行秩序对全社会的影响较大。因此在物业管理市场上，国家对提供服务的供给主体有严格的、特殊的要求。

《物业管理条例》第三十二条规定："从事物业管理活动的企业应当具有独立的法人资格。国家对从事物业管理活动的企业实行资质管理制度。具体办法由国务院建设行政主管部门制定。"我国不允许以自然人的名义接管物业，主要是怕自然人无力承担违约责任，损害需求方的利益。即使是独立的企业法人，国家也不允许随意接管物业。国务院建设行政主管部门制定的《物业服务企业资质管理办法》中明确规定了不同注册资金、不同资质等级的物业服务企业所能承接物业的规模。这些规定主要考虑的是企业的专业技术力量和允许承担的有限责任能力，是否与所能管理物业的规模相匹配。

1.3.2.5　各主要环节的时间顺序错位

按照一般规律，商品应该先经过生产阶段，然后进入流通阶段进行交换。在市场中经过瞬间的交换活动，确定了交换关系市场阶段随即结束，然后在消费阶段需求方进行消费。物业管理市场上，生产、交换、消费以及供求关系的确定等各个环节的时间顺序与普通商品市场完全不同。

（1）超前确定供求关系

商品房的销售包括现房销售和商品房预售，现在大多数开发建设单位为了急于得到回报而采取预售的办法。按照前面所说的有关规定："房地产开发企业在出售住宅小区房屋前，应当选聘物业管理公司承担住宅小区的管理，并与其签订物业管理合同"。也就是说，如果房地产开发企业没有通过物业管理市场进行招投标，选聘到物业管理公司并签署了合同，是不允许商品房上市销售的。于是在物业管理市场上，通常是先通过招投标寻找符合需求方要求的供给方，用合同的形式将供求关系确定下来。但此时，不但物业管理的商品生产尚未开始，就连管理标的物的生产也都没有结束。物业建造好以后，还要经过竣工验收和承接查验，经检验合格才允许业主入住，物业管理服务活动从此时开始。也就是说，从此以后物业管理市场上商品的交换和消费才开始进行。通常从商品房预售到房地产竣工需要很长时间，一年、两年甚至更长。从招投标确定物业管理供求关系，到真正交换行为进行需要这么久的时间，在普通商品市场上是很少见到的。

（2）商品质量展示后置

普通商品市场上，供给方都要把拟出售的商品展示在需求方的面前。需求者也是根据所能见到的商品的质量优劣，支付适宜的价格。如前所述，物业管理市场是在招投标时确定交换关系，此时要商讨商品质量和应支付的价格，并写入物业服务合同。由于供求关系确定时商品的生产并未开始，需求方无法看到商品的质量，只能按照供给方的业绩揣测质量的好坏。另外，看不到商品，商品的"价质比"无法确定。需求方所能支付的商品价格，只能根据国家的价格政策、支付能力、支付意愿和对质量的预测确定。需求方真正能够看见商品，是在支付价格确定以后的很长时间。这就需要在商洽合同时，应就质量检查和量化方法以及费用缴交保证措施等问题认真讨论，在合同中详细约定。

（3）生产与消费归一

普通商品市场的运行是先生产、后交换、再消费。服务也是一种商品，却是生产和消费同时进行。物业管理是诸多商品中的一种，而物业管理则是按照合同约定的时间段，边生产、边交换、边消费，交错进行，直到合同期满。

（4）交换时间拉长

一般商品的交换只需一瞬间即可完成，而物业管理的交换需要很长时间。物业管理的生产、交换和消费行为是在供求关系确定下来之后，而且贯穿在合同期内。合同期满，如果供求双方比较满意，可以不经过招投标直接签署合同再次确定合同关系。如果有一方不满意不愿续签合同，可以重新招标，按照前面所说程序再循环一次。如此周而复始循环不已，直到物业耐用年限终了。因此，在物业的消费过程中，物业管理服务的交换是在不断地进行着。

1.3.2.6　受其载体的牵制

（1）在供求关系方面

物业是沟通供求关系的介质，也是物业管理服务活动空间，物业管理服务商品的生产、交换和消费都是在这个空间中进行。研究市场主要应该研究其供求变化的规律。物业管理市场比较特殊，它的变化与其载体市场的变化有密不可分的关系。近年来，之所以物业管理需求快速增长，物业管理行业发展迅速，是与物业市场供给量陡增有关。物业市场供给量增加得越多，物业管理市场需求量也越大。物业管理载体市场供给与物业管理市场需求成正比。

（2）在商品的质量和成本关系方面

高档物业的业主支付能力较强，物业管理的收费标准和收缴率都比较高。由于高档物业的"硬件"较好，相对来说比较容易提高服务的质量，至少能让业主感官舒服。但实际上服务成本，并不是和服务效果成比例递增。而且往往在所能感觉到的效果相同时，硬件较好的物业服务成本反而较低，如："硬化"较好的地面，在清洁频度相同时保洁更容易，更节约成本；具备安全监控系统的物业，秩序维护人员可以适当减少，节约了服务成本，而安全监控系统的设备投资和更新改造的费用，一般不在服务成本之内。

（3）服务特点方面

我们前面所说的物业管理市场的许多特征，都是由于其载体的特殊而形成的。如物业管理市场上只有"人流"没有"物流"，就是由于载体本身不能流动，所以附着于载体之上的服务也不能流动。

2 物业管理招投标的主要工作任务

物业管理招投标不是一个主体所从事的一个工作任务，而是由多个主体所从事的工作任务群。但是这个工作群的各个工作任务是密切相关的，没有招标不可能有投标；没有人投标，招标就没有任何意义；没有决标，招标和投标不可能完成。在招投标的过程中许多工作有明确的目标、丰富的内容和完整的过程，可以形成独立的工作任务。但是由于工作目标和工作主体有很大差别，我们将招投标划分为若干类，分别予以介绍。

2.1 物业管理招标的工作任务

招标是招标人（买方）发出招标通知，说明采购的商品（包括服务）名称、规格、数量及其他条件，邀请投标人（卖方）在规定的时间、地点按照一定的程序进行投标的行为。

物业管理招标是物业管理市场需求主体寻找服务供给者的重要环节，可以作为一项工作任务由招标主体或委托代理机构完成，也可以分解成几个工作任务分别由不同服务机构完成。

2.1.1 物业管理招标形式

《前期物业管理招标投标管理暂行办法》规定："住宅及同一物业管理区域内非住宅的建设单位，应当通过招投标的方式选聘具有相应资质的物业服务企业；投标人少于 3 个或者住宅规模较小的，经物业所在地的区、县人民政府房地产行政主管部门批准，可以采用协议方式选聘具有相应资质的物业服务企业"。由此可知，住宅项目投标人少于三个或规模较小时，可采用协议方式选聘物业服务企业。但《招标投标法》规定招标有公开招标和邀请招标两种形式。因此协议方式不属于规范的招投标方式，但在实际工作中经常采用。协议方式习惯上称之为议标，程序上国家没有规定，比较随意而且定标的时间比较长。从专业技术的角度分析，协议方式远比公开招标和邀请招标简单得多。只要掌握了公开招标和邀请招标，协议方式所涉及的技术问题均可迎刃而解，为此本书只介绍公开招标和邀请招标而不介绍协议方式。

2.1.1.1 公开招标

公开招标是指招标人以招标公告的方式邀请不特定的法人或其他组织投标（《招标投标法》第十条）。也就是说公开招标也是一种邀请，这种邀请没有特指的范围，只要符合招标条件，任何人都可以投标。物业管理的公开招标没有特定范围，但有严格的条件限制。首先，邀请的必须是企业法人，而且规定对于不同级别的企业可以投标的规模。原来的规定限制不同资质等级的物业服务企业投标的地域范围。新的《物业服务企业资质管理办法》取消了地域范围限制，仅规定了规模限制，如第八条规定："一级企业可以承接各种物业管理项目；二级企业可以承接 30 万平方米以下住宅项目和 8 万平方米以下非住宅项目的物业管理；三级企业可以承接 20 万平方米以下住宅项目和 5 万平方米以下非住宅项目的物业管理"。物业管理招标中所说的没有特定范围，是指不排斥符合国家所要求条件的潜在投标人。公开招标要求必须发布招标公告，通常这种公告的传播媒体应该是一种大众传媒。《招标投标法》第十六条规定："招标人采用公开招标的，应当发布招标公告。依法必须进行招标的项目的招标公告，应当通过国家指定的报刊、信息网络或者其他媒介发布"。在报刊发布招标公告是一种传统的招标信息发布方式。互联网的出现增加了信息传递的速度和受众分布广度，使招标更加便捷。但对于国家要求必须招标的项目，不是所有媒体都可以发布招标公告的，必须到指定媒介免费发布。国家发展和改革委员会根据国务院授权，按照相对集中、适度竞争、受众分布合理的原则，指定了依法必须招标项目的招标公告发布媒介，具体为：《中国日报》、《中国经济导报》、《中国建设报》和《中国采购与招标信息网》。对于前期物业管理的招标，也可以在"中国住宅与房地产信息网"和"中国物业管理协会网"发布免费招标公告。

2.1.1.2　邀请招标

邀请招标是指招标人以投标邀请书的方式邀请特定的法人或其他组织投标（《招标投标法》第十条）。物业管理邀请招标是指房地产开发建设单位或业主大会，物色一些符合要求的物业服务企业邀请其前来投标。所谓特定的法人或其他组织是给准入的投标人限定了一个范围。邀请招标的优点是招标人有的放矢，增加了投标人中标的可能性；缺点是可能排除了更优秀的企业，另外也给招标人虚假招标带来可乘之机。

《招标投标法》第十七条规定："招标人采用邀请招标方式的，应该向三个以上具备承担招标项目的能力、资信良好的特定的法人或者其他组织发出投标邀请书。"这里突出了三个问题：

（1）邀请潜在投标人数量

法律规定招标人必须向三个以上单位发出邀请，至于多少合适视具体情况而定。由于接到招标邀请的单位未必投标，因此应该发出的邀请书尽可能多一些。在实际操作中，常常是在发出邀请时先与被邀请单位沟通一下，了解投标的可能性，掌握实际投标人数。另外还可以收取一定数额的保证金，以保证实际参加竞标的数量达到三个以上。

（2）具备承担招标项目的能力

是否具备承担招标项目的能力要从两个方面去考虑，一是资质等级，应符合《物业服务企业资质管理办法》规定。最主要的是要看拟招标的物业管理项目的规模，选定的邀请单位允许接管；另一方面是被邀请的物业服务企业是否管理过同一类型的物业管理项目。

（3）资信良好

对于资信的管理各地参差不齐，有的地区已经建立了物业服务企业资信档案，招标人可以到有关管理部门查阅。资信程度主要应考虑企业业绩、投诉记录、被解聘的次数和原因等。

立法时之所以要求招标人在发放邀请书时，必须满足上述三项规定，是为了避免招标人弄虚作假。如果招标人有意找几个条件较差的"标托"陪衬，结果还是让内定的投标人中标，这样就失去了招标意义。

2.1.1.3　两种招标方式的区别

公开招标和邀请招标的区别主要在于招标信息传递的范围和方式不同。

（1）信息发布方式

公开招标是在公共媒体上发布招标公告；邀请招标是用招标邀请书一一传递。

（2）信息传递范围

公开招标信息面向全社会，受众可以是所有的物业服务企业；邀请招标信息只传递到拟定范围之内的个别物业服务企业。

（3）程序不同

相对来说邀请招标比公开招标在运作程序上省略了几个步骤，但从现场查勘以后的程序基本上应该是一致的。

（4）竞争力不同

这里所说竞争力不同并不是说公开招标竞争力大，邀请招标竞争力小，而是说在竞争上有区别。公开招标表面上竞争面大投标人多，但投标人可能良莠不齐，有实力的企业能够轻易中标。邀请招标如果是正常运作，虽然投标人少但招标人所邀请的投标人都是适宜该项目的企业，势均力敌难分伯仲反倒不易中标。

2.1.2　物业管理招标内容

招标内容是指招标项目的工作内容，涉及物业管理的招标内容一般有物业管理的前期策划招标、前期物业管理招标、物业管理实施过程的常规服务和物业管理的各单项专业服务招标。

2.1.2.1　物业管理前期策划招标

物业管理业内人士经常提到物业管理应当超前介入。这里所说的超前介入，并不是说物业服务企业必须到位，而是指物业管理的铺垫工作应该提前开始，但哪个时点启动最为适宜，目前尚无定论。按照物业管理行政主管部门的要求，在售房前办理《售房许可证》时，"物业管理方案已经落实"（建设部 2001 年 88 号令）。行政主管部门所要求的是物业管理方案落实的时间，而不是方案制定的时间。现在全国大多数地区，基本上掌握在售房前要求物业管理必须介入。只有少数地区要求在呈报规划设计方案时，必须将物业管理方案同时上报，这种做法比较科学，只是在操作时不好实现。因为规划设计方案由规划行政管理部门主管，而物业管理工作由房地产行政管理部门主管，很难联合办公处理此事。但有远见的开发建设单位，不管行政管理部门如何要求，都会主动超前为物业管理进行铺垫。于是物业管理的前期策划，也已成为物业管理市场上一项非常重要的物业管理服务需求。当然从事这项工作的未必都是物业服务企业，一些专业咨询机构也能担此重任。在选聘前期策划机构时，大多也要通过招投标的方式完成。

2.1.2.2　前期物业管理招标

前期物业管理，是指在业主、业主大会选聘物业服务企业之前，由建设单位选聘物业服务企业实施的物业管理。前期物业管理的时间是从售房许可证发放之前开始，到业主委员会与物业服务企业签订的合同生效时止。按说物业管理服务的需求应该始于业主入伙，但售房前就要招标，并与物业服务企业签订前期物业服务合同的原因主要有以下三个：

（1）确定商品消费质量

物业是一种商品，物业管理服务也是一种商品。这两种商品之间并不是毫无关系，而是存在着很强的互相依赖性。物业是物业管理服务的载体，物业管理服务不能脱离物业而单独存在。物业在消费过程中必须伴随着物业管理服务，以增加物业的效用。物业消费质量好坏除与物业质量有关以外，还与物业管理服务的质量有关。物业的潜在需求者在选择物业时，需要关注的问题除了物业的区位、房型和质量之外，还有物业管理服务质量。物业管理服务质量决定物业消费质量，是消费者选择商品的关键。已签订的物业服务合同中，附有服务质量细则。房地产开发建设单位可以把合同展示给潜在的房地产消费者，供其在购房时比较挑选。

（2）确定消费成本

消费质量与消费成本成正比，服务质量好，消费成本就高。物业的消费时间比较长，消费成本在业主的日常支出中占有很大比重。物业服务合同中应写清各种服务费的收费标准和计费方法，供消费者选择物业时参考。提前确定消费成本，消费者可根据自身的支付能力和支付意愿选择适宜的物业。

（3）为物业管理前期准备

前面我们提到了物业管理超前介入，应该是在规划设计阶段进行物业管理方案制定。但此时并不一定是物业服务企业直接介入，有可能是由咨询机构负责。物业服务企业介入的时间也应提前，而不是业主入伙时才到位，一般是在设备安装时。因为结构部分对将来物业管理影响相对较小，而且按国家规定结构维修应由建设单位终生负责。设备运行、使用和维修是物业服务企业的责任，必须对设备安装过程十分清楚。特别是一些管线走向、阀门的位置和隐蔽工程，物业服务企业的工程技术人员和维修人员最好到达施工现场，掌握第一手资料并对设备安装提出合理化建议。虽然日后也可以从图纸上了解有关情况，但施工人员未必绝对按图纸施工。如果既成事实即使有些不合理的地方也无法改动，因此物业管理适时介入可以为物业管理服务铺垫。

2.1.2.3 更换物业服务企业招标

更换物业服务企业有两种情况，一是供求双方原来所签合同期限已到合同自动终止，双方不再续签；二是合同期限未到而提前终止合同。

（1）合同期满

合同不可能是永续的，任何合同都有时间限制。物业管理服务合同不应该与物业使用年限同步一直延续几十年。但物业管理服务合同又不宜时间过短。因为物业服务企业从接管进驻到管理纳入正规需要一定时间，如果时间过短来不及建立管理的正常秩序就结束了合同期，对物业服务企业和业主都是非常不利的。按照目前业内的习惯，物业管理服务合同的期限一般为三年，三年期满可以续聘，但主动权在业主手中。如果业主对物业服务企业比较满意可重新签署合同，不再重新选聘另外的物业服务企业。如果物业管理区域内的业主不满意原来的物业服务企业，则需更换物业服务企业重新招标选聘。

（2）提前解除物业管理服务合同

在合同成立的有效期间内，物业管理服务合同具有法律效力。物业管理市场供求双方的当事人，必须认真履行各自的义务。任何一方当事人不得擅自解除合同，否则将承担违约责任。但有时合同不能或者不宜继续履行，或一方当事人在合同履行过程中违约，已经给另一方造成了重大损失，则不应机械地阻止解除合同。

合同解除的目的是消灭已生效的合同关系，使当事人双方恢复到未签署合同之前的关系。合同解除分为单方解除合同、双方协议解除合同以及法律法规特别规定的合同解除。

1）单方解除合同

单方解除合同有两种情况，其一是法定解除；其二是约定解除。法定解除主要依据是

《合同法》，其中第九十四条规定："有下列情形之一的，当事人可以解除合同：

（一）因不可抗力致使不能实现合同目的；

（二）在履行期限届满之前，当事人一方明确表示或者以自己的行为表明不履行主要债务；

（三）当事人一方迟延履行主要债务，经催告后在合理期限内仍未履行；

（四）当事人一方履行债务或者有其他违约行为致使不能实现合同目的；

（五）法律规定的其他情形。"

如果物业服务企业倒闭，合同自然终止。

约定解除是合同中约定了合同解除权，而且其中一方已经具备了合同解除权，可以解除合同。《合同法》第九十三条规定："当事人可以约定一方解除合同的条件。解除合同的条件成就时，解除权人可以解除合同。"

2）双方协议解除合同

协议解除合同是合同未履行或者未能全部履行前，当事人双方通过协商解除原来所签署的合同。协议解除合同是在原来合同生效后，通过订立一个新合同而使原来的合同效力灭失。这种事后解除的协议是为解除原合同而立，因此也有人称之为反对合同。虽然解除合同的协议是当事人双方协商拟订，但其内容不得违背国家利益和公众利益，否则解除合同的协议无效。前期物业服务合同是房地产开发建设单位与物业服务企业之间签订的，但这是作为原始业主签订的合同。继受业主产生后，原始业主要对继受业主负责。解除协议不得损害广大业主的利益，否则解除协议是无效的。

3）法律法规的特别规定

对于前期物业服务合同，国家规定可以在合同约定期限未满时提前终止合同。《物业管理条例》第二十六条规定："前期物业服务合同可以约定期限；但是，期限未满、业主委员会与物业服务企业签订的物业服务合同生效的，前期物业服务合同终止"。

不论任何理由物业管理服务合同一旦终止必须立即招聘新的物业服务企业。虽然有的城市已经规定物业管理服务合同解除后，新物业服务企业接管前原来的物业服务企业不准撤离。但并不是所有地区都作出此项规定，各地规定续留时间也不一致，因此需求方尽快组织招标是当务之急。

2.1.2.4　物业管理专项服务"转托"招标

随着物业管理行业的发展，专门从事某项服务业务的专业性服务企业会越来越多。综合性的物业服务企业可能向纯管理型的企业发展，而将大多数操作性的工作转托出去。因此，专项服务转托的招标投标也将成为物业管理市场上一项主要的招标业务。

专业性的服务企业有很多，如：保洁、秩序维护、园林绿化和设备维修养护等。设备维修养护企业又可以分为水、电、通信、供暖和电梯等不同设备维修养护的专业性服务企业。各种设备维修企业的资质管理各不相同，技术装备和技术人员知识范围也不一致，因此，五脏俱全的综合性设备维修企业并不经济也不多见。物业服务企业可以根据自己所管项目的需要分别转托专项服务。

2.1.3　工作任务

2.1.3.1　招标方案策划

招标方案策划是招标过程中技术含量高难度大的工作任务，其目的是为了通过合法手段在诸多投标人中筛选出性价比最高的投标人。这项工作可以招标方自己做，也可以请咨询机构代理，无论由谁完成，招标方案的主要工作内容都应包括：

（1）招标方式的比选和建议

属于强制性招标的项目应该采用公开招标的方式，不需要进行比选。由于不同招标方式各有优缺点，所以没有强制性要求的招标项目，应该根据具体情况在邀请招标和公开招标之间比选，并提出合理化建议。

（2）招标工作计划

为了提高工作效率，保证招投标工作有序进行必须制定工作计划。工作计划应该包括工作程序、人力资源配置、占用的设备和资金使用等。

（3）建立招标组织机构

有些城市已经成立了物业管理招投标服务机构，每个环节都有专人负责，招标人不必专门设立招标组织。但如果当地没有此类服务机构，招标单位应设立一个临时的招标组织负责招标工作。根据工作需要，物业管理招标应设三个小组处理有关事务。各组按工作任务划分，有些工作也可由一人同时兼任。

1）招标领导小组

人员构成包括：

① 甲方代表

开发建设单位或业主代表是招标方，在物业管理招标过程中，应起主要的决策作用。招标领导小组中，应以业主代表为主。

② 专业人士

主要负责专业技术咨询和招标策划工作。

③ 政府官员

如果是政府组织开发的项目应有政府官员参加。主要是主管物业管理工作的行政领导机构负责人和主管该项目的负责人。他们主要负责宣传有关政策，并监督和指导物业管理招标工作。如果物业管理服务费是政府核拨，还应该有财政部门负责人参与。

招标领导小组的主要工作内容是：掌握全面招标工作、决定标底、决定甲方评委代表人选、督导招标工作。

2）招标工作小组

主要负责一些专业性工作和事务性工作。人数的多少与招标项目的规模和物业的类型有关。人员构成：

① 业主代表

开发建设单位（前期）或业主代表至少安排一名管理人员任组长，领导小组工作。

② 服务人员

招标单位选调若干服务人员，担负具体事务性工作。

③ 专业人士

组织工程技术、经济管理以及法律等方面的专业人员，解决招标过程中的难度较大的技术环节。

招标工作小组主要工作内容是：制作标底、制定评标标准和评标方法、资格预审、准备招标文件、散发有关文件、接待来访、组织现场查勘和投标预备会、安排决标大会会务和维持会场秩序、分数汇总、宣传工作以及安排公证有关程序等。

　　3）评标委员会

　　① 主要工作内容

　　• 审阅标书；

　　• 对投标单位质询；

　　• 评分；

　　• 决标。

　　② 人员构成

　　评标委员会由招标人代表和物业管理方面的专家组成，成员为5个以上单数。

　　• 业主代表：

　　在评标委员中，业主代表应小于1/3，所挑人选尽量是熟悉该项目的有关领导。

　　• 评标专家：

　　评标是一项专业性较强的工作，应有一定数量物业管理方面的专家参加。按照国家有关规定，评标专家应为评标委员会总人数的2/3以上。

2.1.3.2　招标文件制作

　　在物业管理招标投标实际操作中，有时是把招标公告纳入招标文件之内，将现在我们所说的招标文件定义为招标书。这样招标文件就包括了招标公告和招标书。但也有的是把招标公告和招标文件分列为两部分。《招标投标法》第十六条规定："招标公告应当载明招标人的姓名和地址、招标项目的性质、数量、实施地点和时间以及获取招标文件的办法等事项。"。既然在招标公告中要求载明获取招标文件的办法，就说明两个文件互不包容，同时在该法律第十九条招标文件的内容里也没有包括招标公告，因此我们采用后者。

　　在此我们只将"招标文件制作"作为一项工作任务予以介绍，详细内容留待"能力训练"中再讲。

2.1.3.3　招标代理

　　这里所说招标代理是招标实施过程的代理活动，其目的是为了协助不具备招标能力的招标人完成招标工作。招标是一项复杂的民事法律行为，如果没有相应的专业人员把关，很难达到预期效果。《招标投标法》的规定："招标人具有编制招标文件和组织评标能力的，可以自行办理招标事宜。任何单位和个人不得强制其委托招标代理机构办理招标事宜"。《招标投标法实施条例》又进一步解释为："招标人具有编制招标文件和组织评标能力，是指招标人具有与招标项目规模和复杂程度相适应的技术、经济等方面的专业人员。"

　　法律规定了招标人有权自行选择代理机构，委托办理招标事宜；又规定任何单位和个人不得以任何方式为招标人指定招标代理机构，任何单位和个人也不得强制招标人委托招标代理机构办理招标事宜。这样规定的主要作用是可以避免某些行政主管部门借用职权为某些代理机构兜揽业务逼迫招标人委托代理。

　　（1）招标代理的工作任务

　　招标代理机构接受招标人委托，代理招标的内容包括全过程或代理下列某项具体工作：

　　1）编制招标文件；

　　2）审查投标人资质；

　　3）组织现场踏勘；

　　4）组织投标预备会；

　　5）组织决标；

　　6）提供与物业管理招标相关的其他服务。

（2）招标代理机构

　　招标代理机构是指依法设立、从事招标代理业务并提供相关服务的社会中介组织。

　　代理机构的设立国家并未规定照前审查条件，只需到工商行政管理机关办理登记手续。但该机构从事代理业务的资格，需要有关行政主管部门审查认定。《招标投标法》要求的具体条件是：

　　1）有从事招标代理业务的营业场所和相应资金；

　　2）有能够编制招标文件和组织评标的相应专业力量；

　　3）有符合国家规定条件、可以作为评标委员会成员人选的技术、经济等方面的专家库。

　　物业管理招标代理机构很难满足上述要求，前两项条件比较容易达到。第三项关于建立专家库的规定，虽然从理论上讲不是绝对不可能的，但实际上是一个中介机构难以实现的。因为按照国家发展改革委的规定，具有符合条件的评标专家，专家总数不得少于500人。一个中介机构，无法找到这么多的专家。

2.2　投标过程中的工作任务

　　投标是物业服务企业的一项非常重要的工作任务，但有些工作内容可以委托给代理机构代劳。对于代理人来说，每一个委托都是一项完整的工作任务。因此物业管理投标的全过程，可以分解成几项工作任务。

2.2.1　投标决策

　　《物业管理条例》出台以后，房地产开发建设单位与物业管理公司私相授受，侵害业主利益的物业管理项目承接模式逐渐受到遏止。取代这种方式的承接模式就是物业管理招标投标，这是企业扩大经营规模的唯一途径。投标是物业管理公司经营过程中的主要环节，投标决策是企业管理层和决策层十分重要的日常工作。

　　物业管理市场上每天几乎都有招标信息，但对于各个企业来说不一定每标必投。究竟哪个标不该投，哪个标该投，投标后会给企业带来哪些利益，都需要进行决策分析。

　　物业管理的投标决策应该分两个阶段，即投标报名阶段和夺标阶段。两个阶段是以招标预审为临界点，在此之前为投标报名阶段，通过预审即可进入夺标阶段。投标报名阶段主要是考虑对于某物业管理项目该不该报名；夺标阶段是策划如何使自己的企业中标。

　　投标决策所用时间不长，但却是一个完整的工作，而且对于企业来讲有举足轻重的作用。一旦决策失误，将使企业蒙受巨大损失甚至是灭顶之灾。这项工作可以由企业自己完成，也可以聘请咨询机构代为完成。

2.2.2　投标文件制作

　　制作投标文件是一项难度较大的工作，质量的高低关系到投标人是否能够中标。物业管理市场刚刚启动时，许多企业都请境外的咨询机构代做。现在物业管理公司大多已能胜任此项工作。投标文件主要内容包括：投标函、物业管理方案、投标报价以及承诺的优惠条件等，制作投标文件的具体内容将在后面详述。

2.2.3　宣讲答辩

宣讲答辩是招投标过程中，物业管理公司必须亲自完成的一项工作任务。因为评委和招标人是想通过相互沟通，考核项目经理的实际工作能力和专业技术水平。优秀的项目经理经常在此时脱颖而出，得到业内的认可。

2.3　决标过程中的工作任务

决标过程中有三类性质不同的工作，即技术支持、行政事务和专业评审。现在的决标工作一般都有技术支持，系统的开发、维护和使用都是技术含量很高工作任务。但它属于另一个学科领域，在此不予介绍。行政事务工作和专业评审工作虽然互有搭接，但因它们是由两个主体完成的不同的工作任务，因此分别予以介绍。

2.3.1　行政事务工作

行政事务性工作的行为主体主要是招标单位和招投标服务机构；工作目标是保证决标工作的公平、公正、合理、合法、保密；工作的主要内容有：接受投标文件、开标服务和询标会务等。

2.3.2　专业评审

专业评审的行为主体是评标委员会；工作目标是通过专家科学、合理、公平的评审，筛选出最优中标人；阅标主要工作有：评标的准备、初步评审、详细评审、质询和评定等。

3 完成工作任务的主体

3.1 招标工作主体

按照我国《招标投标法》第八条的规定："招标人是依照本法规定提出招标项目、进行招标的法人或者其他组织。"据此，招标人必须是法人或其他组织，而不允许自然人招标。物业管理工作的招标主体应该是物业管理市场需求者，也就是说应该是业主或使用人。但由于上述条款的限制，对于多业主楼宇，招标主体不是单一业主而是业主的自治组织。物业管理工作的招标主体主要有：房地产开发建设单位（原始业主）、单一产权业主、业主大会、物业管理公司以及招标代理者等。物业管理企业通常是投标主体，但有时也是招标主体（如对专项服务的指标）。

3.1.1 业主及其自治组织

3.1.1.1 业主

如前所述，房屋的所有权人为业主。《最高人民法院关于审理建筑物区分所有权纠纷案件具体应用法律若干问题的解释》第一条规定："依法登记取得或者根据物权法第二章第三节规定取得建筑物专有部分所有权的人，应当认定为物权法第六章所称的业主。

基于与建设单位之间的商品房买卖民事法律行为，已经合法占有建筑物专有部分，但尚未依法办理所有权登记的人，可以认定为物权法第六章所称的业主。"

从这个意义上来讲，债权形成后无论是否履行登记手续，均已成为业主。

业主是物业管理市场最主要的需求主体，是物业管理服务的招标人。物业有单一产权房屋和异产毗连房屋。单一产权的房屋，不管业主是自然人还是法人，都可以作为招标人单独与供给方建立物业服务合同关系。而异产毗连房屋的任何一个业主，除特约服务外，目前都不能单独作为招标人与物业管理公司签订物业服务合同。因此，实际上业主能够作为需求主体在物业管理市场直接运作的，只有单一产权房屋的业主。

（1）业主在物业管理活动中享有的权利

1）按照物业服务合同的约定，接受物业服务企业提供的服务；

2）提议召开业主大会会议，并就物业管理的有关事项提出建议；

3）提出制定和修改管理规约、业主大会议事规则的建议；

4）参加业主大会会议，行使投票权；

5）选举业主委员会成员，并享有被选举权；

6）监督业主委员会的工作；

7）监督物业服务企业履行物业服务合同；

8）对物业共用部位、共用设施设备和相关场地使用情况享有知情权和监督权；

9）监督物业共用部位、共用设施设备专项维修资金（以下简称专项维修资金）的管理和使用；

10）法律、法规规定的其他权利。

（2）业主应该履行的义务

1）遵守管理规约、业主大会议事规则；

2）遵守物业管理区域内物业共用部位和共用设施设备的使用、公共秩序和环境卫生的维护等方面的规章制度；

3）执行业主大会的决定和业主大会授权业主委员会作出的决定；

4）按照国家有关规定交纳专项维修资金；

5）按时交纳物业服务费用；

6）法律、法规规定的其他义务。

（3）业主责任的具体要求

1）遵守使用物业制度；

2）按时交纳物业服务费；

3）缴交维修资金；

4）履行合同约定的其他义务。

3.1.1.2　业主大会

许多国家的业主自治组织是社团法人，而我国的业主自治组织不是独立的法人单位。我国的业主自治组织称为业主大会，其性质是代表和维护物业管理区域内全体业主在物业管理活动中合法权益的自治自律组织。所谓自治自律是指按照国家的有关法律、法规、政策规定和管理规约的约定，实施自我管理、自我约束的行为。

《物业管理条例》第十条规定："同一个物业管理区域内的业主，应当在物业所在地的区、县人民政府房地产行政主管部门的指导下成立业主大会，并选举产生业主委员会。但是，只有一个业主的，或者业主人数较少且经全体业主一致同意，决定不成立业主大会的，由业主共同履行业主大会、业主委员会职责。

业主在首次业主大会会议上的投票权，根据业主拥有物业的建筑面积、住宅套数等因素确定。具体办法由省、自治区、直辖市制定。"

（1）业主大会成立的条件

万事开头难，所以第一次业主大会的成立一定要在房地产行政主管部门指导下召开。首次业主大会召开应该有一定的条件。全国各地首次业主大会条件的设置并不一样，但基本上是从入住率和房地产销售时间来界定。国家规定的条件是，物业管理区域内，已交付的专有部分面积超过建筑物总面积50%时，建设单位应当按照物业所在地的区、县房地产行政主管部门或者街道办事处、乡镇人民政府的要求，及时报送资料筹备首次业主大会会议。

（2）业主大会有权决定的事项

《业主大会和业主委员会指导规则》第十七条规定："业主大会决定以下事项：

1）制定和修改业主大会议事规则；

2）制定和修改管理规约；

3）选举业主委员会或者更换业主委员会委员；

4）制定物业服务内容、标准以及物业服务收费方案；

5）选聘和解聘物业服务企业；

6）筹集和使用专项维修资金；

7）改建、重建建筑物及其附属设施；

8）改变共有部分的用途；

9）利用共有部分进行经营以及所得收益的分配与使用；

10）法律法规或者管理规约确定应由业主共同决定的事项。"

其中"选聘和解聘物业服务企业"决定了物业管理市场的需求方地位，是业主大会的主要职责。在物业管理市场上具体操作时，通常是业主大会授权给业主委员会与物业服务企业订立、变更或解除物业服务合同。

业主大会和业主委员会是维护业主合法权益，保证物业正常使用的自治自律组织。该组织仅能涉及与物权相关的事宜，而不能从事与物业管理无关的活动，也不能作出与物业管理无关的决定，否则当地房地产行政主管部门将会责令改正或撤销其决定。

业主大会是物业管理服务的消费主体，也是物业管理招标主体。按照《物业管理条例》规定，由业主共同决定的事项中包括了"选聘和解聘物业服务企业"。"业主大会应当代表和维护物业管理区域内全体业主在物业管理活动中的合法权益"，体现了大多数业主群体的共同意愿。同时《业主大会和业主委员会指导规则》所规定的业主大会的权利中也都包括"选聘和解聘物业服务企业"，因此选聘物业管理公司无疑是由业主大会负责。

3.1.1.3　业主委员会

业主委员会是指由物业管理区域内业主代表组成，代表业主的利益，向社会各方反映业主意愿和要求，并监督物业管理公司管理运作的民间组织。

（1）业主委员会成立条件

业主委员会由业主大会会议选举产生，由 5 至 11 人单数组成。业主委员会委员应当是物业管理区域内的业主，并符合下列条件：

1）具有完全民事行为能力；

2）遵守国家有关法律、法规；

3）遵守业主大会议事规则、管理规约，模范履行业主义务；

4）热心公益事业，责任心强，公正廉洁；

5）具有一定的组织能力；

6）具备必要的工作时间。

（2）业主委员会的职责

1）执行业主大会的决定和决议；

2）召集业主大会会议，报告物业管理实施情况；

3）与业主大会选聘的物业服务企业签订物业服务合同；

4）及时了解业主、物业使用人的意见和建议，监督和协助物业服务企业履行物业服务合同；

5）监督管理规约的实施；

6）督促业主交纳物业服务费及其他相关费用；

7）组织和监督专项维修资金的筹集和使用；

8）调解业主之间因物业使用、维护和管理产生的纠纷；

9）业主大会赋予的其他职责。

3.1.2 房地产开发建设单位

虽然前面提到业主大会应该是物业管理服务的招标人，但业主大会的成立是有一定条件的，不是所有的物业管理区域都具备成立业主大会的条件。

按照《前期物业管理招标投标管理暂行办法》第二条规定："前期物业管理，是指在业主、业主大会选聘物业服务企业之前，由建设单位选聘物业服务企业实施的物业管理。建设单位通过招投标的方式选聘具有相应资质的物业服务企业和行政主管部门对物业管理招投标活动实施监督管理，适用本办法。"据此，前期物业管理必须由建设单位通过招投标的方式选聘物业服务企业，而且房地产开发建设单位是唯一的招标工作主体。

物业管理主要服务于业主和使用人，业主应该既是物业管理市场需求者也是招标主体。之所以说房地产开发建设单位是招标主体，是因为他们也是业主，而且前期物业管理招标时，商品房尚未出售，他们是唯一的业主。物业业权的取得可分为继受取得和原始取得，开发建设单位业权属于原始取得。虽然房地产开发的目的是为了销售，但不可能竣工后一次全部售出。不管房地产开发项目销售时间有多长，只要尚未售罄，开发建设单位就是业主。

虽然房地产开发建设单位也是业主，但与普通业主相比在市场上所起的作用大不相同。普通业主既是物业市场的需求者也是物业管理市场的需求者；而房地产开发建设单位是物业市场的供给者，是物业管理市场的需求者。国家要求物业市场的供给者，在商品进入市场之前就为日后消费过程的管理做好准备工作。

3.1.2.1 主要义务和职责

（1）准备有关文件

《物业管理条例》第二十二条规定："建设单位应当在销售物业之前，制定临时管理规约，对有关物业的使用、维护、管理，业主的共同利益，业主应当履行的义务，违反临时管理规约应当承担的责任等事项依法作出约定。建设单位制定的临时管理规约，不得侵害物业买受人的合法权益。"

据此，开发建设单位应当负责制定《临时管理规约》。物业管理行政主管部门，为了避免建设单位借机"侵害物业买受人的合法权益"，预先制定了示范文本，供建设单位和业主参考。

（2）前期物业服务合同

住房和城乡建设部为了贯彻《物业管理条例》，规范前期物业管理活动，引导前期物业管理活动当事人通过合同明确各自的权利与义务，减少物业管理纠纷，制定了《前期物业服务合同（示范文本）》，供开发建设单位与物业服务企业签约参考使用。有些招标文件附上了《前期物业服务合同》，对于重要问题事先提示。如果潜在投标人不愿响应，可以不来投标。

附：某城市《临时管理规约》示范文本

临时管理规约

为了维护全体业主和物业使用人的合法权益，维护公共环境和秩序，保障物业的安全与合理使用，根据《中华人民共和国物权法》、国务院《物业管理条例》和《××市物业管理条例》及有关法律、法规、规章，制定本临时管理规约。本临时管理规约对开发建设单位、购房人（业主）和物业使用人均有约束力。

第一章　总则

第一条　业主、物业使用人和开发建设单位在使用、经营、出让其所拥有物业时，应当遵守物业管理相关的法律、法规、规章和规范性文件的规定。

第二条　购房人在购买新建房屋时，应当对前期物业服务合同和本临时管理规约予以书面确认。

第三条　业主、物业使用人和开发建设单位应当遵守物业服务企业根据有关法律、法规、规章和规范性文件制定的各项物业管理制度。

第四条　业主、物业使用人和开发建设单位应当支持、配合物业服务企业的各项管理服务活动。

第二章　业主权利和义务

第五条　业主、物业使用人和开发建设单位按照相关法律、法规的规定，在物业管理服务活动中享有相应的权利，履行相应的义务，不得以放弃权利而不履行义务。

第六条　业主享有下列权利：

（一）参加业主大会会议，发表意见，行使表决权；

（二）推选业主代表，选举业主委员会成员，享有被选举权；

（三）监督业主委员会的工作；

（四）提议召开业主大会会议，就物业管理服务的有关事项提出建议；

（五）提出制定或者修改本临时管理规约、业主大会议事规则的建议；

（六）按照物业服务合同的约定，接受物业服务企业提供的服务；

（七）监督物业服务企业履行物业服务合同；

（八）监督专项维修资金的管理和使用；

（九）对共用部位、共用设施设备和相关场地使用情况的知情权和监督权；

（十）法律、法规规定的其他权利。

第七条　业主应当履行下列义务：

（一）遵守临时管理规约；

（二）执行业主大会通过的决定和业主大会授权业主委员会作出的决定；

（三）配合物业服务企业按照前期物业服务合同的约定实施物业管理服务活动；

（四）按照前期物业服务合同的约定，按时交纳物业管理服务费；

（五）维护物业管理区域内公共秩序和环境卫生；

（六）按照规定交存或者续交专项维修资金；

（七）法律、法规规定的其他义务。

第三章　物业使用和维护

第八条　业主、物业使用人应当按照下列规定使用物业：

（一）业主对物业的专有部分享有占有、使用、收益和处分的权利，但不得侵害其他人的合法权益；

（二）自觉维护物业的整洁、美观和共用部位、通道的畅通及共用设备、公共设施的完好；

（三）安装空调，应当按照房屋设计预留的位置安装，未预留位置的，按照物业服务企业指定的位置安装；

（四）当物业的专有部分出现影响他人正常使用的情况时，业主、物业使用人应当及时维修，消除隐患。

第九条　业主、物业使用人应当合法使用房屋，保障房屋的整体性、抗震性和结构安全，使用物业不得有下列行为：

（一）拆改住宅楼房或者与其结构垂直连体的非住宅房屋的基础、墙体、梁、柱、楼板等承重结构，损坏共用的设施、设备，在外墙上拆改、增设门窗，或者扩大原有门窗尺寸，损坏和改变房屋外貌；

（二）在楼板、阳台、露台、屋顶超荷载铺设材料或者堆放物品，在室内增设超荷载分隔墙体；在外墙安装存在安全隐患、有碍观瞻或者破坏小区整体环境的物品；

（三）擅自改变房屋设计用途等；

（四）占用共用部位和消防通道，损坏共用的设施、设备或者移装共用设备；

（五）在庭院、车位、平台、屋顶、露台或者其他场地搭建建筑物、构筑物；

（六）违反有关规定存放易燃、易爆、剧毒、放射性物品和燃放烟花爆竹及排放有毒、有害、危险物质；

（七）法律、法规和规章禁止的其他行为。

第十条　业主和物业使用人应当按照设计用途使用房屋，不得违反法律、法规以及本临时管理规约的规定改变房屋使用用途。

业主确需改变房屋设计用途的，除遵守法律、法规外，应当经有利害关系的业主书面同意后，报有关行政主管部门批准，并将有关部门审批的资料报送物业服务企业留存。

第十一条　业主和物业使用人应当增强安全防范意识，自觉遵守有关安全防范的规章制度，做好防火防盗工作。

第十二条　业主、物业使用人使用物业应当遵守法律、法规和规章的规定，在供水、排水、通风、采光、通行、维修、装饰装修、环境卫生、环境保护等方面，按照有利于物业安全使用、外观整洁以及公平合理、不损害公共利益和他人利益的原则，处理相邻关系。

第十三条　物业服务企业对物业共用部位、共用设施设备进行维修、养护时，相关业主和使用人必须给予配合。当物业出现危及安全、影响观瞻时，业主、物业使用人或者物业服务企业应当及时维修，所需费用由相关责任人承担。

第十四条　物业维护应当遵守下列规定：

（一）开发建设单位应当按照国家规定的保修期限和保修范围承担物业的保修责任；

（二）业主负责专有部分和专有设施设备的维修和养护，对物业专有部分的维修和养护，不得侵害其他业主的合法权益；

（三）业主可以委托物业服务企业对其专有部分和专有设施设备进行维修和养护，双方根据约定承担相应的权利和义务；

（四）物业服务企业按照物业管理服务合同的约定，负责对物业共用部位、共用设施设备的维修和养护。

第四章　装饰装修管理

第十五条　业主或者物业使用人装饰装修房屋，应当保证房屋的使用安全，不得影响共用部位和共用设施设备的使用、维修和养护，遵守国家及本市有关物业装饰装修管理规定，并事先告知物业服务企业，接受物业服务企业对房屋装饰装修的监督管理。凡不符合安全要求和影响公共利益的装修行为，应当服从管理、及时改正。

业主或者物业使用人违规、违章装饰装修房屋或者妨碍他人正常使用物业的，应当恢复原状，造成他人损失的，应当承担赔偿责任。

第十六条 业主或者物业使用人装饰装修房屋应当遵守下列规定：

（一）装饰装修房屋前，业主、物业使用人和装饰装修企业应当与物业服务企业签订装饰装修管理服务协议，遵守装饰装修的注意事项和有关规定；

（二）施工时遵守物业服务企业对施工人员、施工时间和装修设备使用等方面的要求；

（三）施工期间应当采取有效措施，减少或避免施工过程中对相邻业主或物业使用人日常生活造成的影响，在时间段内，不得从事敲、凿、锯、钻等产生严重噪声的施工；

（四）遵守物业服务企业对装饰装修材料、装修垃圾存放的要求，在指定地点放置装饰装修材料及装修垃圾，不得擅自占用共用部位和共用场地；

（五）对因装饰装修损坏共用部位、共用设施设备的，相关业主或者物业使用人应当自行修复，并承担相关费用。

第五章　遵规守约

第十七条 加强精神文明建设，弘扬社会主义道德风尚，互助友爱，和睦共处，共同创造和维护良好的工作和生活环境。

第十八条 业主和物业使用人应当自觉做到：

（一）按照国家、本市的相关规定及本物业管理区域的相关制度，文明饲养宠物、文明祭奠、定点燃放鞭炮、维护环境卫生；

（二）停放车辆应当遵守本物业管理区域和停车协议的相关规定，不得占用消防通道、道路及碾压绿地；

（三）与相邻业主和睦相处，模范履行业主义务，共建共管和谐家园。

第十九条 业主和物业使用人应当杜绝下列行为的发生：

（一）随意堆放杂物、高空抛物；

（二）私自侵占、毁坏绿地，改变绿地原有规划设计；

（三）随地吐痰，丢弃烟头、纸屑和垃圾；

（四）乱设摊点，乱悬挂、张贴、涂写、刻画；

（五）聚众喧闹、噪声扰民等危害公共利益或者其他不道德行为。

第六章　物业出租和转让

第二十条 业主将房屋出租时，应当告知并要求承租人遵守物业管理制度和本临时管理规约。业主转让物业时，本临时管理规约对物业继受人具有同等约束力。

业主出租或者转让物业后，应当将物业出租或者转让情况和通信方式书面告知物业服务企业。

第二十一条 业主转让物业时应当结清物业管理服务费等相关费用。

第七章　共同利益

第二十二条 为维护业主的共同利益，全体业主同意在物业服务活动中授予物业服务企业以下权利：

（一）根据本临时管理规约由物业服务企业制定物业共用部位和共用设施设备的使用、公共秩序和环境卫生维护等方面的管理制度；

（二）以批评、规劝、公示等必要措施制止业主、物业使用人违反本临时管理规约、前期物业服务合同和管理制度的行为。

（三）_____。

第二十三条　物业管理服务费用是物业服务活动正常开展的基础，涉及全体业主的共同利益，任何业主不得拖欠、延期交纳物业管理服务费。

第二十四条　业主或者物业使用人违反本临时管理规约，侵害全体业主共同利益的，在业主大会成立之前，可授权物业服务企业按照本临时管理规约向相关业主追究法律责任。

第二十五条　利用物业共用部位、共用设施设备从事经营活动的，不得影响房屋安全和正常使用，并应当征得相关业主的同意。物业服务企业代表业主收取的相关收益，应当单独列账，主要用于补充专项维修资金、改善共用设施设备并定期将使用情况向业主公示。

第二十六条　人为造成物业损坏的，由责任人负责修复，并承担费用。

第八章　违约责任

第二十七条　业主和物业使用人因物业管理相关事宜发生争议时可以自行协调解决；不能自行协商解决的，可以向街道办事处或者乡镇人民政府、区县物业管理行政主管部门申请调解；也可以依法申请仲裁或者向人民法院提起诉讼。

第二十八条　违反本临时管理规约或者有关法律法规造成其他业主人身伤害、财产损失的，相关业主应负赔偿责任。

第二十九条　物业使用人违反本临时管理规约的，业主承担连带责任。

第三十条　其他增加条款：

附：

前期物业服务合同（示范文本）

甲方：_____；

法定代表人：_____；

住所地：_____；

邮编：_____。

乙方：_____；

法定代表人：_____；

住所地：_____；

邮编：_____；

资质等级：_____；

证书编号：_____。

根据《物业管理条例》和相关法律、法规、政策，甲乙双方在自愿、平等、协商一致的基础上，就甲方选聘乙方对_____（物业名称）提供前期物业管理服务事宜，订立本合同。

第一章　物业基本情况

第一条　物业基本情况：

物业名称＿＿＿＿＿＿＿＿＿＿＿＿＿＿；

物业类型＿＿＿＿＿＿＿＿＿＿＿＿＿＿；

坐落位置＿＿＿＿＿＿＿＿＿＿＿＿＿＿；

建筑面积＿＿＿＿＿＿＿＿＿＿＿＿＿＿。

物业管理区域四至：

东至＿＿＿＿＿＿＿＿＿＿＿＿＿＿＿＿；

南至＿＿＿＿＿＿＿＿＿＿＿＿＿＿＿＿；

西至＿＿＿＿＿＿＿＿＿＿＿＿＿＿＿＿；

北至＿＿＿＿＿＿＿＿＿＿＿＿＿＿＿＿。

（规划平面图见附件一，物业构成明细见附件二）。

第二章　服务内容与质量

第二条　在物业管理区域内，乙方提供的前期物业管理服务包括以下内容：

1. 物业共用部位的维修、养护和管理（物业共用部位明细见附件三）；

2. 物业共用设施设备的运行、维修、养护和管理（物业共用设施设备明细见附件四）；

3. 物业共用部位和相关场地的清洁卫生，垃圾的收集、清运及雨、污水管道的疏通；

4. 公共绿化的养护和管理；

5. 车辆停放管理；

6. 公共秩序维护、安全防范等事项的协助管理；

7. 装饰装修管理服务；

8. 物业档案资料管理。

第三条　在物业管理区域内，乙方提供的其他服务包括以下事项：

1. ＿＿＿＿＿＿＿＿＿＿＿＿＿＿；

2. ＿＿＿＿＿＿＿＿＿＿＿＿＿＿；

3. ＿＿＿＿＿＿＿＿＿＿＿＿＿＿。

第四条　乙方提供的前期物业管理服务应达到约定的质量标准（前期物业管理服务质量标准见附件五）。

第五条　单个业主可委托乙方对其物业的专有部分提供维修养护等服务，服务内容和费用由双方另行商定。

第三章　服务费用

第六条　本物业管理区域物业服务收费选择以下第＿＿＿种方式：

1. 包干制

物业服务费用由业主按其拥有物业的建筑面积交纳，具体标准如下：

多层住宅：＿＿＿＿＿＿＿元/（月•平方米）；

高层住宅：＿＿＿＿＿＿＿元/（月•平方米）；

别墅：＿＿＿＿＿＿＿＿元/（月•平方米）；

办公楼：＿＿＿＿＿＿＿元/（月•平方米）；

商业物业：_____元/（月·平方米）；

物业：_____元/（月·平方米）。

物业服务费用主要用于以下开支：

(1) 管理服务人员的工资、社会保险和按规定提取的福利费等；

(2) 物业共用部位、共用设施设备的日常运行、维护费用；

(3) 物业管理区域清洁卫生费用；

(4) 物业管理区域绿化养护费用；

(5) 物业管理区域秩序维护费用；

(6) 办公费用；

(7) 物业服务企业固定资产折旧；

(8) 物业共用部位、共用设施设备及公众责任保险费用；

(9) 法定税费；

(10) 物业服务企业的利润；

(11) _____。

乙方按照上述标准收取物业服务费用，并按本合同约定的服务内容和质量标准提供服务，盈余或亏损由乙方享有或承担。

2. 酬金制

物业服务资金由业主按其拥有物业的建筑面积预先交纳，具体标准如下：

多层住宅：_____元/（月·平方米）；

高层住宅：_____元/（月·平方米）；

别墅：_____元/（月·平方米）；

办公楼：_____元/（月·平方米）；

商业物业：_____元/（月·平方米）；

物业：_____元/（月·平方米）。

预收的物业服务资金由物业服务支出和乙方的酬金构成。

物业服务支出为所交纳的业主所有，由乙方代管，主要用于以下开支：

(1) 管理服务人员的工资、社会保险和按规定提取的福利费等；

(2) 物业共用部位、共用设施设备的日常运行、维护费用；

(3) 物业管理区域清洁卫生费用；

(4) 物业管理区域绿化养护费用；

(5) 物业管理区域秩序维护费用；

(6) 办公费用；

(7) 物业服务企业固定资产折旧；

(8) 物业共用部位、共用设施设备及公众责任保险费用；

(9) _____。

乙方采取以下第____种方式提取酬金：

(1) 乙方按____（每月/每季/每年）____元的标准从预收的物业服务资金中提取。

(2) 乙方（每月/每季/每年）按应收的物业服务资金____%的比例提取。

物业服务支出应全部用于本合同约定的支出。物业服务支出年度结算后结余部分，转入下一年度继续使用；物业服务支出年度结算后不足部分，由全体业主承担。

第七条 业主应于____之日起交纳物业服务费用（物业服务资金）。

纳入物业管理范围的已竣工但尚未出售，或者因甲方原因未能按时交给物业买受人的物业，其物业服务费用（物业服务资金）由甲方全额交纳。

业主与物业使用人约定由物业使用人交纳物业服务费用（物业服务资金）的，从其约定，业主负连带交纳责任。业主与物业使用人之间的交费约定，业主应及时书面告知乙方。

物业服务费用（物业服务资金）按____（年/季/月）交纳，业主或物业使用人应在____（每次缴费的具体时间）履行交纳义务。

第八条 物业服务费用实行酬金制方式计费的，乙方应向全体业主公布物业管理年度计划和物业服务资金年度预决算，并每年____次向全体业主公布物业服务资金的收支情况。

对物业服务资金收支情况有争议的，甲乙双方同意采取以下方式解决：

1. _____；

2. _____。

第四章 物业的经营与管理

第九条 停车场收费分别采取以下方式：

1. 停车场属于全体业主共有的，车位使用人应按露天车位____元/（个·月）、车库车位____元/（个·月）的标准向乙方交纳停车费。

乙方从停车费中按露天车位____元/（个·月）、车库车位____元/（个·月）的标准提取停车管理服务费。

2. 停车场属于甲方所有、委托乙方管理的，业主和物业使用人有优先使用权，车位使用人应按露天车位____元/（个·月）、车库车位____元/（个·月）的标准向乙方交纳停车费。

乙方从停车费中按露天车位____元/（个·月）、车库车位____元/（个·月）的标准提取停车管理服务费。

3. 停车场车位所有权或使用权由业主购置的，车位使用人应按露天车位____元/（个·月）、车库车位____元/（个·月）的标准向乙方交纳停车管理服务费。

第十条 乙方应与停车场车位使用人签订书面的停车管理服务协议，明确双方在车位使用及停车管理服务等方面的权利义务。

第十一条 本物业管理区域内的会所属____（全体业主/甲方）所有。

会所委托乙方经营管理的，乙方按下列标准向使用会所的业主或物业使用人收取费用：

1. _____；

2. _____。

第十二条 本物业管理区域内属于全体业主所有的停车场、会所及其他物业共用部位、公用设备设施统一委托乙方经营，经营收入按下列约定分配：

1. _____；

2. _____。

第五章 物业的承接验收

第十三条 乙方承接物业时，甲方应配合乙方对以下物业共用部位、共用设施设备进行查验：

1. _____；
2. _____；
3. _____。

第十四条　甲乙双方确认查验过的物业共用部位、共用设施设备存在以下问题：

1. _____；
2. _____；
3. _____。

甲方应承担解决以上问题的责任，解决办法如下：

1. _____；
2. _____；
3. _____。

第十五条　对于本合同签订后承接的物业共用部位、共用设施设备，甲乙双方应按照前条规定进行查验并签订确认书，作为界定各自在开发建设和物业管理方面承担责任的依据。

第十六条　乙方承接物业时，甲方应向乙方移交下列资料：

1. 竣工总平面图，单体建筑、结构、设备竣工图，配套设施、地下管网工程竣工图等竣工验收资料；
2. 设施设备的安装、使用和维护保养等技术资料；
3. 物业质量保修文件和物业使用说明文件；
4. _____。

第十七条　甲方保证交付使用的物业符合国家规定的验收标准，按照国家规定的保修期限和保修范围承担物业的保修责任。

第六章　物业的使用与维护

第十八条　业主大会成立前，乙方应配合甲方制定本物业管理区域内物业共用部位和共用设施设备的使用、公共秩序和环境卫生的维护等方面的规章制度。

乙方根据规章制度提供管理服务时，甲方、业主和物业使用人应给予必要配合。

第十九条　乙方可采取规劝等必要措施，制止业主、物业使用人违反本临时公约和物业管理区域内物业管理规章制度的行为。

第二十条　乙方应及时向全体业主通告本物业管理区域内有关物业管理的重大事项，及时处理业主和物业使用人的投诉，接受甲方、业主和物业使用人的监督。

第二十一条　因维修物业或者公共利益，甲方确需临时占用、挖掘本物业管理区域内道路、场地的，应征得相关业主和乙方的同意；乙方确需临时占用、挖掘本物业管理区域内道路、场地的，应征得相关业主和甲方的同意。

临时占用、挖掘本物业管理区域内道路、场地的，应在约定期限内恢复原状。

第二十二条　乙方与装饰装修房屋的业主或物业使用人应签订书面的装饰装修管理服务协议，就允许施工的时间、废弃物的清运与处置、装修管理服务费用等事项进行约定，并事先告知业主或物业使用人装饰装修中的禁止行为和注意事项。

第二十三条　甲方应于_____（具体时间）按有关规定向乙方提供能够直接投入使用的物业管理用房。

物业管理用房建筑面积____平方米，其中：办公用房____平方米，位于____；住宿用房____平方米，位于____；____用房____平方米，位于____。

第二十四条 物业管理用房属全体业主所有，乙方在本合同期限内无偿使用，但不得改变其用途。

第七章 专项维修资金

第二十五条 专项维修资金的缴存_____。

第二十六条 专项维修资金的管理_____。

第二十七条 专项维修资金的使用_____。

第二十八条 专项维修资金的续筹_____。

第八章 违约责任

第二十九条 甲方违反本合同第十三条、第十四条、第十五条的约定，致使乙方的管理服务无法达到本合同第二条、第三条、第四条约定的服务内容和质量标准的，由甲方赔偿由此给业主和物业使用人造成的损失。

第三十条 除前条规定情况外，乙方的管理服务达不到本合同第二条、第三条、第四条约定的服务内容和质量标准，应按_____的标准向甲方、业主支付违约金。

第三十一条 甲方、业主或物业使用人违反本合同第六条、第七条的约定，未能按时足额交纳物业服务费用（物业服务资金）的，应按_____的标准向乙方支付违约金。

第三十二条 乙方违反本合同第六条、第七条的约定，擅自提高物业服务费用标准的，业主和物业使用人就超额部分有权拒绝交纳；乙方已经收取的，业主和物业使用人有权要求乙方双倍返还。

第三十三条 甲方违反本合同第十七条的约定，拒绝或拖延履行保修义务的，业主、物业使用人可以自行或委托乙方修复，修复费用及造成的其他损失由甲方承担。

第三十四条 以下情况乙方不承担责任：

1. 因不可抗力导致物业管理服务中断的；

2. 乙方已履行本合同约定义务，但因物业本身固有瑕疵造成损失的；

3. 因维修养护物业共用部位、共用设施设备需要且事先已告知业主和物业使用人，暂时停水、停电、停止共用设施设备使用等造成损失的；

4. 因非乙方责任出现供水、供电、供气、供热、通信、有线电视及其他共用设施设备运行障碍造成损失的；

5. _____。

第九章 其他事项

第三十五条 本合同期限自____年____月____日起至____年____月____日止；但在本合同期限内，业主委员会代表全体业主与物业服务企业签订的物业服务合同生效时，本合同自动终止。

第三十六条 本合同期满前____月，业主大会尚未成立的，甲、乙双方应就延长本合同期限达成协议；双方未能达成协议的，甲方应在本合同期满前选聘新的物业服务企业。

第三十七条 本合同终止时，乙方应将物业管理用房、物业管理相关资料等属于全体业主所有的财物及时完整地移交给业主委员会；业主委员会尚未成立的，移交给甲方或____代管。

第三十八条　甲方与物业买受人签订的物业买卖合同，应当包含本合同约定的内容；物业买受人签订物业买卖合同，即为对接受本合同内容的承诺。

第三十九条　业主可与物业使用人就本合同的权利义务进行约定，但物业使用人违反本合同约定的，业主应承担连带责任。

第四十条　本合同的附件为本合同不可分割的组成部分，与本合同具有同等法律效力。

第四十一条　本合同未尽事宜，双方可另行以书面形式签订补充协议，补充协议与本合同存在冲突的，以本合同为准。

第四十二条　本合同在履行中发生争议，由双方协商解决，协商不成，双方可选择以下第＿＿种方式处理：

1. 向＿＿＿＿＿＿＿仲裁委员会申请仲裁；

2. 向人民法院提起诉讼。

第四十三条　本合同一式＿＿＿份，甲、乙双方各执＿＿＿份。

甲方（签章）：＿＿＿＿＿＿＿＿＿＿＿＿　　乙方（签章）：＿＿＿＿＿＿＿＿＿＿＿＿

法定代表人：＿＿＿＿＿＿＿＿＿＿＿＿　　法定代表人：＿＿＿＿＿＿＿＿＿＿＿＿

＿＿＿年＿＿＿月＿＿＿日

附件一：

物业构成明细

类型幢数套（单元）数 建筑面积

（平方米）

高层住宅

多层住宅

别墅

商业用房

工业用房

办公楼

车库

会所

学校

幼儿园

＿＿＿用房

合计

备注

附件二：

物业共用部位明细

1. 房屋承重结构；

2. 房屋主体结构；

3. 公共门厅；

4. 公共走廊；

5. 公共楼梯间；

6. 内天井；

7. 户外墙面；

8. 屋面；

9. 传达室；

10. _____；

11. _____。

附件三：

物业共用设施设备明细

1. 绿地_____平方米；

2. 道路_____平方米；

3. 化粪池_____个；

4. 污水井_____个；

5. 雨水井_____个；

6. 垃圾中转站_____个；

7. 水泵_____个；

8. 水箱_____个；

9. 电梯_____部；

10. 信报箱_____个；

11. 消防设施_____；

12. 公共照明设施_____；

13. 监控设施_____；

14. 避雷设施_____；

15. 共用天线_____；

16. 机动车库_____个_____平方米；

17. 露天停车场_____个_____平方米；

18. 非机动车库_____个_____平方米；

19. 共用设施设备用房_____平方米；

20. 物业管理用房_____平方米；

21. _____；

22. _____。

附件四：

前期物业管理服务质量标准

一、物业共用部位的维修、养护和管理

1. _____；

2. _____；

3. _____。

二、物业共用设施设备的运行、维修、养护和管理

1. _____；

2. _____；

3. _____。

三、物业共用部位和相关场地的清洁卫生，垃圾的收集、清运及雨、污水管道的疏通

1. _____；

2. _____；

3. _____。

四、公共绿化的养护和管理

1. _____；

2. _____；

3. _____。

五、车辆停放管理

1. _____；

2. _____；

3. _____。

六、公共秩序维护、安全防范等事项的协助管理

1. _____；

2. _____；

3. _____。

七、装饰装修管理服务

1. _____；

2. _____；

3. _____。

八、物业档案资料管理

1. _____；

2. _____；

3. _____。

九、其他服务

1. _____；

2. _____；

3. _____。

《前期物业服务合同（示范文本）》使用说明

1. 本示范文本仅供建设单位与物业服务企业签订《前期物业服务合同》参考使用。

2. 经协商确定，建设单位和物业服务企业可对本示范文本的条款内容进行选择、修改、增补或删减。

3. 本示范文本第六条、第七条、第八条、第九条第二款和第三款、第二十条、第二

十一条、第二十二条、第二十四条所称业主，是指拥有房屋所有权的建设单位和房屋买受人；其他条款所称业主，是指拥有房屋所有权的房屋买受人。

3.1.2.2　交纳费用

按照《物业服务收费管理办法》第十六条规定，"纳入物业管理范围的已竣工但尚未出售，或者因开发建设单位原因未按时交给物业买受人的物业，物业服务费用或者物业服务资金由开发建设单位全额交纳"。房地产开发企业也应承担市场需求主体所应承担的义务。过去在空置房屋收费问题上争议比较大，房地产开发建设单位往往以房屋空置无人污染和破坏环境为由，拒绝交纳物业管理费或交一定比例的物业管理费。其实所谓物业管理主要是针对物业进行管理，有没有人居住管理照常进行。物业管理中的权利和义务都应以权属为基础，属于谁的产权谁承担义务。业内人士都知道，没人住的房屋看管和维护更困难，坏的更快，全额交纳并不过分。

3.1.2.3　移交资料

资料是搞好物业管理的基础，是对物业使用、养护和维修的必备条件。在《房屋接管验收标准》ZBP30001—90、《物业管理条例》和《物业承接查验办法》中，对于物业在承接验收时所应移交的资料都提出了一定的要求。

（1）《房屋接管验收标准》要求移交的资料：

1）竣工总平面图，单体建筑、结构、设备竣工图，配套设施、地下管网工程竣工图等竣工验收资料；

2）共用设施设备清单及其安装、使用和维护保养等技术资料；

3）供水、供电、供气、供热、通信、有线电视等准许使用文件；

4）物业质量保修文件和物业使用说明文件；

5）承接查验所必需的其他资料。

未能全部移交前款所列资料的，建设单位应当列出未移交资料的详细清单并书面承诺补交的具体时限。

（2）《物业管理条例》要求移交的资料：

1）竣工总平面图，单体建筑、结构、设备竣工图，配套设施、地下管网工程竣工图等竣工验收资料；

2）设施设备的安装、使用和维护保养技术资料；

3）物业质量保修文件和物业使用说明文件；

4）物业管理所必需的其他文件。

（3）《物业承接查验办法》要求移交的资料：

现场查验20日前，建设单位应当向物业服务企业移交下列资料：

1）竣工总平面图，单体建筑、结构、设备竣工图，配套设施、地下管网工程竣工图等竣工验收资料；

2）共用设施设备清单及其安装、使用和维护保养等技术资料；

3）供水、供电、供气、供热、通信、有线电视等准许使用文件；

4）物业质量保修文件和物业使用说明文件；

5）承接查验所必需的其他资料。

未能全部移交前款所列资料的，建设单位应当列出未移交资料的详细清单并书面承诺补交的具体时限。

三个法规的要求基本相同，只不过《物业管理条例》所描述的比较原则，《房屋接管验收标准》和《物业承接查验办法》更加具体，操作中可以参考这些规定根据实际情况移交资料。

3.1.2.4　管理用房

《物业管理条例》第三十条规定："建设单位应当按照规定在物业管理区域内配置必要的物业管理用房。"对于物业管理用房的面积，各地规定的数量不等。房地产能开发建设单位应当按照当地政府有关规定，预留管理用房并交付物业服务企业使用。

3.1.3　招标代理机构

招标代理机构是指依法设立、从事招标代理业务并提供相关服务的社会中介组织。

3.1.3.1　招标代理机构设立的条件

代理机构的设立国家并未规定照前审查条件，只需到工商行政管理机关办理登记手续。但该机构从事代理业务的资格，需要有关行政主管部门审查认定。《招标投标法》要求的具体条件是：

（1）有从事招标代理业务的营业场所和相应资金；

（2）有能够编制招标文件和组织评标的相应专业力量；

（3）有符合国家规定条件、可以作为评标委员会成员人选的技术、经济等方面专家库。

3.1.3.2　招标人与代理人的关系

我国的相关法律允许招标单位委托中介机构代理招标工作，招标人和代理人之间是一种委托代理的关系。我国《民法通则》第六十三条规定："公民、法人可以通过代理人实施民事法律行为。

代理人在代理权限内，以被代理人的名义实施民事法律行为。被代理人对代理人的代理行为，承担民事责任。"

物业管理招标过程中，房地产开发建设单位或业主委员会是委托人，招标代理机构为受托人。招标代理机构以房地产开发建设单位或业主大会的名义组织招标工作，房地产开发建设单位或业主大会对代理机构的代理行为承担民事责任。委托代理可以全部委托也可以部分委托。因此在委托时，委托人与代理人之间应当签订详细的书面合同，明确招标代理机构的代理权限，避免不必要的纠纷。

3.1.3.3　主要代理业务

招标代理机构接受招标人委托，代理招标全过程或代理下列某项具体工作：

（1）编制招标文件；

（2）审查投标人资质；

（3）组织现场查勘、质疑；

（4）组织决标；

（5）提供与物业管理招标相关的其他服务。

3.1.4　物业管理公司

在物业管理招投标过程中，物业管理企业既是投标主体也是招标主体。物业管理的整体招标，物业管理企业是投标主体；物业管理中专项服务的招标（如：电梯保养、建筑物和设备维修等），物业管理企业就是招标主体。但本书是以项目整体招标为主，因此对于后面以投标主体介绍。

3.2 投标工作主体

物业管理的投标工作主体是指在物业管理市场提供物业管理服务的一方，按照《物业管理条例》第三十二条规定："从事物业管理活动的企业应当具有独立的法人资格。"由于从事物业管理工作的供给主体必须是法人，其投标主体也应该是法人。但按《物权法》第八十一条规定："业主可以自行管理建筑物及其附属设施，也可以委托物业服务企业或者其他管理人管理。"既然可以业主自行管理又可以委托其他管理人管理，因此又有自然人管理的可能。

《招标投标法》第二十五条规定："投标人是响应招标、参加投标竞争的法人或者其他组织。

依法招标的科研项目允许个人参加投标的，投标的个人适用本法有关投标人的规定。"据此，除科研项目以外，参加投标竞争的主体应该是法人或其他组织而不是自然人。

目前我国物业管理市场供给主体主要有：物业服务企业、专项服务公司、垄断性经营机构和咨询机构四大类。但垄断性经营机构不必通过投标获得项目，因此后面不再涉及这一主体。

3.2.1 物业管理公司

物业管理公司是招投标工作中的主角，需要先将这一名称解释清楚。企业的名称有过一些变化，原来一直称为"物业管理公司"或"物业管理企业"，《物权法》出台后变成了"物业服务企业"。因为《物权法》第八十一条规定："业主可以自行管理建筑物及其附属设施，也可以委托物业服务企业或者其他管理人管理。"法条的本身就有些问题，将行为表述为"管理"而将行为主体表述为"服务企业"。而且有些相关法规也都将物业管理的供给主体称为"物业服务企业"。当然从广义上讲，提供任何服务的企业都可以称为服务企业。但是"物业管理"不等于"物业服务"，不能相互替代。在国外"物业服务企业"是房地产综合服务商，服务内容包括物业管理、房地产经纪和房地产估价。为此将物业管理企业称为物业服务企业不太合适。如果将其命名为"物业管理服务企业"，可能更加准确。迄今为止，虽然有些法条已经改为物业服务企业，但全国各地的服务主体绝大多数仍然叫"物业管理公司"，因此本书可能会根据上下文的需要，有时将供给主体称之为"物业管理公司"，有时称为"物业服务企业"。

这里所说的物业管理公司，主要是指针对物业管理项目从事综合性常规服务的独立的企业法人。《招标投标法》规定："投标人应当具备承担招标项目的能力；国家有关规定对投标人资格条件或者招标文件对投标人资格条件有规定的，投标人应当具备规定的资格条件。"我国对房地产相关企业几乎都有资质等级要求，《物业服务企业资质管理办法》将物业服务企业分为一级、二级、三级。而且对不同级别企业所能接管的项目有一定要求，如："一级资质物业服务企业可以承接各种物业管理项目；二级资质物业服务企业可以承接 30 万平方米以下的住宅项目和 8 万平方米以下的非住宅项目的物业管理业务；三级资质物业服务企业可以承接 20 万平方米以下住宅项目和 5 万平方米以下的非住宅项目的物业管理业务。"

3.2.1.1 工作内容和范围

物业管理公司的工作内容和范围我国未作出明确规定，主要是靠合同约定。由于每一个项目的硬件都有所不同，每一个业主群体都有不同的要求，因此每一份合同所约定的工作内容也千差万别。为了规范物业管理，避免约定漏掉重要内容，国家和各地都出台了合同示范文本。按照示范文本的要求和业内惯例工作内容和范围，合同大致包括以下几个方面：

（1）物业管理区域内的服务

1）物业管理区域内常规服务；

2）物业管理区域内专项服务；

3）特约服务。

（2）物业管理区域内的公共事务性工作

1）预防性工作

① 消防宣传；

② 治安防范宣传；

③ 环境保护宣传；

④ 安全隐患检查。

2）公共秩序维护

① 车辆行驶秩序；

② 车辆停放秩序；

③ 协助警察维护公共秩序。

（3）管理

这里所说的管理不是行政管理，而是按照业主大会委托范围进行的管理行为。

1）装修管理；

2）设施设备管理；

3）业主违规使用物业行为的劝阻和报告。

3.2.1.2 责任

（1）违约责任

《物业管理条例》第三十六规定："物业服务企业应当按照物业服务合同的约定，提供相应的服务。

物业服务企业未能履行物业服务合同的约定，导致业主人身、财产安全受到损害的，应当依法承担相应的法律责任。"

根据上述规定，物业服务企业应严格履行物业服务合同的约定。不能履行约定或未能完全履行约定，应当承担相应法律责任。但在物业管理过程中，如何判别是否履约，怎样界定责任的大小及承担责任的方式等，都是值得研究的。

1）判别违约

物业服务企业违约，大多是服务质量不符合物业服务合同约定。《合同法》第一百一十一条规定："质量不符合约定的应当按照当事人的约定承担违约责任。"判别是否违约的依据是合同，关键问题是合同必须详尽，质量检查可以量化。国家虽然公布了《物业服务合同》示范文本，但如完全照搬，则很难判别违约，也无法追究违约责任。应该在合同中附上服务质量标准、质量定量检查的方法和违约罚则。

2）承担违约责任的方式

《民法通则》第一百零六条规定："公民、法人违反合同或者不履行其他义务的，应当承担民事责任。"《合同法》第一百一十一条规定："当事人一方不履行合同义务或者履行合同义务不符合约定条件，另一方有权要求履行或者采取补救措施，并有权要求赔偿经济损失。"；第一百一十四条规定："当事人可以约定一方违约时应当根据违约情况向对方支付一定数额的违约金，也可以约定因违约而产生的赔偿额的计算方法"。据此，当物业服务企业服务质量未能达到合同约定时，一方面业主可以要求物业服务企业采取补救措施；另一方面还可以根据违约情况索要一定数额的违约金。违约金应当归合同对应的当事人所有，如果是常规服务未能满足质量要求的，违约金应当归全体业主。现在有些业主常常借口服务质量不好而拒交物业管理服务费。其实即使是服务质量有问题也应向物业服务企业索要违约金，而不是个别业主不交服务费。因为常规服务面向全体业主，服务质量不好损害的是全体业主的利益，应当赔偿全体业主的损失。某些业主以不交服务费惩罚物业服务企业，既不合理也不合法。这样做只能损害其他业主的利益，而不能对物业服务企业产生任何影响。

（2）报告责任

如前所述，物业服务企业接受了业主自治组织委托，应该有管理权能，但他们不是行政主管部门，没有任何制裁手段，当违规业主不服从管理时，只能报告有关行政管理部门请其制止和处理。有关法律也规定物业服务企业必须及时向有关行政管理部门报告。《物业管理条例》第四十六条规定："对物业管理区域内违反有关治安、环保、物业装饰装修和使用等方面法律、法规规定的行为，物业服务企业应当制止，并及时向有关行政管理部门报告。

有关行政管理部门在接到物业服务企业的报告后，应当依法对违法行为予以制止或者依法处理。"

（3）协助做好安全防范责任

按照我国《警察法》的规定："人民警察的任务是维护国家安全，维护社会治安秩序，保护公民的人身安全、人身自由和合法财产，保护公共财产，预防、制止和惩治违法犯罪活动。""公安机关的人民警察按照职责分工，依法履行下列职责：（一）预防、制止和侦查违法犯罪活动；（二）维护社会治安秩序，制止危害社会治安秩序的行为……"。由此可以看出，物业管理区域内的治安秩序应由警察负责而不是物业服务企业。一旦发生治安案件和刑事案件，有些业主就追究物业服务企业的责任是没有法律依据的。但物业服务企业并不是在安全问题上无事可做，而是有协助做好物业管理区域内安全防范的责任和报告的责任。

《物业管理条例》第四十七条规定："物业服务企业应当协助做好物业管理区域内的安全防范工作。发生安全事故时，物业服务企业在采取应急措施的同时，应当及时向有关行政管理部门报告，协助做好救助工作。

物业服务企业雇聘秩序维护人员的，应当遵守国家有关规定。秩序维护人员在维护物业管理区域内的公共秩序时，应当履行职责，不得侵害公民的合法权益。"

需要说明的是，如果物业服务企业没有履约，如：秩序维护人员脱岗、未按时巡逻及岗上睡觉等，导致业主人身、财产安全受到损害的，应当依法承担相应的法律责任。这里所说的法律责任应当是违约责任，追究方法应事先在合同中约定。如果物业服务企业严格履行约定，业主的人身、财产安全仍然受到损害的，物业服务企业不承担任何责任。现在有些业主只要家庭财产被盗，就认为是物业服务企业的责任予以追究。其实财产的保管责任应该是财产的所有人，物业服务合同不包括家庭财产保管。如果个别业主有保管财产的需求，可按特约服务另外与物业服务企业签署保管合同。《合同法》第三百六十六条规定："寄存人应当按约定向委托人支付保管费。当事人对保管费没有约定或约定不明确，依照本办法第六十一条的规定仍不能确定的，保管是无偿的。"《合同法》第三百六十七条规定："保管合同自保管物交付时起成立，但当事人另有约定的除外。"从这两条规定可以看出，保管合同签署后还必须付保管费，而且必须将保管物交付保管人，否则不能形成保管关系。

3.2.2　专项服务机构

3.2.2.1　专业化管理的需要

国外的物业管理公司仅整合各种专项服务，各种操作性的专项服务工作由专项服务公司完成。但我国《物业管理条例》规定："物业服务企业可以将物业管理区域内的专项服务业务委托给专业性服务企业，但不得将该区域内的全部物业管理一并委托给他人。"因此物业服务企业可以连同各种专项服务一起管理，也可以将部分专项服务转托给其他专项服务公司。如果物业服务企业将某些专项服务发包，则物业服务企业就是招标主体，专项服务机构则可成为投标主体。物业管理过程中的各项服务应该是"菜单"式的，从《物权法》的角度来说业主有自主选择权力。有些项目可能业主只需要某一项和几项服务，业主大会愿意直接招标某个专项服务，专项服务机构即可成为投标主体；另外，国家允许物业服务企业将部分专项服务转托给其他专项服务机构。如果物业服务企业将某些专项服务发包，则专项服务机构可以是投标主体。

专项服务机构是在物业管理过程中，专门从事某项服务工作的专业性服务企业或者某些物业服务企业的分支机构。如前所述，国外的物业管理服务的实际操作都是由专项服务机构来完成，而物业服务企业是业主的代理人，代替业主与专项服务机构签署合同。但我国物业管理的专业化程度不高，专项服务机构并不是很多。物业服务企业大多五脏俱全，一切实操工作都由自己完成而不愿意假手他人。最近几年，随着物业管理行业的发展，专项服务机构越来越多。

3.2.2.2　工作内容

专项服务机构服务的工作内容与物业服务企业的工作内容基本一致，只不过物业服务企业的服务是综合性的，而专项服务机构的服务是单项的。经常接触到的专项服务机构有保洁公司、秩序维护公司和各种设备的维修公司等。

3.2.2.3　责任

专项服务机构的责任由物业服务合同约定。物业服务企业对业主负责，专项服务机构对物业服务企业负责。在国外，业主自治组织可以直接选聘专项服务机构，专项服务机构可以直接对业主自治组织负责。我国现在也有的业主自治组织如法炮制，但困难的是这些组织不是社团法人，不能设置账户，不能开出票据。

3.2.3　咨询服务机构

物业管理咨询机构也是物业管理市场的供给主体。有些房地产项目自从立项伊始，就开始规划消费过程的管理。但因开发建设单位自己不具备方案策划能力，因此通过招标选聘咨询机构代为。另外，有些项目对于物业管理中某些技术含量较高的工作，单独委托咨询服务机构承担。因此专业性的咨询机构有可能成为投标主体，所做的工作主要有以下几方面：

3.2.3.1　服务对象

（1）为房地产开发企业提供服务

房地产开发的目的是为了使需求者在消费过程中能够正常地使用物业，如何方便管理，充分发挥房地产的使用功能，满足消费者和管理者期望，是房地产开发建设单位追求的主要目标。明智的开发建设单位并不自己研究有关物业管理的专业技术，也不设置专司此职的部门，而是在市场上寻求技术支持。一些咨询服务机构，专门为开发建设单位对所开发的项目前期进行物业管理策划，或者监控房地产开发过程，以期发现与物业管理不适的问题并提出解决问题的方法。

（2）为业主和业主自治组织提供服务

业主和业主自治组织是物业管理市场上主要需求主体，要想在市场交换的过程中利益不受侵害，就要掌握一定的专业知识。物业管理是一项专业性很强的工作，并非一朝一夕就能学会的。最省事最能解决问题的办法是请专业的咨询机构为其出谋划策。具体的形式有：

1）制定监控方案

咨询机构根据国家有关法规和物业服务合同，制定便于外行操作的对物业服务企业进行监控的方案。在内容上包括了对服务过程、服务效果、服务质量以及费用收支情况的监控。

2）随时解决疑难问题

咨询机构与需求方签订咨询服务合同，建立一种咨询关系。平时不派咨询机构代表驻现场，但有快速联系渠道，一旦需求方遇有问题，咨询机构立即赶到现场解决问题。

3）监理

有时需求方为了避免占用过多时间和精力，请一个咨询机构监理物业管理的全过程。咨询机构长期派代表驻场，代表需求方监督物业服务合同付诸实施。

（3）为物业管理公司提供服务

物业管理工作的技术含量较高，有些物业服务企业不具备很强的技术力量，其中包括技术人员和专用设备。如果物业服务企业自己把人员和设备配备齐全，可能需要很大的成本，造成企业负担过重。有些咨询机构拥有很强的技术力量，可以输出技术，帮助物业服务企业解决技术难题。于是，一些物业服务企业和咨询机构建立了长期技术合作关系。

3.2.3.2　工作内容

（1）制定物业管理方案

物业管理方案是物业管理中必备的管理文件。但物业管理刚刚起步时，许多物业服务企业自己没有能力制定物业管理方案，而求助于咨询机构。一些境外的咨询机构携带着现成资料，套用到国内的物业管理项目中。在实施过程中，正面影响和负面影响同时存在。现在，物业管理起步较晚的地区仍有这种需求，但请境外机构代作方案的已经为数不多，即使有困难国内的咨询机构和其他物业服务企业都能帮助解决。

（2）解决技术问题

物业管理也有一些技术含量比较高的工作，仅靠本企业的力量有时无力解决，如能源控制、某些设施设备管理以及特殊清洁药液的配制等，可以咨询专业机构。

（3）法律咨询服务

物业管理所遇到的纠纷绝大多数是法律问题，必须借助法律咨询服务。如：合同的谈判和签署、对各主体提供法律咨询、从法律的角度对招标文件和投标文件把关等。

3.2.3.3　责任

有关咨询机构的责任，国家并没有具体规定，应由甲乙双方在合同中约定。

3.3　决标工作主体

决标工作中有三个重要环节，即开标、评标和定标，其中评标是工作的核心。评标是按照招标文件预先规定的评标标准和方法，对各投标人的投标文件进行评价、分析比较，从中选出最佳投标人的过程。评标是招标投标活动中十分重要的阶段，评标是否真正做到公平、公正，决定着整个招标投标活动是否公平和公正；评标的质量决定着能否从众多投标竞争者中选出最能满足招标项目各项要求的中标者。

《招标投标法》第三十七条规定："评标由招标人依法组建的评标委员会负责。"显然评标委员会肯定是评标主体。但这并不是评标工作的全部，此外还应包括一些监督管理性工作、事务性工作和技术支持性工作。因此，评标工作主体应该有招标投标服务机构、评标委员会和评审专家库等。

3.3.1　招投标服务机构

招投标服务机构不是代理机构，不代理任何一方。按照《招标投标法实施条例》的要求："设区的市级以上地方人民政府可以根据实际需要，建立统一规范的招标投标交易场所，为招标投标活动提供服务。"这种服务机构是物业管理服务交易场所，是物业管理市场竞争的平台，是开标、评标和定标工作的场所。招投标服务机构是地方人民政府所建立，具有监督、指导和管理招标、投标和评标的职能，同时为招投标各个主体提供事务性和技术支持性服务。其具体工作是负责物业管理招投标的相关法律、法规的业务咨询、招投标登记管理、招投标技术指导、招投标有关信息的管理发布、组织评标、参与评标监督工作、招投标信息系统维护以及其他事务性工作等。

物业管理招投标是物业管理市场运行的重要环节。通过招投标锁定了某段时间的供求关系，为业主找到优秀的管家。但如果对物业管理招投标过程管理失控，将会使招标流于形式，产生很多腐败现象，严重地损害业主利益，影响物业管理市场的正常运行。因此对物业管理招投标过程进行监督管理是十分必要的，应该制定相关的法规和操作规程并设置专业管理机构。

国家规定有关行政监督部门要依法对招标投标活动实施监督，依法查处招标投标活动中的违法行为。物业管理招标投标活动比较复杂，更需要强化监督管理。政府的有关行政监督部门可以直接对招标投标活动全过程实施监督，也可以委托服务机构代行监督职能。但这种服务机构不能是社会上的中介企业，而是专司此职的交易所。

3.3.1.1 设置服务机构的条件

（1）物质条件

物业管理招投标服务机构应有满足服务需要的专业技术力量，同时还应具备招投标所必需的设施设备，如：接待大厅、评标室多媒体宣讲答辩室、计算机信息处理中心、开标决标会场、电子信息滚动屏幕和局域网评标系统等。

1）会场

公开招标的过程中，投标预备会、开标、询标和答辩都需要有一个大小适度的会场。参加会议的人除当事人之外，还有公证人员、行政主管部门、新闻媒体记者和部分业主等。因此会场至少需要能容纳几十人甚至百余人。

2）评标室

为了保证评标的独立性，必须给每个评委预备一间评标室。按照规定每次评标评委不得少于五人，因此监督管理机构的评标室也应不少于五间。

3）电脑

信息收集、储存、处理、排序、寻优以及抽取专家都需要用电脑。设备比较好的监督管理机构，在每个评标室都备有电脑，评委可将分数直接敲入，信息处理中心随时收集处理。

4）多媒体投影仪

用于宣讲和答辩时演示。

5）应用软件

用于抽取专家、分数汇总、寻优定标。

（2）专业技术力量

1）物业管理专业人才

服务机构要对招投标全过程提供事务性工作和专业技术性服务工作，应该具备专业服务能力。既然是物业管理的招投标服务机构，那就必须有物业管理专业人才。

2）工程系列专业人才

至少有1名建筑结构、建筑学或规划方面的工程师。

3）经济系列专业人才

至少有一名经济师。

4）计算机专业人才

至少有一名计算机专业人才负责系统维护。

3.3.1.2 服务机构职责

（1）物业管理招标登记

监督管理部门应负责办理招标登记手续，有些招标还需要进行审批。审批的主要内容是项目的合法性和资金落实情况。国家要求房地产开发项目在售房前必须招标，并签订前期物业服务合同。要想实现售房前签订物业管理合同，应该建立约束机制。通常是房地产市场管理部门，见到招标有关资料和已经签订的前期物业服务合同，才能发放商品房销售许可证。管理单位负责物业管理招标登记，并监控招投标服务机构招标操作过程，直至签订前期物业服务合同。然后招标单位持有关资料到房地产市场管理部门办理商品房销售许可证。

（2）敦促编制招标文件

招标文件是招标和投标的核心，应由招标人事先拟订，监督管理部门只是负责检查落实情况。但目前物业管理强制招标刚刚开始，许多开发建设单位在办理售房许可证时才知道必须招标选聘物业服务企业，对于如何编制招标文件一无所知。监督管理部门有义务宣传和解释有关法规政策，并适时提供必要的服务。其首先应了解招标人是自行招标还是委托代理招标，如果自行招标可以向招标人就编制招标文件提出指导意见；如果是委托招标，可以向招标人提供有代理资质的代理机构名录任其自由挑选，由招标代理机构为其编制招标文件。

（3）监督指导招标人发布招标信息

规避招标是一种违法行为，也是目前物业管理市场比较严重的问题之一。《招标投标法》规定："法律或者国务院对必须进行招标的其他项目的范围有规定的，依照其规定。"而《物业管理条例》已明确规定"住宅物业的建设单位，应当通过招投标的方式选聘具有相应资质的物业服务企业"。同时《招标投标法》还规定："任何单位和个人不得将依法必须进行招标的项目化整为零或者以其他任何方式规避招标。"为了有效控制开发建设单位以规模较小为由规避公开招标，应严格审查开发建设单位提交的文件。对符合公开招标的项目，监督管理机构应敦促招标人在指定媒介免费发布招标信息。在招标文件中，招标人不得以不合理的条件限制或者排斥潜在投标人或对潜在投标人实行歧视待遇。对于强制招标的项目，监督管理部门应监督招标人一定在公共媒体刊登招标公告。同时监督管理部门有义务向招标人介绍国家的免费公共媒介。有些地区政府建立了发布物业管理招标的平台，可以直接为招标人提供服务。

（4）监督投标报名

国家规定投标报名人数少于3个或者住宅规模较小的，经物业所在地的区、县人民政府房地产行政主管部门批准，可以采用协议方式选聘具有相应资质的物业服务企业。为了避免招标人隐瞒报名人数，与其子公司协议选聘物业服务企业，监督管理部门必须监督接待潜在投标人报名。一旦投标人超过三个，马上着手进行公开招标投标的各项程序。

（5）指导资格预审

招标人可以根据预定的条件对潜在投标人进行预审。但招标人并不掌握投标人的资信程度和业绩，监督管理部门协助其向行业主管了解核实。另外，按照国家规定，在资格预审合格的投标申请人过多时，可以由招标人从中选择不少于5家资格预审合格的投标申请人。有些开发建设单位为了把项目留给自己的物业服务企业，借机将一些实力较强的企业排除在外，留下4家力量较弱的企业与自己的物业服务企业竞争。招标投标监督管理部门或服务机构，可以按国家有关规定协助或者监督招标人确定入围人选。

（6）组织投标预备会

投标预备会可以由招标人自己组织，但需要监督管理部门或服务机构提供场地和设备的支持，并对公正性进行必要的监督。对物业管理项目真实情况了解的程度直接影响标书的编制和答辩。如果招标人在介绍物业情况和回答问题时，有意对"意中"企业倾斜而给出不同的答案则有失公正。管理机构可组织所有投标人共同查勘现场，集体质疑让招标人公开答疑，保证招投标的公正性。

（7）指导招标人接标

招标人可以自己接收投标文件，但一般单位不经常招标不预备符合要求的标箱，对保密方面的要求也不甚了解。因此，最好是由监督管理部门协助或指导接标。

（8）监督抽取评标专家

为了保证评标的公正和公平，必须对抽取专家的环节进行监控，没有成立招标投标监督管理部门的应由行政主管部门负责监督。抽取专家的时间不宜过于提前，只要预留出路程时间即可，否则容易泄密。专家确定以后立即电话通知本人，如果因故不能前来评标须再次随机抽取；如果专家可以前来评标，到达评标现场立即入围。

（9）监督评标

评标的全过程必须在监控之下进行。评标一定要保证独立性，不得有任何外界干扰，也不能与任何人接触。"监督管理机构"为评标专家评标和公开答辩提供场所，并指导招标人组织评标，为专家评标提供相应的技术支持和服务。专家评标的目的是综合各位专家对投标书和答辩的独立见解，因此必须将每位专家封闭起来单独评标。

（10）定标技术支持

分数的汇总、排序、寻优等信息的处理，由监督管理部门负责。

（11）档案管理

招标投标过程中的重要文件和资料应存档备查。尤其是开标过程，按照《招标投标法》第三十六条规定："开标过程应当记录，并存档备查。"

（12）信息管理

国家要调控物业管理市场，就必须有充分的市场资料为依托。市场的需求方和供给方在市场运行中，都需要市场资料作参考。因此，管理机构应该对市场资料进行收集、整理、储存和发布。

（13）其他相关工作指导和技术支持

招标过程中标底的确定、影响评标项目权重的确定以及评分标准的制定等问题的难度较大，技术含量比较高。有时招标方并不十分清楚，管理机构可以给予技术指导。物业管理招标需要一定的软件和硬件支持，如：评标室、答辩会议室、宣讲用的多媒体投影仪、计算机及抽取评标专家和分数汇总软件等。这些物质条件一般招标人是不具备的，必须有常设专业机构提供技术支持。

（14）收尾工作

定标后的公布结果、发放中标通知书、总结、跟踪服务等均由监督管理部门或服务机构负责。

3.3.2　评审专家库

评标专家库是成立评标委员会的基础，是由若干个专家群体构成。专家库必须由省级以上人民政府有关部门或者依法成立的招标代理机构依照《招标投标法》的规定自主组建。由于专家的评标涉及公众利益，因此，专家库的组建活动应当公开，接受政府和公众监督。

3.3.2.1　专家必备条件

评标工作的专业性较强，入选专家库人员的专业水平和能力必须达到一定的要求。为此《评标专家和评标专家库管理暂行办法》规定了入选评标专家库的专家必须具备的条件：

（1）从事相关专业领域工作满八年并具有高级职称或同等专业水平；

（2）熟悉有关招标投标的法律法规；

（3）能够认真、公正、诚实、廉洁地履行职责；

（4）身体健康，能够承担评标工作。

按照《评标专家和评标专家库管理暂行办法》规定："省级以上人民政府有关部门组建评标专家库，应当有利于打破地区封锁，实现评标专家资源共享。

省级人民政府可组建跨部门、跨地区的综合性评标专家库。"

在专家库的组建问题上现行规定与原来的《招标投标法》略有出入。《招标投标法》第三十七条规定："由招标人从国务院有关部门或者省、自治区、直辖市人民政府有关部门提供的专家名册或者招标代理机构的专家库内的相关专业的专家名单中确定"。按照这一规定专家库应有代理机构组建，而政府提供的应该是专家名册。但事实上，代理机构按照国家规定组建专家库几乎是无法实现的，只能是滥竽充数。因为国家对专家库的要求很高。

3.3.2.2 评标专家库应当具备的条件

（1）具有符合《评标专家和评标专家库管理暂行办法》规定条件的评标专家，专家总数不得少于 500 人；

（2）有满足评标需要的专业分类；

（3）有满足异地抽取、随机抽取评标专家需要的必要设施和条件；

（4）有负责日常维护管理的专门机构和人员。

3.3.2.3 评标专家享有的权利

（1）接受招标人或其招标代理机构聘请，担任评标委员会成员；

（2）依法对投标文件进行独立评审，提出评审意见，不受任何单位或者个人的干预；

（3）接受参加评标活动的劳务报酬；

（4）法律、行政法规规定的其他权利。

3.3.2.4 评标专家负有的义务

（1）有《招标投标法》第三十七条（内容附后）和《评标委员会和评标方法暂行规定》第十二条（内容见 3.3.3）规定情形之一的，应当主动提出回避；

（2）遵守评标工作纪律，不得私下接触投标人，不得收受他人的财物或者其他好处，不得透露对投标文件的评审和比较、中标候选人的推荐情况以及与评标有关的其他情况；

（3）客观公正地进行评标；

（4）协助、配合有关行政监督部门的监督、检查；

（5）法律、行政法规规定的其他义务。

附：《招标投标法》第三十七条："评标由招标人依法组建的评标委员会负责。

依法必须进行招标的项目，其评标委员会由招标人的代表和有关技术、经济等方面的专家组成，成员人数为五人以上单数，其中技术、经济等方面的专家不得少于成员总数的三分之二。

前款专家应当从事相关领域工作满八年并具有高级职称或者具有同等专业水平，由招标人从国务院有关部门或者省、自治区、直辖市人民政府有关部门提供的专家名册或者招标代理机构的专家库内的相关专业的专家名单中确定；一般招标项目可以采取随机抽取方式，特殊招标项目可以由招标人直接确定。

与投标人有利害关系的人不得进入相关项目的评标委员会；已经进入的应当更换。

评标委员会成员的名单在中标结果确定前应当保密"。

3.3.3　评标委员会

评标委员会是决标活动核心，负责向招标人推荐中标候选人或者根据招标人的授权直接确定中标人。评标委员会必须依法组建，成员名单一般应于开标前夕确定。

按照有关规定，评标委员会成员应该包括招标人或其委托的招标代理机构熟悉相关业务的代表、有关技术和经济等方面的专家。评标委员会成员人数为五人以上单数，其中技术、经济等方面的专家不得少于成员总数的三分之二。一般项目确定评标专家采取随机抽取方式；技术特别复杂、专业性要求特别高或者国家有特殊要求的招标项目，采取随机抽取方式确定的专家难以胜任的，可以由招标人直接确定。物业管理招标属于一般项目，应该采取随机抽取方式。

评标委员会可以在评标委员会成员中产生负责人，但负责人只是在评标过程中起组织协调作用，其表决权与评标委员会的其他成员相同。

《评标委员会和评标方法暂行规定》第十二条规定："有下列情形之一的，不得担任评标委员会成员：

（1）投标人或者投标人主要负责人的近亲属；

（2）项目主管部门或者行政监督部门的人员；

（3）与投标人有经济利益关系，可能影响对投标公正评审的；

（4）曾因在招标、评标以及其他与招标投标有关活动从事违法行为而受过行政处罚或刑事处罚的。

评标委员会成员有上述规定情形之一的，应当主动提出回避。"

评标委员会成员应当客观、公正地履行职责，遵守职业道德，对所提出的评审意见承担个人责任。

评标委员会成员不得与任何投标人或者与招标结果有利害关系的人进行私下接触，不得收受投标人、中介人、其他利害关系人的财物或者其他好处。

评标委员会成员和与评标活动有关的工作人员不得透露对投标文件的评审和比较、中标候选人的推荐情况以及与评标有关的其他情况。

与评标活动有关的工作人员，是指评标委员会成员以外的因参与评标监督工作或者事务性工作而知悉有关评标情况的所有人员。

3.4　招标主体与投标主体之间的约束机制

物业管理的招标主体与投标主体是一对矛盾的对立统一体，是物业管理市场的供求双方。招投标仅仅是建立这种关系的一个环节，只有理清他们之间的制约关系才能把握招投标过程如何操作。

招投标主体之间约束机制是伴随着经济体制的改革而逐渐形成的。物业管理是房地产消费过程中一种新的管理模式，这种管理模式与传统管理模式的根本区别在于其制约机制的差异。有些媒体强调，在物业管理中业主有至高无上的权利，实际上这是对物业管理的误解。物业管理之所以比较合理，就是因为在各法律关系主体之间建立起了完善的制约机制。这种约束机制是随着经济结构的调整逐渐演变而成的。

　　房地产消费过程的管理模式主要体现在主体之间的制约关系，具体地说是所有者、使用者和管理者之间的相互制约关系。在计划经济时期，房地产大部分属于国家所有，也就是说房地产的所有人是国家。住宅的使用人是居民，工业用房、办公用房和其他用途的房屋的使用人大多是国家的在职职工。这些房地产由国家委托给政府的房地产行政主管部门管理。由于房地产行政主管部门是替国家管理国有资产，因此所有者和管理者合为一体，而对其使用人进行管理。这种管理是单向的、不可逆的，使用人只能接受管理。其管理模式详见图3-4-1。

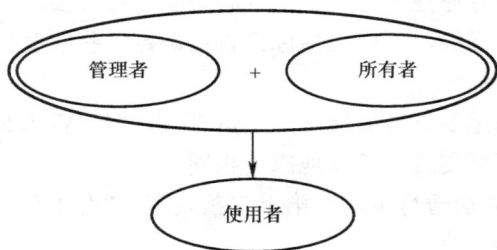

图 3-4-1

　　这种管理模式在我国持续了四十多年，客观的存在必然有其存在的必然。当时的产权结构是这种管理模式存在的基础，而且是唯一可行的管理模式。

　　改革开放使房地产的产权结构发生了根本的变化，异产毗连房屋（即多主楼宇）的产生，导致管理模式必须相应转换。如果管理问题解决不好，不仅不能充分发挥物业的使用功能，甚至可以威胁到业主的生命和财产安全。管理权源于所有权，异产毗连房屋的所有权分为公有部分、共有部分和专有部分。公有部分属于全民所有，意即国家所有，应由政府进行管理；共有部分的所有权属全体业主共同所有，从理论上讲应由全体业主共同管理；专有部分的所有权属业主私人所有，其管理权和管理责任也应由业主承担。但是对于一个成千上万业主的物业管理区域的共有部分，大家七手八脚共同管理是无法操作的，物业管理从根本上解决了这一操作中的具体问题。

3.4.1　业主自治

　　管理的目的是维护物业的完好、改善整体环境、提高舒适程度。物业及其环境的破坏主要有两大原因，一是自然界的破坏、二是人为破坏。破坏物业及其环境的人，可能是外来人口，也可能是业主自身，而且后者居多，如：乱泼乱倒、随地吐痰以及违章装修等。不管什么原因造成的破坏，都需要服务进行恢复。对于人为破坏需要预防和制止，而且还要对业主和使用人进行宣传教育使其约束自己的行为，同时还要组织业主防范外来的破坏。这些都需要有一个机构去组织和协调，于是业主自治组织便应运而生了。业主通过选举产生"自治组织"，并对其成员进行监督，一旦发现某些组织成员不称职可以将其罢免。该组织对业主负责，并对物业、业主及使用人进行管理，这样就形成了业主"自治组织"与业主之间的相互制约。这个业主自治组织在各级政府的文件中曾多次易名，如：住宅小区管理委员会、业主委员会、业主管理委员会及物业管理委员会等。《物业管理条例》将其命名为"业主大会"，"业主委员会"是"业主大会"的执行机构。

　　业主之间也应相互制约，物业管理中用管理规约来解决这一问题。《物业管理条例》

第十七条规定："管理规约应当对有关物业的使用、维护、管理，业主的共同利益，业主应当履行的义务，违反管理规约应当承担的责任等事项依法作出约定。

管理规约应当尊重社会公德，不得违反法律、法规或者损害社会公共利益。管理规约对全体业主具有约束力。"

管理规约是一个多边协议，是由全体业主共同制定、共同签署、共同遵守的行为准则。管理规约不约束业主的其他行为，只约束业主使用物业的有关权利和义务。每一个业主既不能侵害业主的共同利益，也不能侵害其他业主的利益，业主之间互相监督并互相制约。

3.4.2　委托代理

如前所述，业主自治组织应代表全体业主对物业和业主进行管理，以及为维护物业整体环境而进行服务。但是这些都是专业性很强的工作，普通业主及其自治组织成员一般不具备这些专业技能，而且业主自治组织成员均为兼职，没有更多时间处理这些事务。为此，业主自治组织应代表全体业主将这一工作有偿委托给专业机构——物业管理公司。物业管理公司接受业主自治组织的委托，为维持物业的整体环境良好而进行服务，并作为代理人代替该组织对物业及其所有人和使用人进行管理，以维护物业的正常秩序。在对外关系上，物业服务企业应该以委托人的名义实施民事法律行为。

物业管理市场就是通过招投标，为全体业主寻找符合业主要求的代理人的平台。

3.4.3　物业管理和服务的关系

最近几年，在全国各地的物业管理发展过程中，有关物业管理和服务问题是争论最为激烈的问题。有人认为，业主与物业管理公司是雇佣关系，物业管理公司只能管"物"。对于"人"只有服务义务而无管理权利，不能对业主进行管理。其实许多服务都包含着管理，只不过是寓管理于服务之中不易察觉罢了。如：教育服务、医疗服务和美容美发服务等都必须有一定的管理。需求方必须在供给方的管理制度约束下享受服务，有时甚至在供给方的指导下进行必要的配合才能完成服务活动。实践证明，在各类服务市场上，往往管理越严格的服务机构，服务效果越好，客户也越多。物业服务企业不是无权管人，其管理权源于业主自治组织委托授权。《民法通则》第六十三条规定："公民、法人可以通过代理人实施民事法律行为。代理人在代理权限内，以被代理人的名义实施民事法律行为。被代理人对代理人的代理行为，承担民事责任。"物业服务企业接受业主自治组织的委托，有权代表业主自治组织，以业主自治组织的名义对业主进行管理。物业管理公司的常规服务，所维护的应该是物业的共有部分，而不是个别业主的专有部分。除特约服务和企业针对部分业主设定的专项服务以外，物业管理公司的服务对象是全体业主而不是某个业主。管理和服务是辩证的，对侵犯业主共同利益的个别业主进行管理和约束，就是对全体业主的服务，其中也包括行为不良者本身，如：制止了违章装修，避免了危险事故的发生，违章者同样受益。物业管理公司对业主的约束，是物业管理中主要的制约机制。

3.4.4　形成闭合的制约链

业主自治组织与物业管理公司是委托代理关系，业主自治组织应按合同约定支付佣金，也可委托物业管理公司直接向业主收取。但业主自治组织要监督物业管理公司履行合同，如服务和管理质量达不到合同约定时，可以追究其违约责任甚至终止合同。追究物业管理公司的违约责任，体现出对物业管理公司的制约。众多业主制约业主自治组织，业主自治组织制约物业管理公司，物业管理公司代表业主自治组织制约业主，形成一个闭合的制约链，而且这种制约还是可逆的。针对多主楼宇，仅增加物业使用中的服务并不是物业管理，只有形成这种制约机制，才是真正的物业管理。

我们可以把前面所说的制约链，用一个关系图 3-4-2 来表示。

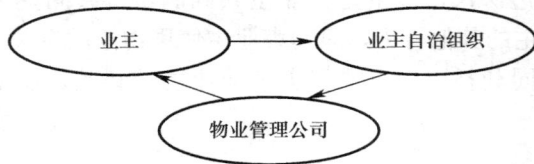

图 3-4-2

图 3-4-2 中所示的业主就是图 3-4-1 中的使用人和所有人合一。在物业管理中虽然也有使用人与所有人分离的现象，但业主要对使用人承担连带责任，因此制约机制中所反映出来的只能是业主。这种模式的管理者是物业管理公司，而不是政府的房地产行政主管部门。

3.5 物业管理招投标职业岗位资格

3.5.1 物业管理师

3.5.1.1 职业资格

按照《物业管理条例》要求"从事物业管理的人员应当按照国家有关规定，取得职业资格证书"。物业管理招投标过程中的投标人肯定是物业管理从业人员，因此应该取得职业资格证书。2005 年我国公布了《物业管理师制度暂行规定》，建立了物业管理师认证制度。物业管理师是指经全国统一考试，取得《中华人民共和国物业管理师资格证书》（以下简称《资格证书》），并依法注册取得《中华人民共和国物业管理师注册证》（以下简称《注册证》），从事物业管理工作的专业管理人员。从此，国家对从事物业管理工作的专业管理人员，实行职业准入制度，纳入全国专业技术人员职业资格证书统一规划。

物业管理项目负责人应当由物业管理师担任。物业管理师只能在一个具有物业管理资质的企业负责物业管理项目的管理工作。

3.5.1.2 物业管理师的执业范围

（1）制定并组织实施物业管理方案；

（2）审定并监督执行物业管理财务预算；

（3）查验物业共用部位、共用设施设备和有关资料；

（4）维修、养护、管理房屋及配套设施设备和相关场地；

（5）维护物业管理区域内环境卫生和秩序；

（6）法律、法规规定和《物业服务合同》约定的其他事项。

物业管理项目管理中的关键性文件，必须由物业管理师签字后实施，并承担相应法律责任。

3.5.1.3 物业管理师应当具备的执业能力

（1）掌握物业管理、建筑工程、房地产开发与经营等专业知识；

（2）具有一定的经济学、管理学、社会学、心理学等相关学科的知识；

（3）能够熟练运用物业管理相关法律、法规和有关规定；

（4）具有丰富的物业管理实践经验。

需要说明的是，以上所说是《物业管理师制度暂行规定》中的规定。实际上这些内容都是知识而不是能力，真正的能力应由研究确定。但本书所说的项目经理所具有的能力，物业管理师也应具备。

3.5.2 招标师

根据【国人部发〔2007〕63 号】文件规定："为加强招标采购专业技术人员队伍建设，规范招标采购专业技术人员职业行为，提高招标采购专业技术人员素质，经研究决定，对招标采购专业技术人员实行职业水平评价制度。"据此，我国建立了招标师的职业资格认证制度。

3.5.2.1 招标师应当具备的职业能力

（1）熟悉招标采购方面的法律、法规、规章和行业管理规定，具有较丰富的招标采购专业技术工作经验；

（2）编制、审查招标采购工作计划、招标采购文件、招标采购合同文本、资格预审文件和招标采购公告，组织进行项目招标采购活动；

（3）组织进行投标资格审查、开标和评标活动；

（4）主持招标采购合同、中标合同的谈判，参与签订招标采购相应合同；

（5）开展询价采购工作，组织进行现场勘查、招标采购合同的结算和验收工作；

（6）妥善解决招标活动、合同履行等工作中的争议纠纷。

3.5.2.2 招标师工作职责

（1）编制招标采购计划、方案、招标采购公告、招标资格预审文件，组织投标资格审查；

（2）组织招标文件和合同文本（其中技术规范、工程量清单由其他专业技术人员为主编制），组织现场踏勘、开标和评标活动；

（3）主持或协助合同谈判并参与签订合同；

（4）采用其他方式组织采购活动；

（5）参与招标采购活动结算和验收；

（6）解决招标活动及合同履行中的争议纠纷。

3.5.3 投标项目经理

投标项目经理是中标后拟派到招标项目的物业管理项目经理，是物业管理公司法人代表在某物业管理项目全权代理人，是物业管理全过程各项工作的总负责人。项目经理是职业岗位资格不是执业资格，国家并未统一作出规定。由于实际工作的迫切需要，无法旷日持久地等待主管部门解决此事。许多省、市已经根据物业管理行业的具体情况，设立了这一岗位资格。

3.5.3.1 项目经理应当具备的职业能力

项目经理是物业管理具体操作的组织者，应具备日常管理所需要的能力，且都非常微观和具体。

（1）开拓市场能力

虽然各个物业管理公司都有市场拓展专职人员，但项目经理仍然是其主要工作者。不管市场拓展人员采集了多少信息，做了多少前期工作，而能否一举中标的关键环节是现场答辩。此时，评标委员会要对项目经理进行面试，由此决定是否中标。项目经理的能力不强，根本无法获得管理项目。

（2）成本控制能力

项目管理就是在既定成本的约束下，完成预期的工作目标。项目管理的核心工作是成本控制，项目经理必须具备这方面的能力。物业管理中的成本支出主要包括：人力资源成本、物料消耗成本和能源消耗成本。项目经理的能力主要体现在节能降耗、物料采购和人员优化使用。

1）物料采购能力

物业管理工作中消耗物料的数量较大，采购时要控制好价格、质量和供货商。

2）人力资源调配

物业管理需要不同专业技术能力、不同工资水平的员工，既要满足完成任务的需要又要节约成本。项目经理的能力体现在调配人力资源，做到人尽其才。

3）节能降耗

节能应该包括管理和技术两个方面，这里所说的节能降耗是从管理的角度入手，制定一些制度达到节能的目的。技术问题更多是由工程技术人员负责，尤其是智能设备运行的调试，必须是具有专业技术资质的人员操作，项目经理只能起到敦促的作用。

（3）接待沟通能力

物业管理工作必须与人打交道，项目经理应具备沟通能力。具体内容有：

1）语言表达能力

招投标过程中的宣讲和答辩考核的内容之一就是语言表达能力，该能力要求项目经理做到以下几方面：

① 逻辑性强；

② 简练、无赘语；

③ 无语病；

④ 普通话；

⑤ 语音柔和。

2）文字表达能力

① 逻辑性强；

② 简练、中心思想突出；

③ 无语病；

④ 标准汉字；

⑤ 字迹工整清晰。

3）分析判断能力

① 对事物的观察；

② 对事物的分析；

③ 对事物的判断。

4）沟通能力

沟通的范围包括：

① 开发商；

② 企业内部员工；

③ 业主；

④ 合作单位；

⑤ 政府职能部门。

（4）承接查验能力

物业承接查验是指承接新建物业前，物业服务企业和建设单位按照国家有关规定和前期物业服务合同的约定，共同对物业共用部位、共用设施设备进行检查和验收的活动。项目经理需要组织项目部进行承接查验活动，具体工作有：

1）程序策划；

2）承接查验班子的组织；

3）掌握承接查验相关规范和标准；

4）物业的检查；

5）承接手续的办理。

（5）管理能力

1）宏观操控能力

① 项目管理方案的策划；

② 项目管理方向的整体控制；

③ 项目班子整体管理能力的提高。

2）组织领导能力

① 项目经理部的组织；

② 各部门的设置和管理；

③ 岗位设置和管理。

3）应变能力

① 预警系统的建立；

② 运行的监控；

③ 解决突发事件。

4）协调能力

① 与客户关系的协调；

② 部门之间的协调；

③ 人力资源的协调使用。

5）服务质量控制能力

① 操作程序的制定；

② 操作程序的运行控制；

③ 服务频度的控制；

④ 服务质量的检查。

6）编制规章制度的能力

① 内部管理制度；

② 公众制度。

7) 管理制度的执行与完善能力

① 对管理制度的理解；

② 管理制度的实施；

③ 发现管理制度的问题；

④ 管理制度的修改和调整。

8) 管理创新能力

① 变革服务理念，全面创新；

② 创造新服务项目；

③ 形象再造。

9) 装修管理控制

① 装修方案的审查；

② 装修管理协议的签署；

③ 履约检查；

④ 对装修人员的监督。

10) 社区文化建设能力

① 对业主文化背景的了解；

② 文化活动的策划；

③ 文化活动的组织。

11) 经营能力

① 对服务的经营；

② 对项目的利用；

③ 接受委托代理经营。

12) 设备设施管理与控制能力

设施设备是物业管理的主要对象，应该具备操控能力。对于技术含量较高同时又需要有职业资格的工作，项目经理不一定具有娴熟的操作技能，但必须有对于这项工作的管理和控制能力。如：

① 运行；

② 使用；

③ 检查；

④ 养护；

⑤ 维修；

⑥ 节能。

(6) 专业技能

物业管理是实践性和操作性非常强工作，物业管理又是劳动密集型的工作。在完成任务的过程中，要求工作主体具有一定的劳动技能。虽然项目经理不是事必躬亲，但对于所有专业业务的劳动技能必须掌握，然后才有可能进行管理。

3.5.3.2 项目经理工作职责

(1) 人力资源开发与管理

1) 岗位设置

2）培训

3）薪酬制度

4）绩效管理

5）激励机制

① 个人激励；

② 团队激励。

（2）服务质量管理

（3）财务管理

1）财务分析

2）成本控制

（4）关系维护

1）内部客户关系维护

2）客户研究与细分

3）外联关系维护

① 与开发商的关系维护；

② 与专业分供方关系维护；

③ 与业主关系维护。

（5）物业本体管理

1）查勘

2）养护

3）维修

（6）设备管理

1）运行

2）检查

3）养护

4）维修

（7）计划管理

（8）合同管理及控制

（9）物业项目日常管理

（10）时间管理目标管理

（11）档案、资料管理

4　完成工作任务必备的知识

物业管理招投标涉及多个工作任务，因此完成任务也必然要具备各种知识和工作能力。但这些知识和能力与前面所说职业岗位能力有所不同。职业岗位能力是指从事某职业岗位，承担职责范围内的各项工作所必需的知识和能力。现在所说的是多个职业岗位资格，在同一时段围绕同一项经济活动所需要的知识和能力。

4.1　法律知识

物业管理招投标的一切活动都必须在法律框架下运行。相关主体应全面掌握与物业管理招投标活动有关的法律、法规、制度和政策，熟悉房地产运行中法律法规规定的各种工作程序；掌握与物业管理招投标活动有关的各种合同签署的相关知识，熟悉各种合同示范文本和行业协会制定的合同推荐文本。这里所说的法学知识包括：法学基础知识、刑法、民法、物权法、合同法以及直接与物业管理招投标相关的法律法规，如：《招标投标法》、《招标投标法实施条例》、《物业管理条例》、《招标师职业水平考试实施办法》、《评标专家和评标专家库管理暂行办法》、《评标委员会和评标方法暂行规定》以及《前期物业管理招标投标管理暂行办法》等。参与物业管理招投标工作的相关人员必须掌握这些法律知识，并应用于招投标过程中。具体知识点有：

（1）法学基础知识

1）法的概念、特征和本质

2）法的渊源

3）法的效力

4）法的作用

5）法的运行过程

6）法与其他社会现象之间的关系

（2）刑法

按说物业管理应该属于民法调节范围之内，与刑法无关，但在物业管理过程中各个相关主体对此并不十分清楚。许多刑事犯罪行为，无论是业主还是物业管理公司，都认为是在物业管理公司的职责范围之内。有时投标文件中也出现有关内容，以至于日后管理中每每发生管理者越权触犯法律，业主还会认为管理不到位而追究物业管理公司的责任。因此，物业管理招投标的参与者必须掌握相关知识，分清责任并用文字形式记载下来。

1）刑法的概念

2）犯罪和犯罪构成要件

3）正当防卫和紧急避险

4）犯罪的预备、未遂、中止和既遂

5）共同犯罪

6）单位犯罪

7）刑罚概念、种类和具体运用

8）刑事追诉时效期限

9）犯罪的种类和国家机关工作人员的犯罪

（3）民法

1）民法的概念

2）民事法律关系的主体、内容和客体

3）民事法律事实

4）民事法律行为

5）民事责任

6）代理

（4）物权

1）物权的设立、变更、转让和消灭

2）所有权

其中"业主的建筑物区分所有权"是重点。

3）用益物权

4）担保物权

5）担保物权

6）占有

（5）合同

1）合同的概念

2）合同的订立

3）合同的效力

4）合同的履行

5）合同的变更和转让

6）合同的权利义务终止

7）违约责任

8）其他规定

（6）行政处罚

1）行政处罚的种类和设定

2）行政处罚的实施机关

3）行政处罚的管辖和适用

4）行政处罚的决定

5）行政处罚的执行

4.2　经济学知识

房地产运行过程既反映出物质形态运行过程也是房地产经济活动过程。物业管理招投标是房地产经济活动的重要环节，参与招投标过程的工作人员必须熟悉房地产经济规律，掌握经济学的基础知识。

经济学是一个独立的学科，所研究的核心问题是如何投入稀缺的有限资源，使产出产品价值最大化，并将其合理分配。物业管理招投标职业活动在房地产行业，主要是为房地产经济运行过程中的经济活动服务，必须掌握经济学相关知识，掌握一些部门经济学或应用经济学的知识。

物业管理属于房地产领域，应对房地产相关的部门经济学有所了解。部门经济学也可以叫具体经济学或专业经济学，是运用理论经济学的一般原理，研究国民经济某一部门或某一领域经济问题和经济规律的学科，如：房地产经济学和技术经济学。物业管理招投标工作人员懂得统计基本原理；具有物业管理市场分析知识；把握市场动向，具有市场分析、预测、项目定位和服务费定位的有关知识；由于在物业管理投标中常常涉及缴纳履约保证金问题，而这笔资金都是来源于贷款，因此物业管理招投标人还要掌握金融的有关知识。常用的知识点有：

（1）需求

（2）供给

（3）均衡价格

（4）效用

（5）生产

（6）成本

（7）完全竞争的市场

（8）不完全市场

（9）公共物品

（10）通货膨胀

（11）就业

4.3 数 学 知 识

数学是研究经济规律的重要工具，物业管理招投标人必须具有一定的数学基础。在具体的物业管理招投标工作任务里，经常遇到数学运算的问题，如：制定标底的计算、投标报价计算都需要一些数学知识。虽然现在已经有先进的计算工具，但数学基础知识还是应该掌握的。

4.4 文学基础知识

任何一个职业岗位都需要有应用文阅读和写作的能力，而这些能力必须依托文学基础知识。目前在我国城市居民中，没有语文知识的人微乎其微，关键是掌握到什么程度才能敷用。按照有关规定，取得任何职业资格的人都必须有高中以上的文化水平。如果从业人员确实接受了全日制国民教育，达到了高中毕业的文化程度，则在此基础上再多学一些应用文写作的知识，基本上可以满足物业管理招投标工作的需要。

4.5　管理学知识

管理活动无处不在无时不在，它是组织实现目标的一种手段，不管从事何种工作，都在参与管理活动。与物业管理招投标工作有关管理活动主要是物业项目管理。

4.6　建 筑 知 识

建筑物是物业管理招投标活动的主要标的物，物业管理招投标人应具有房地产识图知识，懂得建筑结构、构造、装修和设备，掌握房屋分类方法，了解城市规划、建筑环境和简单的施工工艺。物业管理招投标人应有三视图知识，能看懂房屋三视图，熟记各种图例；有房屋结构、装修和设备的基础知识，了解建筑材料和装修材料，能准确地向当事人介绍项目的基本情况。

4.7　公 共 关 系

物业管理招投标人有心理学基础知识和公共关系学的基本内容；房地产市场调查和资料收集的知识；掌握房地产市场上的价格信息，熟悉招投标活动范围内的各类房地产价格。

4.8　其他相关知识

物业管理招投标工作人员应熟悉各种传播媒体的特点和运行成本，掌握房地产项目的推广技术；另外物业管理招投标人还要有文化修养，应该有各类文学、艺术乃至哲学等方面的知识；物业管理招投标人熟悉利用媒体传播房地产信息的操作程序，了解心理学中与物业管理招投标活动相关的简单知识，掌握与客户沟通的技巧；熟悉房地产运行中各种手续的操作程序；熟悉有关计算机操作的知识。

中篇 工作过程篇

5 招投标的工作过程

5.1 工 作 过 程

工作过程不是工作流程，工作过程是在企业里为完成一件工作并获得工作成果而进行的一个完整的工作程序。工作过程的结构是相对稳定的，其纵向应该分成若干工作阶段，横向应该分成若干工作要素，形成矩阵式的工作体系。这个工作体系不是按照知识结构搭建的，而是以工作之间关联关系构建起来的。该工作体系反映出各个工作阶段之间和各个要素之间网状结构的组合，构成了一个完整的工作过程。

不同的工作任务有不同的工作程序，但不是说一定要有不同的工作过程。由于人的逻辑思维方式有一定的规律性，在完成某项工作任务时同样也会按照某种思维定式去思考问题，至少思考问题的主线是一致的。因此普通工作的主要过程和工作阶段划分，也基本上相同或相似。

现在研究工作过程的教育工作者，对工作过程主线一致性的问题已无歧义。但究竟将工作过程分为几个阶段或几个步骤为宜，却有不同见解，其中三个、四个、五个、六个皆有。虽然在数字上认识各有不同，但其所划分的各个阶段的顺序却极其相似，可以概括为：

5.1.1 任务确定
主要是确定完成工作任务主要目标以及描述目标的相关信息。

5.1.2 计划制定
根据所确定的工作目标，制定完成工作任务的工作计划初稿，然后经过机构领导审核（或实训指导教师审核），学习者按照机构领导（实训指导教师）意见修改定稿。

5.1.3 计划实施
按照工作计划分步实施，实现工作任务的目标。

5.1.4 质量检查
按照质量标准，对已经完成的工作进行自查，核实工作计划落实情况。

5.1.5 评估反馈
是由企业外部对工作效果进行评估，考核工作任务完成的情况并将结果反馈回来。

5.2 工作过程导向

工作过程导向是一种管理学思想，是为了达到工作任务所确定工作目标而采用的行为逻辑结构。工作过程导向从服务的生产环节入手进行分析研究，工作过程不是工作流程，而是以流程具体化为导向的管理思想、方法、技术集成为工作过程导向体系。

工作流程是指工作事项的活动流向顺序。工作流程包括实际工作过程中的工作环节、步骤和程序。工作流程中的组织系统中各项工作之间的逻辑关系，是一种动态关系。在一个建设工程项目实施过程中，其管理工作、信息处理以及设计工作、物资采购和施工都属于工作流程的一部分。全面了解工作流程，要用工作流程图，而管理和规划工作流程，则需要工作流程组织来完成。

工作过程导向理论认为，在主体需求与环境条件相适应的过程中，产生了问题以及为解决问题所具备的功能，明确了预期目标与能够达到的效果之间的偏差和缩小差距的路径。路径的分解表现为工程分解为项目、部署分解为布局，项目的落实和布局的具体化体现为流程。同时，流程也是组织权责划分的重要途径。

这里所说的工作过程导向，是指从招投标实际工作岗位的招标、投标和评标工作任务出发，以完成这些实际工作任务所需的职业能力为目标的课程开发模式。实际上这种模式，是以学习型的工作任务为载体，设计出逼近真实的工作任务，构成一个手脑并用的学习情境。学习者可以经历完整的工作过程，在教师指导下极大地提升职业能力。

5.3　招投标工作要素

任何一项工作任务涉及的工作要素类型基本雷同，只是具体内容有所差别，物业管理招投标工作的要素也不例外。这些要素的内容是动态变化的，也就是说完成不同工作任务，都是在每一个步骤不断变化的组合中实现的，而每一个步骤的各项工作元素同样也随之不断的动态变化。为了将问题表述清楚，我们对物业管理招投标工作过程进行分析，提炼出了各种工作要素。主要有：工作内容、关联主体、工作对象、工作环境、工作工具、工作铺垫和工作成果等七项要素。但是其中工作主体和工作对象应该是同时出现的，为了更加明确这种对应关系，我们将其并为一项要素，称之为"工作涉及的主体"。因此物业管理招投标的工作要素一共可以分解为六项，这也是为了学习而设计的工作任务必须体现的各种要素。

5.3.1　工作内容
不同的工作岗位，不同工作阶段有不同的工作内容。具体内容将按照各个不同工作环节分别列示。

5.3.2　工作对象
工作对象是工作的标的物。物业管理招投标工作的标的物主要有物业管理项目、招标文件、投标文件以及招投标过程所使用的各种工具等。

5.3.3　关联主体
在物业管理招投标工作过程中所涉及的关联主体有很多，其中既有房地产市场的相关主体也有物业管理市场相关主体，但我们主要是从物业管理市场的角度去分析。前面我们所说完成物业管理招投标工作任务的主体，实际上就是物业管理市场需求主体、供给主体和协调主体。

5.3.4　工作环境
工作环境通常是指产品生产制造过程中，影响到产品质量的周围相关条件。这些条件可能是行为主体的主观因素（管理水平和心理因素）、物质基础（场地、电器装置、设施设备以及与厂房维护有关的安全隐患）和可调节的因素（温度、湿度、洁净度、粉尘、灯光、声音、通风）等。在物业管理招投标的过程中，工作环境是指招投标的工作平台，其中包括物质性场地，还应有经济环境和法律环境等。我们这里所说的工作环境大多还是物质环境——场地，不同的工作任务、不同的工作环节需要不同的工作场地，在物业管理招投标工作的运行中再详细描述。

5.3.5　工作工具

工作工具是指生产产品所使用的机器、设备、软件、办公用品以及法律法规、规范文本和相关的表格等。

5.3.6　前期准备

从事某项工作前，所必须具备的知识和能力以及工具、设备等物质上的准备。

5.3.7　工作成果

工作成果是物业管理招投标的工作业绩，是完成工作任务的标志。物业管理招投标的工作成果比较特殊，同一个活动不同主体有不同成果。

5.4　训　练　要　素

对于教育服务的供给主体来说，还应该研究如何进行训练培养学习者的能力。我们将训练要素归纳为三项，即：训练目的、训练场地以及训练方法和手段。

5.4.1　训练目的

学习者参加学习目的是为了产生知识和能力的增量，训练目的是这个增量的内容和大小。

5.4.2　训练场地

训练场地与工作环境有很强的关联性，是一种仿真的工作环境。所不同的是，训练场地可以训练需要针对某一工作环节进行剖析，甚至能够直接观察到设备的工作状态。学习者也可以为了获取某项能力，而针对一个活动重复多次练习。训练场地应该有丰富的网络教学资源，硬件环境能够支撑网络课程的正常运行并能有效共享。

5.4.3　训练方法和手段

训练方法是根据课程内容及学习者的特点，引导学生积极思考、乐于实践，提高教学效果的学习方法，包括案例分析、分组讨论、角色扮演、启发引导等。

训练手段有很多，其中包括现代教育技术和虚拟现实技术，实训基地可以建立虚拟社会、虚拟企业、虚拟车间、虚拟项目等仿真教学环境等。

5.5　物业管理招投标工作内容之间的关系

如前所述，通常我们所说的工作过程是一致的，只是因为工作任务不同而使其内容有很大差异。这些差异和工作任务及工作主体有密切的关系。对于物业管理招投标来说，虽然在实际工作中可能会将相关工作分解成若干工作任务委托多个主体承担。但按照《民法通则》的要求"被代理人对代理人的代理行为，承担民事责任"，也就是说，责任主体仍然是委托人。这样我们就可以将物业管理招投标归纳为：招标、投标和评标三项工作任务。这三项工作的工作主体、工作目标和工作对象不尽相同。但工作环境有时是一致的；工作内容有时是互相关联的。这三项工作任务在物业管理招投标过程中，经常是相互交织在一起交错进行的。

招标主体和投标主体是一对招投标工作的对立统一体，在许多环节都同时出现。评标主体是竞标工作的裁判，也会参与其中。为了表述清楚，本书除了后面要按照工作过程分别讲述三项工作以外，这里先将招投标全部工作制成不同主体工作关系表。

招投标工作关系表 表 5-5-1

序　号	招标主体工作内容	投标主体工作内容	评标主体工作内容	备注
1	招标前期策划	市场调查		
2	办理招标登记	获得招标信息		
3	发布招标公告	可行性分析		
4		投标决策		
5	接待报名	投标报名	接待报名	
6	资格预审	接受资格预审	资格预审	
7	接待现场查勘	现场查勘	组织现场查勘	如果属于国家规定的强制性招标，这几项内容通常由评标主体负责，否则招标主体可以自己操作
8	召开投标预备会	投标预备会	召开投标预备会	
9	制定标底	编制标书		
10	接受标书	递交标书	接受标书	
11	开标	开标	开标	
12			评标	
13		宣讲、答辩	询标	
14			推荐候选人与定标	
15	发放中标通知	接受中标通知		
16	签署合同	签署合同		

6　物业管理招标工作过程

6.1　招标工作过程结构

虽然工作过程不是工作程序，但工作过程中包含着某项工作的程序。物业管理招标属于强制性招标，其工作程序还要受到法规的影响。根据《招标投标法实施条例》第七条规定："按照国家有关规定需要履行项目审批、核准手续的依法必须进行招标的项目，其招标范围、招标方式、招标组织形式应当报项目审批、核准部门审批、核准。项目审批、核准部门应当及时将审批、核准确定的招标范围、招标方式、招标组织形式通报有关行政监督部门。"据此，我们编制了工作过程和工作要素的结构表见表6-1-1。

工作过程和工作要素结构表　　　　　　　　　　表 6-1-1

序号	工作过程	工作内容	关联主体	工作对象	工作场地	工作工具	前期准备	工作成果
1	任务确定	明确招标内容、形式	招标人、代理人、服务机构	招标项目及其相关信息	项目现场、办公室	办公用品、电脑、网络	物业项目管理、法规	委托合同或委托书
2	计划制定	制定包括招标方案在内的工作计划	招标人或代理人	招标项目及其相关信息	办公室	办公用品、电脑、网络	物业项目管理、计划管理、招投标	工作计划
3	实施计划	办理招标备案登记	招标人、招投标服务机构、政府监管部门	办理手续使用的各种表格	政府监管部门的办事大厅	办公用品、电脑、网络、各种表格	熟悉相关法规和办事程序	批准招标
4		发布招标公告	招标人或招投标的服务机构、媒体	招标公告、媒体	办公室、媒体接待室	办公用品、电脑、网络	相关法规、电脑使用	媒体刊载招标公告
5		接待报名	招标人或招投标服务机构、投标人	潜在投标人以及各种表格文件	招标接待室	招标文件、资格预审须知、报名表	熟悉招标文件和办事程序	已填好的各种表格
6		资格预审	招标人或招投标服务机构、潜在投标人	潜在投标人及其递交的文件、资料	招标接待室	资格预审须知、审核表和预审结果通知书	相关法规、预审须知	从潜在投标人中筛选出投标人
7		组织现场查勘	招标人或招投标服务机构、投标人现场工程负责人	投标人	项目现场	记录本、安全帽	工程方面知识、组织能力	查看记录
8		投标预备会	招标人、招投标服务机构、投标人及其问题	投标人、记录、签到表	会议室	办公用品、记录本、签到表	会议组织、记录总结	书面问题和记录、确认签字单

序号	工作过程	工作内容	关联主体	工作对象	工作场地	工作工具	前期准备	工作成果
9		制定标底	招标人及其策划人员或代理人	物业管理费用预算书	招标人的办公室	物业管理预算定额	物业管理概预算知识和能力	标底
10		接受投标文件	招标人或招投标服务机构、投标人	投标文件	招标单位或招投标服务机构	投标箱	接待能力	所收到的投标文件
11	实施计划	开标	招标人或招投标服务机构、投标人	投标文件	招标单位或招投标服务机构	投标文件、音响设备、多媒体投影	会议组织	举行开标仪式
12		发放中标通知	招标人、投标人	中标通知书	招标单位或招投标服务机构	中标通知书	沟通能力	中标人接受通知书
13		书面报告	招标人、行政部门	行政监督管理部门	管理部门办公室	空白书面报告制式文本	写作能力	书面报告
14	成果检查	对工作成果逐项检查	招标人或招投标服务机构	工作记录、所有文件、相关资料	办公室	办公用品	物业项目管理、招投标相关知识	检查记录
15	评估反馈	按照预定评价办法评估	任务授予者和操作者	工作记录、所有文件、相关资料	办公室	办公用品	物业项目管理、招投标相关知识	评估报告

6.2 招标工作过程的主要环节

6.2.1 任务确定

这一环节的主要工作内容是确定招标内容和招标形式。为了做到公平、公正，对公众利益影响较大的住宅招标项目，应该采用公开招标形式。

工作内容中要确定完成工作任务的主要目标以及其相关信息。招标工作任务源于物业管理服务的需求者，应由其确定相关信息，然后决定是由招标人自己操作招标具体事宜，还是委托招标代理机构。对于已经设立招投标服务机构，而且地方立法要求必须纳入监控范围内的招标项目，则关键环节应在政府设立的招投标服务平台上运行。如果不是招标人自行操作，则应与代理机构建立委托关系，其标志是签订委托合同或交付委托书，工作目标有关信息应在其中披露。

6.2.2 计划制定

招标工作的工作计划制定的工作内容，包括招标方案策划、各种资源的配置、运行成本和时间进度等。

制定招标工作计划人员需要有物业项目管理、计划管理、招投标等方面的能力。

6.2.3　招标备案登记

6.2.3.1　法律依据

按照招投标有关法规规定，需要履行项目审批、核准手续的，必须依法对其招标范围、招标方式、招标组织形式报项目审批、核准部门审批、核准。项目审批、核准部门应当及时将审批、核准确定的招标范围、招标方式、招标组织形式通报有关行政监督部门。审批的主要内容是项目的合法性和资金落实情况。对于物业管理招标，目前许多地区为敦促前期物业管理实施公开招标，将物业管理招标作为办理《商品房销售许可证》的前置条件，要求到行政主管部门办理招标备案手续。

按照《招标投标法》第十二条的规定"依法必须进行招标的项目，招标人自行办理招标事宜的，应当向有关行政监督部门备案。"物业管理的招标是《物业管理条例》要求必须进行的招标，因此应该到物业管理行政监管部门办理备案手续。《物业管理条例》第五条规定："国务院建设行政主管部门负责全国物业管理活动的监督管理工作。

县级以上地方人民政府房地产行政主管部门负责本行政区域内物业管理活动的监督管理工作。"

因此，招标人应当在发布公告或者发出投标邀请书前，到当地房地产行政主管部门备案。现在也有些地方政府，将备案工作委托给事业单位代办。但不管采用哪种形式，负责备案工作的主体仍然是政府主管部门。

6.2.3.2　备案时需要提交的材料

（1）招标公告或者投标邀请书；

（2）招标文件；

（3）新建项目《建设工程规划许可证》及经规划部门批准的规划详图或规划总平面图；

（4）重新选聘物业服务企业的，应当提供业主大会决议原件、原物业服务合同；

（5）招标人委托招标代理机构代理招标的，应当提交招标代理委托书；

（6）招标主体的相关资料；

（7）法律、法规和规章规定的其他材料。

当上述招标材料违反法律、法规和规章时，行政主管部门可责令招标人及时改正，并对不符合条件的投标人出具《补正事项告知书》。

6.2.3.3　填写招标备案申请书

资料齐全可以办理招标备案时，应当填写备案申请书。各地备案申请书的形式不尽相同，但其内容基本大多相近，现将某市招标备案申请书附后，供参考。

附：

××市物业管理项目招标备案

申

请

书

申 请 单 位＿＿＿＿＿＿＿＿＿＿＿＿

填 报 日 期＿＿＿＿＿＿＿＿＿＿＿＿

××市房地产管理局印制

招标人的基本情况				
招标人名称 （盖章）		法定代表人或业 主委员会主任		
办公地点		邮政编码		
联系人		联系电话		
物业项目基本情况				
项目名称				
坐落地点	市　　　区（县）　　　道（路、街）　　号			
四至范围	东：		南：	
	西：		北：	
物业类型		占地面积 （万平方米）	建筑面积 （万平方米）	
总套数 （套）		服务用房 （平方米）	分期建设 情况	

注：本页由申请人填写，字迹工整，如实填写，不得涂改。

物业管理招标备案要件情况	招标公告或者招标邀请书				
	拟采取招标的方式				
	招标代理机构名称		地　址		
			联系电话		
	新建项目	建设工程规划许可证			
		规划部门批准的规划详图			
	重新选聘物业企业的物业管理服务合同				
	其　他				

审　核　意　见
经办人签字：　　　　　　　　　负责人签字： 　　　　　　　　　　　　　　　　单位盖章： 　　　　　　　　　　　　　　　　　　年　月　日

物业管理招标备案通知	×物招备〔　　〕第　号	
领证日期		领证人签字

6.2.3.4　发放招标备案通知

当地的房地产行政主管部门，应该规定受理备案所需时间。

按照规定的时间，在招标备案申请之日起几个工作日内，对符合条件的投标人出具《物业管理项目招标备案通知》。以下是某市招标备案通知，供参考。

附：

物业管理项目招标备案通知

物招备〔　　〕第　号

＿＿＿＿＿＿＿（招标人名称）将（项目名称），四至范围：东＿＿＿＿＿；西＿＿＿＿＿＿；南＿＿＿＿＿＿；北＿＿＿＿＿。建筑面积为＿＿＿＿＿万平方米的＿＿＿＿＿＿（项目类型），已进行招标备案，请到××市物业管理招投标服务机构办理招标事宜。

特此证明

年　月　日（盖章）

招标人取得《物业管理招标备案通知》后，可到物业管理招投标服务机构办理物业管理项目招标手续。

6.2.3.5　招标登记

招标人在进行了招标备案以后，应该到招标投标交易场所——招投标服务机构办理招标手续。通常招投标机构会让招标人先办理登记，然后再按程序逐步实施。

（1）办理招标手续需要提交的资料

1）《××市物业管理项目招标备案通知》；

2）招标人企业法人营业执照；

3）房地产开发企业资质证书（查验原件、留存复印件一份）；

4）招标项目《建设工程规划许可证》；

5）企业法人授权委托书；

6）备案后的招标公告；

7）备案后的招标文件及规划详图。

（2）办理招标需要填写的表格

办理招标一般应该填写登记表，各地该表简繁不一，而且如果备案信息政府直接转交给招投标服务机构，或者获取相关信息也可不填，登记表的内容主要包括：

1）招标项目基本情况

项目名称、招标项目备案编号、项目地点、四至范围、占地面积、建筑面积、设施、设备、物业类型、功能分布、建筑结构、总套数、预计售价（均价）、绿化面积、目标顾客群、工程进度和预计竣工日期等。

2）招标主体基本情况

① 单位招标

单位招标不仅仅是指开发建设单位招标，还应包括行政管理部门、企业和事业单位。其内容有：单位名称、营业执照编号（或单位代码）、法定代表人姓名、注册地点、招标联系人及其电话。

② 业主大会招标

许多人都习惯说"业主委员会"招标，其实业主大会应该是招标主体。按照《物业管理条例》第八条规定："业主大会应当代表和维护物业管理区域内全体业主在物业管理活动中的合法权益。""业主委员会"仅仅是执行"业主大会"的决定，可以"代表业主与业主大会选聘的物业服务企业签订物业服务合同"（《物业管理条例》第十五条）。登记的内容主要有业主大会名称、组织代码、业主委员会姓名、姓名地址、招标联系人及其电话。

③ 招标代理机构

无论是单位或业主大会招标都可以请代理机构代办有关事宜，对于这种情况还应该登记代理机构的信息，包括：机构名称、法定代表人姓名、注册地点、联系人及其电话。

3）对投标人的要求

对投标人的要求有：企业资质等级、具备同类型管理经验、项目负责人的要求、招标文件发放时间、物业管理服务内容及标准、评标方法、开标时间和地点等。

物业管理招投标服务机构受理招标项目后，可出具《物业管理项目招标受理凭证》。

6.2.4 公布招标信息

6.2.4.1 法律规定

规模较大住宅项目的前期物业管理属于强制性招标范围之内，按照《前期物业管理招标投标管理暂行办法》的规定："招标分为公开招标和邀请招标。

招标人采取公开招标方式的，应当在公共媒介上发布招标公告，并同时在中国住宅与房地产信息网和中国物业管理协会网上发布免费招标公告。

招标公告应当载明招标人的名称和地址，招标项目的基本情况以及获取招标文件的办法等事项。

招标人采取邀请招标方式的，应当向 3 个以上物业管理公司发出投标邀请书，投标邀请书应当包含前款规定的事项。"

6.2.4.2　物业管理招标公告和招标邀请书

公开招标和邀请招标是两种不同的招标形式，招标公告和招标邀请书的主要内容相近，主要有：

（1）招标项目基本情况

1）本项目业态类型：＿＿＿＿＿＿＿

2）本项目坐落地址：＿＿＿＿＿＿市＿＿＿＿＿＿区。

3）本项目物业管理区域四至范围：东至＿＿＿＿＿＿路，西至＿＿＿＿＿＿路，南至＿＿＿＿＿＿路，北至＿＿＿＿＿＿路。

4）本项目总用地面积：＿＿＿＿＿＿平方米。

5）本项目总建筑面积：＿＿＿＿＿＿平方米。

本项目建筑面积（即招标面积）：＿＿＿＿＿＿平方米。

地上建筑面积构成为：总建筑面积＿＿＿＿＿＿平方米（全部为＿＿＿＿＿＿层的＿＿＿＿＿＿层）。

地下建筑面积构成为：总建筑面积＿＿＿＿＿＿平方米（其中单体地下室＿＿＿＿＿＿平方米，地下车库＿＿＿＿＿＿平方米）。

本项目的建筑密度为＿＿＿＿＿＿；容积率＿＿＿＿＿＿；本项目内共含建筑物＿＿＿＿＿＿幢（其中含＿＿＿＿＿＿栋住宅、＿＿＿＿＿＿栋＿＿＿＿＿＿层的公建、＿＿＿＿＿＿栋＿＿＿＿＿＿层的幼儿园）、＿＿＿＿＿＿座变电站、＿＿＿＿＿＿座燃气调压站。项目总户数为＿＿＿＿＿＿户。

6）绿化指标：绿化率＿＿＿＿＿＿，绿地面积＿＿＿＿＿＿平方米。

7）停车场库：

本项目规划建设机动停车位＿＿＿＿＿＿个，其中，地上停车位个，地下停车位＿＿＿＿＿＿个。

8）开发建设分期情况：＿＿＿＿＿＿期。

9）项目总体竣工时间：＿＿＿＿＿＿年＿＿＿＿＿＿月＿＿＿＿＿＿日。

10）项目分期竣工时间：一期竣工时间为＿＿＿＿＿＿年＿＿＿＿＿＿月；二期竣工时间为＿＿＿＿＿＿年＿＿＿＿＿＿月；……

（2）物业管理服务标准及收费形式

（3）前期物业服务合同期限

前期物业服务合同至业主大会与物业服务企业签订新的物业服务合同生效之日终止。

（4）投标资格条件

1）必须是具有国家＿＿＿＿＿＿级（含＿＿＿＿＿＿级）以上物业管理资质的物业服务企业；

2）物业服务企业必须具备同类型物业管理经验；

3）拟派驻项目经理需持有物业管理师职业资格证书或本省行政管理部门认可的岗位资格证书；

4）拟派驻项目经理必须具备同类型物业管理经验。

（5）报名时间、地点及携带资料

1）申请报名时间：公告见网（报）之日起三个工作日内。

2）申请报名地点：××市物业管理招投标服务机构。

地址：＿＿＿＿＿市＿＿＿＿＿区＿＿＿＿＿路＿＿＿＿＿号

联系电话：＿＿＿＿＿＿＿＿＿＿＿＿。

邮编：＿＿＿＿＿＿＿＿＿＿＿＿。

网址：http：//www＿＿＿＿＿＿＿＿。

3）投标申请人报名携带资料：营业执照、资质等级证书、法人授权委托书、投标人报名登记表等。

（6）投标申请人较多时的筛选

在资格预审合格的投标申请人超过 10 家时，招标人根据筛选条件（①资质等级优先；②管业面积优先），于现场勘察前从中选择不少于 5 家资格预审合格的投标申请人参与竞标。

6.2.5 接待报名

招标信息发布之后，潜在投标人会来人来电询问招标有关事宜和购买招标文件。如果不拟进行资格预审，招标人应安排招标工作小组人员接待回答问题和出售招标文件，对潜在投标人申请投标的，工作小组负责接待登记；如果需要资格预审，工作小组负责向投标申请人发放资格预审须知，查收资格预审文件。

招标文件主要内容有：招标目的、招标人情况、招标项目基本情况、物业管理服务内容和标准、物业管理服务费测算、对投标人的要求、对投标文件的要求、投标程序、评标方法和评标标准、定标办法、物业服务合同的签订、澄清与修改和其他事项的说明（详细内容将在第 10 章介绍）。

6.2.6 资格预审

是否需要对投标人进行资格预审应当在招标文件中规定，如果招标文件已经规定需要资格预审，可以对投标申请人进行资格预审。

实行投标资格预审的项目，招标人应当在招标公告或者投标邀请书中载明资格预审条件和获取资格预审文件的办法。按照业内的习惯，已经通过预审的潜在投标人应该交纳一定数额的投标保证金，以保证实际投标人数。

6.2.6.1 资格预审主要内容

（1）合法性审查

1）物业管理招标要求投标人必须是正式注册的独立企业法人；

2）具有独立签约和履约能力；

3）是否处于正常经营状态；

4）有无违纪记录。

（2）投标能力的审查

1）基本情况

名称、地址、电话和资质等级等。

2）现有管理能力

企业整体管理能力，已经管理物业的规模和剩余管理能力。主要从技术装备和项目经理情况分析，如果已经管理项目太多很难再派出高水平的项目经理，应该认为该企业缺乏现有管理能力。

3）经验和信誉

是否管理过与招标项目的规模、类型、技术难度接近的物业，以及业绩和履约情况。

① 履约情况证明

大多数招标项目都要有同类项目管理经验，其证明材料是与委托方所签署的合同和委托方出具的履约情况说明书。

② 荣誉证书

说明企业的业绩另一个重要证明材料，是获得国家或省级物业管理示范或优秀住宅（大厦、工业区）称号的荣誉证书。

4）财务能力

企业经营的基本情况，利润分配、企业亏损情况、资产负债情况以及有无充足的流动资金等。

5）企业资格文件

① 营业执照；

② 资质等级证书。

6.2.6.2 申请人须知

（1）项目概况：

1）项目名称；

2）地点；

3）物业类型；

4）规模；

5）发包范围；

6）质量要求；

7）合同期限。

（2）资金来源。

（3）资格与合格条件要求：

1）参加资格预审的单位必须是具有独立法人资格和项目所要求的资质等级的企业。为能证明投标人符合招标人的要求，必须向招标人提供确立其法律地位和资质等级的原始文件副本（包括营业执照和资质等级证书）。

2）参加资格预审的单位必须有管理该项目的能力和履约能力。为能表明该单位具有招标人所要求的能力，应向招标人提供：

① 过去3年完成的与招标项目近似的物业管理项目的基本情况和现在正在履行合同的物业管理项目的基本情况；

② 技术装备情况；

③ 管理人员和专业技术人员情况，应该有他们的简历和业绩的证明，包括：学历证明、职称证明、履历以及获奖证明等；

④ 最近2年经过审计的财务报表和下一年度财务预测报告；

⑤ 最近2年来涉及诉讼案件的资料。

（4）资格预审文件一份正本，两份副本，在规定截止时间前送达招标单位指定地点。

（5）资格预审完全按照资格预审文件所提供的资料做出预审是否合格的判断。物业管理公司所提供的资料必须充分、准确、详细，以便招标人正确做出判断。

（6）资格预审合格单位数量没有限制，所以只要符合招标人要求的资格预审合格单位均可参加投标。

（7）招标人向所有资格预审合格的单位发出资格预审合格通知书。资格预审合格的单位在接到通知后，以书面形式通知招标人确认参加投标并交纳投标押金。

6.2.6.3 预审资格申请书

（1）申请资格预审单位基本情况

企业简历见表 6-2-1 所示。

企业简历   表 6-2-1

企业注册名称			成立日期	
企业法人代表		技术职务	企业性质	
企业资格等级		经营方式		
业务范围				
企业简历				

（2）骨干人员

这里所指的骨干人员不是企业的全部专业技术人员，而是企业剩余的骨干人员，即：能抽调出来的或能协调使用的专业技术人员。项目负责人和技术骨干的简历和业绩的证明，包括：学历证明、职称证明、履历以及获奖证明等。

（3）技术装备

是指可以用于该项目的技术装备，其中包括专门用于该项目的技术装备，也包括可以调剂使用的技术装备。

（4）财务

是指企业是否具备完成项目所需充足的流动资金或有信誉的银行提供的担保文件。

6.2.6.4 资格预审合格通知书

经过资格预审后，招标人应当向资格预审合格的投标申请人发出资格预审合格通知书，并告知获取招标文件和交纳投标押金的时间、地点和方法；对资格预审不合格的投标申请人，也应告知资格预审结果。

附：

资格预设通知书

_____（企业管理企业名称）位于_____的_____项目，物业类型为_____建筑面积_____平方米，占地面积_____平方米。经过对参加资格预审单位技术装备、人员、财务状况、信誉和以往的管理经验等方面的审查，认为贵单位的基本条件符合招标人所提出的要求，是资格预审合格单位。现就上述项目的物业管理服务，按照

《前期物业管理招标投标管理暂行办法》的规定进行招标，望收到该通知书后于_____年_____月_____日前，到_____领取有关资料，同时交纳押金_____元。

招标单位：（盖章）

法定代表人：（签字、盖章）

日期：_____年_____月_____日

6.2.7　现场查勘

《前期物业管理招标投标管理暂行办法》第十六条规定："招标人根据物业管理项目的具体情况，可以组织潜在的投标申请人踏勘物业管理现场，并提供隐蔽工程图纸等详细资料。对投标申请人提出的疑问应当予以澄清并以书面形式发送给所有的招标文件收受人。"

投标人要想编制出恰如其分的投标文件，就必须对物业管理项目有深刻的了解。只看资料是不能掌握物业管理区域的基本情况的，必须到现场调查并就模糊的问题在预备会质疑。招标人应该指定负责该项目的专业技术人员回答投标人所提问题，关键问题应有书面应答材料。

（1）为了便于投标人提出问题并得到解答，现场查勘一般安排在预备会之前1～2天。

（2）招标人应在现场集中介绍有关情况：

1）如为期房应介绍工程进度，何时能够达到招标文件所说条件；

2）踏勘现场四至和环境；

3）介绍设施设备到位时间，对已到位的设施设备应当领勘。

6.2.8　投标预备会

6.2.8.1　目的

（1）对图纸和相关资料统一解释，并对任务交底；

（2）介绍招标文件的主要内容；

（3）澄清投标单位对招标文件的疑问；

（4）解答现场查勘中的问题。

6.2.8.2　程序

（1）宣布投标预备会开始；

（2）介绍参加会议的单位和主要人员；

（3）对招标文件、图纸和相关资料作重点说明；

（4）解答投标单位质疑；

（5）通知有关事宜；

（6）宣布会议结束。

6.2.8.3　注意事项；

（1）投标预备会在招标投标管理机构监督下，由招标单位主持；

（2）所有参加会议的投标单位必须签到登记，以证明已经参加了投标预备会；

（3）对招标单位向投标单位发放的任何资料，和投标单位向招标单位提出的问题，均以书面形式予以确认；

（4）投标预备会结束后，招标单位尽快以书面形式将问题、解答和会议记录整理后，发送到所有投标单位。

6.2.9　接受投标文件

编制投标文件是一项比较复杂的工程，应该有充分合理的时间。按照国家规定："公开招标的物业管理项目，自招标文件发出之日起至投标人提交文件截止之日止，最短不得少于 20 日。"（《前期物业管理招标投标管理暂行办法》第十四条）

接受投标文件的时间和地点应在招标文件中事先载明。

6.2.9.1　时间

现在前期物业管理招标的房地产开发商为了提早办理售房手续，总想缩短整个招标程序提前接受标书，这样做实际上对业主和物业管理公司都不负责任，也是法律法规所不允许的。接受投标文件的时间必须掌握在招标文件发出后的 20 天以后。

6.2.9.2　地点

接受投标文件的地点一般设在招标投标监督管理机构或指定的服务机构，以便对其保密性进行监督控制。但如果自行招标也允许设在招标单位，不过这样操作时，应由招标投标监督管理机构或公证机构现场监督。具体投递投标文件的地点应在招标文件中载明。

6.2.9.3　投标箱

投标箱预留口的大小应与招标文件中规定的投标文件大小相对应，宽度最好是比投标文件稍大一点。投标箱必须密封，经检查合格后方能使用。

6.2.10　制定标底

标底是招标项目的底价，是招标人购买工程、货物和服务的预算。物业管理招标是招标人购买物业管理服务的预算，是评标的主要依据之一，制定标底是物业管理招标的重要环节。此项工作应由招标工作小组召集物业管理专业人员进行。有的城市现在已有物业管理服务预算定额，标底可以根据定额计算。

标底和评分标准必须保密，但这又是潜在投标人都在千方百计窥探的信息，为了避免泄露标底，最好在晚些时候确定。工作小组事先应该多做一些准备工作，以便专业人员能够迅速确定标底。这样，确定标底和评分标准的时间就可以定在接受投标文件的同一天。

6.2.10.1　编制物业管理项目标底的原则：

（1）标底的编制应与招标文件中对物业管理服务质量相对应；

（2）编制标底应根据招标文件提供的有关资料；

（3）编制标底应以《物业服务收费管理办法》为依据；

（4）标底的价格应与市场价格变化情况相吻合；

（5）每个物业管理项目只能编制一个标底。

6.2.10.2　物业管理项目招标标底的内容

（1）物业管理项目综合说明，主要包括项目名称、服务质量要求、合同日期、物业管理区域建筑面积和用地面积等；

（2）物业管理服务的标底价格，应包含可收费物业每单位时间的单价和合同期内物业管理服务费的总价；

（3）标底中各项费用的说明。

6.2.10.3　标底的编制方法

（1）准备工作

准备工作由工作小组提前完成，主要应熟悉现场和招标文件的服务范围、服务标准，了解人工、能源、消耗性材料的市场价格。

（2）计算工作量

常规服务工作量应该分项计算，目前有关物业管理服务大多还没有定额，工程量只能按行业习惯计算。因此，编制标底必须请业内的专业人员完成。

（3）确定取费标准

取费标准必须关注地方政府规定的有关政策，同时结合行业管理逐项计算。

（4）计算能源消耗

1）公共设备消耗的煤、电、油、气；

2）公共照明用电；

3）公共用水。

6.2.11　开标、评标、定标

在招投标过程中，开标以后就进入了评标阶段，因此这部分内容留待评标工作中介绍。

6.2.12　发放中标通知

由招标人或招标代理人向中标人发放中标通知书，至此物业管理招标工作似已结束。但工作过程并未全部结束，工作任务也未全部完成。

6.2.13　书面报告

按照《招标投标法》第四十七条规定："依法必须进行招标的项目，招标人应当自确定中标人之日起十五日内，向有关行政监督部门提交招标投标情况的书面报告。"

物业管理招投标招标人应当自确定中标人之日起15日内，向物业项目所在地的县级以上地方人民政府房地产行政主管部门备案。备案资料应当包括开标评标过程、确定中标人的方式及理由、评标委员会的评标报告、中标人的投标文件等资料。委托代理招标的，还应当附招标代理委托合同。

6.2.14　成果检查

工作的成果检查属于工作者的自检，是对招标工作的归纳和总结。招标人或代理人要根据初始目标，对每个环节工作效果进行检查，并整理相关资料，撰写工作报告。

6.2.15　评估反馈

成果检查属于自检，评估是委托人或交办任务领导所进行的检查。如果招标由代理机构完成则应由招标人评估；如果招标人自己操作招标事宜，则应由有关人员按照初始目标或评价标准检查评估。检查结果作为工作任务完成主体的工作成果存档。

7 物业管理投标工作过程

7.1 投 标 目 的

一般人理解投标的目的当然是为夺标，但实际在操作中也并不尽然。为了承接更多项目，参与投标的企业固然是占有主导地位，为其他目的而投标的也大有人在。

7.1.1 宣传企业

刚刚成立的企业社会知名度较低，为了扩大影响，有些往往采取频繁投标的办法。出于种种目的，许多媒体经常对物业管理的招标投标进行跟踪报道，投标人的有关信息随之发散出去。另外，公开招标的答辩会一般会有社会各界人士旁听，投标人的信息也将在社会上得到传播。新闻报道也是一种软广告，而且它的作用远比广告的作用大得多。

7.1.1.1 新闻报道的读者多

各种媒体的读者，绝大多数都会浏览一下新闻，很少有人无目的地翻阅广告。因此通过新闻传递信息，比通过广告传递信息受众大。

7.1.1.2 新闻报道的认知程度高

对企业的宣传效果主要取决于信息发散的频度、受众人数和认知程度。人们对新闻的认知是多年形成的，是任何广告所无法替代的。

7.1.2 练兵

参加过竞标的企业都有体会，通过投标可以锻炼自己的队伍，使整体素质得到提升。有些物业管理企业明知该招标项目不可能中标，但也还是要投标。其目的是为了在招标投标的各个环节中积累经验，这比参加任何培训，查阅任何资料的效果都大得多。从未参加过投标的企业，第一次投标抱有这种心理的占一定比例。

7.1.3 市场探察

物业管理企业发展到一定规模以后，一般都想到外地拓展自己的市场。各地的物业管理市场虽然在运行方式上大同小异，但多少都有一些地方特色，如：政府对物业管理市场管理的力度、招标人的好恶、投标报价的习惯以及供求情况等。企业必须对这些问题深入了解，才具备进入当地市场的可能，所采取的办法不外乎委托中介机构调研和派员到市场上调研等。实际上，参与市场上物业管理招标投标是进行市场探察，了解市场的一种很好的办法。通过投标可以亲身感受一下市场氛围，掌握当地物业管理市场的习惯操作方法。

7.1.3.1 获得利润

赢利是企业经营的目的，企业经营都有规模效益，管业面积越多单位成本越低，利润也越大，因此必须多承接一些项目。现在"国家提倡建设单位按照房地产开发与物业管理相分离的原则，通过招标投标的方式选聘具有相应资质的物业管理企业"（《物业管理条例》第二十四条）。而且对规模较大的住宅物业，规定必须通过招标投标选聘物业管理企业，物业管理企业不能再通过乞求上一级房地产开发商的施舍得到项目，而只能在市场上参加竞标。

7.1.3.2 扩大市场份额

企业实力的强弱主要表现在所占市场份额的大小，企业之间的市场竞争就是要争市场占有量。因此夺标是企业扩大市场份额的需要。

7.2 投标工作过程结构表

投标工作过程见表 7-2-1 所示。

投标工作过程   表 7-2-1

序号	工作过程	工作内容	关联主体	工作对象	工作环境	工作工具	前期准备	工作成果
1	任务确定	市场调查	市场供求双方	市场信息	开发建设单位、管理部门	电脑、互联网、办公用品	信息采集分析知识	市场分析报告
2		获得招标信息	招标人、招投标服务机构、媒体、潜在投标人	媒体、招标信息	招投标服务机构、办公室	电脑、互联网、办公用品	信息采集分析知识	招标信息汇总
3		可行性分析	潜在投标人	相关资料	办公室	电脑、互联网、办公用品、应用软件	技术经济学、物业项目管理	可研报告
4		投标决策	潜在投标单位领导	相关资料	会议室或办公室	办公用品	物业项目管理、项目决策	授权委托书
5	计划制定	制定投标工作计划	潜在投标人	相关资料	办公室	电脑、互联网、办公用品、应用软件	物业项目管理、计划管理	计划书
6	计划实施	投标报名	潜在投标人、招标人、招投标服务机构	招标文件、预审须知	招标单位或招投标服务机构	投标申请表、招标文件、资格预审须知、办公用品	沟通能力	递交投标申请表、获得招标文件、资格预审须知
7		接受资格预审	投标申请人、招标人、招投标服务机构	预审提交的资料	招标单位或招投标服务机构	提交的预审资料	投标申请人单位情况、沟通能力	通过资格预审
8		现场查勘	招标人或招投标服务机构、投标人、现场工程负责人	招标的项目	项目现场	记录本、摄像或照相设备	结构、装修、设备有关知识和在建工程现场查勘能力	查勘记录和影像资料
9		投标预备会	招投标服务机构、投标人、招标人	书面提出的问题及其答复	会议室	办公用品	结构、装修、设备有关知识和归纳问题能力	会议纪要、所提问题答复复
10		编制投标文件	投标人	有关资料和投标文件	办公室	办公用品	物业项目管理、标书制作能力	投标文件

序号	工作过程	工作内容	关联主体	工作对象	工作环境	工作工具	前期准备	工作成果
11	计划实施	递交投标文件	投标人、招标人、招投标服务机构	投标文件	招投标服务机构或招标单位	标箱、交通工具	沟通能力	接收投标文件回执
12		参加开标	投标人、招标人、招投标服务机构	投标文件	招投标服务机构或招标单位	音响设备	沟通能力	投标文件检查无误
13		宣讲、答辩	投标人、招标人、招投标服务机构、评委	宣讲提纲	答辩会议室	多媒体投影仪、音响	熟悉投标文件的内容、相关法规	评分表的分数
14		接受中标通知	投标人、招标人、招投标服务机构	中标通知书	会议室	办公用品	沟通能力	中标通知书
15	成果检查	对工作成果逐项检查	投标人	工作记录、所有文件、相关资料	办公室	办公用品	物业项目管理、招投标相关知识	检查记录
16	评估反馈	按照预定评价办法评估	任务授予者和操作者	工作记录、所有文件、相关资料	办公室	办公用品	物业项目管理、招投标相关知识	评估报告

7.3 关键环节的说明

7.3.1 市场调查

市场调查是任何市场供给主体的一项常规性的工作，也是成为投标主体的前置性工作。比较大的物业管理公司都设有市场部，用来推销自己的服务产品，通常的做法是首先要进行市场调查，寻找销售产品的机会。市场调查的目的是分析供求关系，调查对象不仅仅是需求者，也包括物业管理服务的其他供给者，但主要还是需求者。物业市场的供给者就是物业管理市场的需求者，在建工程就是前期物业管理潜在的招标项目。物业管理公司通常都是从开发建设单位和管理部门了解信息，写出市场调查分析报告。

通过市场调查可以得知各细分市场需求情况，掌握即将招标项目的基本情况，潜在投标人可以有充分的准备，选择理想的投标项目。

7.3.2 获得招标信息

招标信息的获得比较简单，尤其是住宅前期物业管理招标必须挂到网上，因此每天只要安排人员上网搜寻即可。对于已经成立物业管理招投标服务机构的城市，也可以经常到服务机构看电子显示屏幕公布的信息。

得到信息不是最终目的，还要对信息进行汇总，整理筛选出适宜本企业投标的招标项目。

7.3.3 可行性分析

在公开的媒体上注意招标信息并进行筛选，对于符合本企业发展方向的项目，要进行可行性研究。分析人员应有技术经济学基础，并具有物业项目管理的能力，分析的结果要写成可行性研究报告。可行性研究重点放在以下几个方面：

7.3.3.1　投标必要性分析

投标肯定要发生一定的费用，物业管理公司要分析所支出的费用是否有价值，是否对企业发展有利。前面我们谈到了物业管理投标的不同目的，如果某一目的能在投标的过程中实现，而且企业利益和费用相比利益占优势，则投标是有必要的。

投标必然有风险，因此还要考虑投标所产生的副作用。副作用有两类：其一是未中标的副作用；其二是中标以后的副作用。未中标的副作用主要应从经济上进行分析，因为如果是为夺标而去投标，未能中标则投标过程的费用付诸东流。这里关键要看费用的大小、中标的概率和夺标迫切程度。如果企业专业技术力量雄厚，对投标过程中制作投标文件和答辩等各个环节非常娴熟，招标项目就在当地或与本企业的其他项目在同一地区，所需投标成本相对较低，即使不能中标损失也并不太大，其副作用是可以忽略的，有投标的必要。如果专业技术力量薄弱，投标文件需要请他人代为完成，或招标项目距离较远，差旅费用过高，投标成本太大，夺标把握不大时，那就没有必要投标。

未能中标对企业固然有一定风险，但对企业的危害并不十分明显，关键是中标后如果风险太大，可能会给企业造成无法弥补的损失。业内常常把投标分为风险标、保险标、保本标和盈利标，对于风险标应经过反复论证才能投标。风险标一般是指项目的实施难度较大，需要一定的技术装备、资金和专业技术人员，而且管理费用较高。一旦项目管理成功，利润丰厚而且还锻炼了队伍，但如果项目管理失败，企业的经济和声誉都会蒙受很大损失。投标决策时，要权衡利弊得失决定是否有必要投标。

7.3.3.2　管好招标项目的可能性

应该对照招标项目和企业自身的条件，确定是否具备搞好该项目物业管理的可能。如果企业具有的条件太差，觉得没有把握管好，应该放弃投标。分析投标报名的条件应注意以下几个方面：

（1）项目经理

接管一个新项目应有合适的项目经理，这是企业领导投标决策的关键。有一些在业内很有影响的企业，在全国接管了许多项目，由于项目经理的匮乏，只好临时招聘仓促上阵，结果使项目得而复失，影响企业发展。而有的企业平时注意项目经理的培养和储备，不断接管新的项目，使企业得到发展。

（2）专业技术人员

物业管理工作专业性强、技术含量高，必须有一支技术队伍，特别是设施设备运行、维护、保养的人员。当然物业管理可以将部分工作转托给专项服务公司，如：水、电和电梯等维修工作。但即使是转托出去，日常使用中的运行操作和故障排除也还是要由物业管理公司自己的技术人员负责。为此，在投标决策时，专业技术人员是决定投标的关键因素。搞好物业管理服务需要的专业技术人员大致有以下几类：

1）经济方面

财会人员和经济分析人员。

2）工程技术方面

建筑结构、给排水、电气、智能化等设备的运行和养护技术人员。

3）管理方面

主要需要物业管理方面人才。过去我国没有设置物业管理专业，这方面的专业人才匮乏。自从 20 世纪 90 年代以后，许多学校都相继设置了这一专业，培养了大批专业人才，物业管理公司应该尽量储备。

（3）技术装备

虽然物业管理服务不是工程的施工，不需要跟施工企业一样拥有那么多大型机器设备。但物业管理服务中，维护楼宇的正常使用和维持设施设备的正常运行的仪器、设备和工具，是必不可少的。现代建筑中，智能化的程度越来越高。即使可以将维修工作转托给专业维修公司，但为了排除运行中的故障，物业管理公司应该配备必要的检修仪器和工具。另外，现在装饰装修材料的档次也越来越高，对一些材料的清洁和养护，必须要有专用的设备和工具。如果招标项目确实需要这些装备，而企业不具备这些装备，同时也没有经济的租用这些装备的途径，则应放弃投标。

（4）招标项目的规模

物业管理区域的界定方法各不相同，物业管理规模大小相差悬殊，最小的项目建筑面积只有几千平方米，最大的项目建筑面积可达几百万平方米。如果企业没有接管过大的物业管理项目，不具有管理经验难以把项目搞好，也应放弃投标。

（5）企业自身项目饱满

根据企业自己的人力、物力和财力，目前所管物业项目已经饱和，再接新项目可能会捉襟见肘，不可能把物业管理服务搞好，则应该放弃投标。

（6）经济实力

现在许多项目招标都需要履约保证金，企业要视自身实力决定是否投标。如果没有富余资金允许占压，只能放弃投标。

以上虽然我们排除了几种投标的可能，但如果企业创造了条件仍然可以投标，如引进人才、购置设备等。关键是创造条件需要投资，应根据回报情况进行经济分析。

7.3.3.3　夺标成功的可能性

夺标可能性分析主要是针对潜在投标人进行横向评价。按照有关法律规定，招标人不允许透露已获取招标文件潜在投标人的名称、数量等信息，但物业管理公司应该掌握市场动态，对于竞争对手要了如指掌。熟悉竞争者的运作规律，估计出可能投标的范围，然后再用自己的条件与各潜在投标人的条件，在人力、财力、物力、管理业绩和资信程度等方面逐一比较，通过比较确定中标的概率，决定自己的企业是否投标。

（1）资料分析

主要是对市场资料、竞争对手的有关资料和本企业以往投标历史资料进行分析。

（2）分析对手

主要分析对手的竞争能力和服务的特色。

（3）决策依据

分析本次投标后，中标的可能性究竟有多大。但可行性研究只是给决策者提供了决策参考依据，不能决定是否可以投标。

7.3.4　投标决策

真正可以决定是否参与投标的是潜在投标单位的决策者。他们通过对各个部门提供的资料和可行性研究报告作出决定，如果参加投标，还需指派投标代表并授予授权委托书。

7.3.5　制定投标工作计划

决定投标后必须制定投标工作计划，内容包括工作程序、需要占用的资源、时间进度以及投标成本等。

7.3.6　投标报名

投标人按照招标公告的要求到指定地点报名，填写并递交投标申请表，同时领取招标文件和投标资格预审须知。

7.3.7　接受资格预审

通常招标人都要对潜在投标人进行资格预审，不合格的单位不允许投标。潜在投标人通过资格预审之后才是真正的投标人。资格预审需要按照招标文件和资格预审须知的要求提交所需文件和资料，等待预审结果通知。

7.3.8　现场查勘

投标人到现场查勘主要是为了获取第一手资料，为编制投标文件做准备。在现场应核实招标文件中的信息并收集新信息，需要核实和收集的信息包括：

（1）招标文件与现场情况有无出入；

（2）施工进度计划和现状；

（3）设施设备是否到位；

（4）建筑结构；

（5）物业管理项目的环境状况；

（6）物业管理项目的交通状况；

（7）听取招标人介绍招标投标流程和时间节点安排；

（8）获得招标人发布的招标补充文件。

7.3.9　投标预备会

投标人在查勘现场时发现的问题，应以书面信息形式提出。招标人在收到投标人提出的疑问问题后，应该召开投标预备会，以书面形式进行解答。投标预备会的主要工作内容有：

（1）投标预备会由招标人组织并主持召开，在预备会上对招标文件和现场情况作介绍或解释，并解答投标人提出的问题，包括书面提出的和口头提出的询问；

（2）应对图纸进行解释；

（3）投标预备会结束后，由招标人整理会议记录和解答内容，以书面形式将问题及解答同时送达到所有获得招标文件的投标人；

（4）所有参加投标预备会的投标人应签到登记，以证明出席投标预备会；

（5）不论招标人以书面形式向投标人发放的任何文件，还是投标人以书面形式提出的问题，均应以书面形式予以确定。

为了使投标人在编制投标文件时，充分考虑招标人对招标文件的修改或补充的内容以及投标预备会会议记录内容，招标人可根据情况延长投标截止时间。

7.3.10　制作投标文件

投标文件的制作是投标工作的重要环节，按照《招标投标法》的规定制作投标文件最少是 20 天的时间，但招标人往往因为急于办理销售许可证最多给 20 天。如果物业管理公司市场调查比较好，预先已经有所准备可能时间更充裕一些。由于制作投标文件非常重要且所占篇幅较大，因此本书另有章节专门予以介绍。

7.3.11 递交投标文件

递交投标文件关键要注意到招标文件中的具体事项，包括时间、地址以及方式等。按照惯例，超过接收标书截止时间一分钟都有可能形成废标。一般接收投标文件的地址可能是招标单位，可能是代理人单位，可能是招投标服务机构，也可能是临时租用的场地。这些情况都会在招标文件中交代清楚，关键注意到这些细节，一旦投错也是废标。投标形式可以通过邮局邮寄，也可以派送人员直接投递，其决定权在于招标人，这也是绝对不能出错的事项。如果是投标人直接派人递交，注意索取回执或收条。

7.3.12 参加开标

开标环节将在评标过程中重点解释，这里提示投标人注意检查所递交的投标文件的密封是否完好。另外还要注意到招标人所公布的会场纪律，如果违纪可能会被终止投标。

7.3.13 宣讲和答辩

宣讲和答辩本来是两个环节，但在操作中往往是宣讲一旦结束答辩旋即开始，因此宜放在一起介绍。

宣讲和答辩是投标人展示水平的时机，投标人必须认真对待。投标人从衣着、仪表、谈吐，到实质内容都要充分准备。首先投标人要研究招标人需求心理，虽然从投标活动开始时就应注意分析招标人的需求心理，这也是投标文件的制作依据。但在宣讲和答辩时，面对的不仅仅是招标人，还有评委。应该通过很短的时间对评委察言观色和聆听弦外之音，把握评委真实意图，并在短时间内能用寥寥数语打动评委和招标人。

答辩时要充分理解评委所提问题的内在含义，准确回答问题。在评标实践中经常遇到投标人答非所问的情况。投标人本来说话的机会就不多，如果没有理解评委问题就仓促回答肯定会影响中标。

7.3.13.1 投标人宣讲

宣讲时间一般在一刻钟左右，必须充分利用这短短时间把自己的管理特色说清楚，具体内容另有章节详述。

（1）方式

（2）内容

（3）注意事项

1）仪表

宣讲人举止要大方，穿衣最好是穿职业装，要朴素整洁；女性化妆要淡雅，最好不要带头饰。

2）语言

宣讲人一定要讲普通话，一方面可以让评委理解宣讲内容，另一方面也可以增加印象分。

3）守时

招标评分标准不尽相同，宣讲人要注意这次评标规定的宣讲时间，有时超过时间和时间不到而且超过了允许误差都要影响评分。因此宣讲人应事先演习一下，如果时间有出入可调整内容。宣讲时先讲主要问题，把相对次要的问题后放，时间不够时可随时停止宣讲。另外还应预备几句可有可无的话，如果时间富裕再多说几句，这样就容易把握好时间。

7.3.13.2 现场答辩

答辩是投标人对评委现场所提问题的响应，一般要求投标人必须注意以下几个问题：

（1）熟悉投标文件内容

答辩人应参与投标文件的编制，对投标文件的内容了如指掌。因为一般评委的提问不会超出投标文件的范围，只是要求答辩人对其内容的某一问题作出深层的解释。但在评标时经常遇到这种情况，答辩人对投标文件中的问题竟茫然不知。这是投标中的大忌。

（2）熟悉法律法规

回答问题不能过于随意，要以法律法规的要求为准。法律法规是编制投标文件和回答问题的依据，答辩人必须非常熟悉。这也是对企业负责人和项目负责人基本素质的最低要求，因为如果管理者是一个法盲不可能将拟招标项目管理好。

（3）理解质疑问题

答辩人一定要听清并理解评委所提问题，然后再构思如何回答。由于答辩人要回答诸多评委问题必然有些紧张，常常没听清就急于回答，结果答非所问影响夺标。

（4）针对问题的核心回答

答辩人回答问题不要漫无边际的绕圈子，絮絮千言不知所云，应抓住问题的核心简要回答。如果恰巧问到自己非常熟悉的问题，而且回答时间又没有限制，可以对此问题深刻分析多占用一些时间，以减少评委问其他问题的机会。

（5）回答问题条理性强

回答问题时要注意到语言的组织，让人感到思路清晰有条理，而且在逻辑上不能自相矛盾。

7.3.14 接受中标通知

如果投标人中标，将接受中标通知。

7.3.15 成果检查

工作的成果检查属于工作者的自检，是对投标工作的归纳和总结。投标人无论中标与否都要对每个环节工作效果进行检查，整理相关资料、撰写工作报告。中标者要总结经验，没中标更要分析原因吸取教训。

7.3.16 评估反馈

投标工作一般都是由企业法定代表人委托市场拓展部门承办，工作结束后承办者应该接受评估。将检查结果反馈给领导，同时作为工作任务完成主体的工作成果应存档。

8 物业管理决标工作过程

物业管理招投标一般包含招标、投标和决标三个阶段。其中，招标相当于要约邀请，投标相当于要约，决标相当于承诺。就决标而言，物业管理招投标的决标，共有开标、评标和定标三个环节。

决标必须做到公开、公平、公正，开标应该在行政管理部门或公证处的监督下当众进行；评标应该保证评委在封闭的环境下独立完成；定标必须按照事先公布的评标方法统计投标人得分，依次排序确定中标人。

8.1 决标工作过程结构表

决标工作过程见表 8-1-1 所示。

决标工作过程 表 8-1-1

序号	工作过程	工作内容	关联主体	工作对象	工作环境	工作工具	前期准备	工作成果
1	任务确定	成立评标委员会	招标人、评标委员会	专家库	招投标服务机构或招标单位	办公工具	评标相关法规	评委名单
2		接受决标授权	评标委员会、招标人、招投标服务机构	授权书	招投标服务机构或招标单位	办公工具	评标工作程序	接受委托
3	计划制定	制定决标工作计划	评标委员会、招投标服务机构	相关资料	办公室	电脑、互联网、办公用品、应用软件	物业项目管理、计划管理	计划书
4	计划实施	评标的准备	投标人、招标人、招投标服务机构	投标文件	招投标服务机构或其他决标现场	办公用品	沟通能力	准备工作就绪
5		开标	投标人、招标人、招投标服务机构	投标文件	会议室或专设的开标室	办公用品	了解投标单位情况	投标文件开封
6		初步评审	评委、招投标服务机构	投标文件、评审标准、评审表	评标室	办公用品	熟悉评标标准、法规	文件评审表
7		详细评审	评委、招投标服务机构	投标文件、评审标准、评审表	评标室	办公用品	评审标准和投标文件初审中的问题	评审结果

序号	工作过程	工作内容	关联主体	工作对象	工作环境	工作工具	前期准备	工作成果
8	计划实施	询标	投标人、评委、招投标服务机构	有关资料和投标文件	会议室或专设的询标室	投影仪、办公用品、计时器	熟悉投标文件中的问题和相关法规	答辩评审表
9		定标	投标人、评委、招投标服务机构	评审结果、投标文件	招投标服务机构或招标单位	评审表、汇总工具、中标通知书	调试汇总软件	中标通知书
10		书面报告	评委招投标服务机构	书面报告书	招投标服务机构或招标单位	办公用品、报告书	报告涉及的项目	书面报告书
11	成果检查	对工作成果逐项检查	投标人	工作记录、所有文件、相关资料	办公室	办公用品	物业项目管理、招投标相关知识	检查记录
12	评估反馈	按照预定评价办法评估	任务授予者和操作者	工作记录、所有文件、相关资料	办公室	办公用品	物业项目管理、招投标相关知识	评估报告

8.2　决标工作过程的说明

8.2.1　组建评标委员会

评标是决标的核心工作，评标由招标人依法组建的评标委员会负责，评标委员会成员名单一般应于开标前确定。因此，必须先组建评标委员会。按照《评标委员会和评标方法暂行规定》的要求，评标委员会由招标人负责组建。但这并不是说招标人可以随意成立评标委员会，而是要"从省级以上人民政府有关部门提供的专家名册或者招标代理机构的专家库内的相关专家名单中确定"。通常招标代理机构不可能有那么多的专家，只能从政府的专家名册中选取，而且还要"接受依法实施的监督"。目前已经成立了招投标服务机构的城市，通常做法是招标人在有关部门监督下，从政府的专家名册中随机抽取专家确定专家委员会名单。具体形式和方法可以使用随机抽样应用程序，也可以采用其他抽样技术。目前建立招投标服务机构的城市，所属日常工作大都采用前者。为了保密，在系统的界面上只有专家的编号而没有姓名，被抽中的专家立即接到通知，如果有时间，应按照规定时间要求赶到现场评标；如果没有时间，评标工作人员重新抽取。

8.2.2　接受决标授权

决标任务源于招标人，政府只是起监督指导作用。评标委员会虽然是由招标人组建，但并非同一个工作主体，在决标工作上有相对的独立性。评标委员会的决标工作任务确定，应以接受招标人授权为准。

8.2.3 制定决标工作计划

由评标委员会或招投标服务机构制定决标工作计划。长期从事决标工作，一般都会有现成的工作计划，可以根据招标项目具体情况再作调整。

8.2.4 评标的准备

评标允许占用的时间比较短，为了节约时间，在评标前必须做好充分的准备。

8.2.4.1 编制表格

按照《评标委员会和评标方法暂行规定》的要求，评标委员会成员应当编制供评标使用的相应表格，认真研究招标文件。因此评标委员会要编制评标所用表格，但这些日常事务性工作大多是由招投标服务机构完成。表格具有通用性，预先印制好，评标委员会根据招标文件需要，选择使用即可。另外有些属于招投标服务机构使用的表格，不再另设章节在此一起介绍。以下为评标常用表格：

（1）招标登记表

招标登记表是招标人到招投标服务机构办理招标手续时所需填写的表格，主要内容前面已有介绍，现将某市曾经使用过的登记表附后，供参考。

附

××市物业管理招标登记表

招标项目备案编号：＿＿＿＿＿＿＿＿＿＿＿＿

项目名称：＿＿＿＿＿＿＿＿＿＿＿＿

项目地点：＿＿＿＿＿＿＿＿＿＿＿＿

招标人：＿＿＿＿＿＿＿＿＿＿

联系人：＿＿＿＿＿＿＿＿＿＿电话：＿＿＿＿＿＿

招标代理机构：＿＿＿＿＿＿＿＿＿＿＿

联系人：＿＿＿＿＿＿电话：＿＿＿＿＿

××市物业管理招投标服务机构　　　制表

填 表 说 明

1. 本表由××市物业管理招投标服务机构印制，供招标人（或招标代理机构）办理物业管理招标登记使用，本表适用于物业管理项目公开招标和邀请招标。

2. 本表一、三部分由招标人按表格内容要求如实填写，并加盖招标人（招标代理机构）公章和法定代表人印鉴，在招投标服务中心进行登记。

3. 本表提交招投标服务中心登记的同时，需提交招标项目的招标文件作为附件备查。

4. 招标人自行招标时，本表一式二份，招标人和招投标服务中心各存一份；委托招标代理机构时，本表一式三份，招标人、招标代理机构和招投标服务中心各存一份。

5. 招标项目有关内容需澄清或补充时，招标人应及时将有关内容到招投标服务中心进行登记，并填写表五、六部分，否则变更内容不予确认，相关责任由招标人承担。

一、招标项目登记表

1. 物业管理项目基本情况	×物招备 [　　] 第 　　号
项目名称： 地点： 四至范围：东：　　　　西：　　　　南：　　　　北： 占地面积：　　　　　　　设施、设备： 物业类型：　　　　　　　房屋建筑本体： 管理面积：　　　　　　　预计竣工日期： 总套数：　　　　　　　　预计售价（均价）： 绿化面积：　　　　　　　目标顾客群：	
2. 对投标人的要求	
企业资质：　　　　　　具备＿＿＿＿＿类型管理经验 对项目负责人要求： 其他：	
3. 招标机构情况	
招标组织方式：　　　自行招标　　　委托代理（委托书附后）	
4. 招标人签署	
招标总负责人：　　　　　　联系电话： 联系人：　　　　　　　　　联系电话： 填表人：（签字、盖章） 登记送达人：　　　　　　　送达时间：	

二、招标文件登记表

1. 招标文件基本情况			
招标文件编制人： 招标文件发放时间：（潜在投标人领取招标文件的时间） 物业管理服务内容及标准（可另附页）：（见招标文件） 招标组织机构：××市物业管理招投标服务机构 评标方法：综合评估法 开标时间、地点：待定 其他资料：			
2. 招标人签署			
招标代理机构		（公章） 负责人： 年　　月　　日	
招标人意见		（公章） 负责人： 年　　月　　日	
登记送达人		送达时间	年　　月　　日
送达人单位		联系电话	

（2）招标登记承办情况（表 8-2-1）

招标登记承办情况　　　　　　　　　　　　　　　　表 8-2-1

登记签收人		签收时间	年　　月　　日
登记承办意见： 　　　　　　　　　　　　　　　　经办人（签字、盖章）： 　　　　　　　　　　　　　　　　年　　　　月　　　　日			
部门负责人意见： 　　　　　　　　　　　　　　部门负责人（签字、盖章）： 　　　　　　　　　　　　　　年　　　　月　　　　日			
备　注			

（3）招标登记结果（表 8-2-2）

招标登记结果　　　　　　　　　　　　　　　　表 8-2-2

登记意见： 　年　　　　月　　　　日			
招标人领 取时填写	登记表领取人	领取时间	年　　月　　日
	领取人单位	联系电话	

（4）项目基本情况（表 8-2-3）

项目基本情况　　　　　　　　　　　　　　　　表 8-2-3

项目的名称	
建筑面积	
坐落地点	
对投标申请人的资质要求	
招标范围	
投标截止时间前递交投标文件的投标人名单	
逾期递交投标文件的投标人名单	
未递交投标文件的投标人名单	

（5）评标专家情况（表8-2-4）

评标专家情况 表8-2-4

确定方式	□随机抽取 □直接确定		确定时间		年 月 日	
确定总数量	人		招标人	人	评标专家	人
姓名	性别	年龄	工作单位			职务

（6）投标申请人资格审查情况（表8-2-5）

投标申请人资格审查情况 表8-2-5

投标申请人名称	内 容		
	资质等级、年检是否符合要求	营业执照是否年检	相关规定要求的证件是否符合要求

（7）投标文件符合性鉴定（表 8-2-6）

投标文件符合性鉴定　　　　　　　　表 8-2-6

投标申请人名称	内　容		
	投标文件密封情况	投标文件编制情况	投标文件加盖公章和法定代表人印鉴情况

（8）投标文件符合性鉴定说明（表 8-2-7）

投标文件符合性鉴定说明　　　　　　　表 8-2-7

投标申请人名称	符合性鉴定具体情况说明

（9）有效标和废标情况（表 8-2-8）

有效标和废标情况　　　　　　　　表 8-2-8

投标申请人名称	无效标或废标原因说明

（10）宣讲评分表（表 8-2-9）

宣讲评分表 表 8-2-9

序 号	项 目	评分标准和要点	权 重	分数域	得 分
1	归纳问题能力	1. 对投标文件重点的把握 2. 谈吐			
2	时间掌握能力	1. 占用时间为□分钟 2. 误差不超过□秒给满分 3. 时间已到未讲完扣□分 4. 提前讲完，每提前□分钟扣□分			
3	逻辑思维能力	1. 重点突出 2. 条理性强 3. 逻辑推理正确			
4	语言表达能力	1. 吐字清楚 2. 语言简练、规范 3. 无赘语、无语病	4.	5.	6.
5	遵守纪律	无违纪现象			
6	仪表	1. 着装整洁 2. 修饰得体 3. 举止大方	4.	5.	6.
合计	—				

（11）答辩评分表（表 8-2-10）

答辩评分表 表 8-2-10

序 号	项 目	评分标准和要点	权 重	分数域	得 分
1	理解能力	1. 听清评委问题 2. 听懂评委问题 3. 把握问题核心			
2	熟悉法规	1. 国家法规 2. 项目所在地的地方法规			
3	回答问题	1. 把握问题核心 2. 回答正确			
4	熟悉投标文件	1. 知道文件中数据来源 2. 能解释文件中涉及的概念			
5	逻辑思维能力	1. 重点突出 2. 条理性强 3. 逻辑推理正确			
6	语言表达能力	1. 吐字清楚 2. 语言简练、规范 3. 无赘语、无语病			

续表

序 号	项 目	评分标准和要点	权 重	分数域	得 分
7	遵守纪律	无违纪现象			
8	仪表	1. 着装整洁 2. 修饰得体 3. 举止大方			
合计	—				

（12）评标情况（表 8-2-11）

评标情况　　　　　　　　　　　　　　　　　　　　　　　　表 8-2-11

评标标准		评标方法		标 底		
评标 情况 说明						

名次	中标 候选人	技术部分		经济部分		资信部分		答辩部分		综合 得分
		权重	分数	权重	分数	权重	分数	权重	分数	

（13）随本报告递交的资料明细（表 8-2-12）

随本报告递交的资料明细　　　　　　　　　　　　　　　　表 8-2-12

序 号	资料名称	份 数	页 数	备 注

（14）业务骨干评分表（表 8-2-13）

业务骨干评分表　　　　　　　　　　　　　　　　　　　　表 8-2-13

序 号	项 目	评分标准	分 数
1	学历	中专毕业为□分，大专毕业为□分，本科以上为□分	
2	职称	初级职称为□分，中级职称为□分，高级职称为□分	
3	岗培资格	已取得资格证书□分	
4	是否担任过职务	曾经担任过企业经理□分 曾经担任过项目经理□分 曾经担任过部门经理□分	
合计	—		

8.2.4.2　评标预备会

评标预备会是评标前评标委员会的一次碰头会，会议应由招标人或其代理人主持并与评委沟通。会上招标人要向评委介绍物业管理项目的基本情况，并对评标所涉及的评标内容、评标标准和评标方法作必要的解释。

8.2.4.3　采集相关信息

评委预先需要了解和熟悉的内容：

（1）招标的目标；

（2）招标项目的范围和性质；

（3）招标文件中规定的主要技术要求、标准和商务条款；

（4）招标文件规定的评标标准、评标方法和在评标过程中考虑的相关因素。

8.2.5　开标

开标由招标人主持，邀请所有投标人参加。开标应当在招标文件确定的提交投标文件截止时间，或稍晚时间公开进行。开标地点应当为招标文件中预先确定的地点。开标时，由投标人或者其推选的代表检查投标文件的密封情况，也可以由招标人委托的公证机构检查并公证，经确认无误后，由工作人员当众拆封，宣读投标人名称、投标价格和投标文件的其他主要内容。

开标过程应当记录，并存档备查。设有招投标服务机构的城市，开标的组织工作和事务性工作均由招投标服务机构负责，而且记录也存于服务机构。

为了做到公平、公正，开标时应对投标文件编号，然后再将文件送到评标室请评委评标。评委见到的投标文件，只有编号没有企业任何信息，评标不会带有偏见。

8.2.5.1　检查密封情况

开标是在接受标书截止日进行，此前有些投标单位已经将投标文件递交。也就是说，投标文件自从递交以后到投标截止日已经经历一段时间。虽然法律规定了投标文件必须妥善保管不得开启，但从理论上很难排除出问题的可能，因此开标前必须对投标文件认真检查。

（1）投标人或者其推选的代表检查投标文件的密封

当投标人较少时可以由投标人自行检查；当投标人较多时可以由投标人推举代表检查。主要检查投标文件是否密封良好，有无密封不严或存在他人开启投标文件的可能。

（2）招标人委托公证机构检查并公证

招标人也可以请公证专职人员进行检查并进行公证。

无论是投标人检查还是公证机关检查，只要发现密封被破坏的投标文件，立即作为废标处理。

8.2.5.2　工作人员当众拆封

在投标人或公证人员检查后，对密封良好的投标文件由工作人员在所有现场人员监督下当众拆封。招标人不得以任何理由拒绝按规定时间递交的投标文件，不得有选择地拆封，不得内定中标人。要求当众拆封是所有按时递交投标文件的投标人的权利，同时也是招标人的法定义务。

8.2.5.3　唱读投标文件

工作人员开封后，应当当场高声唱读投标文件的主要内容，包括投标人的名称、投标报价和其他内容。但物业管理招标投标比较特殊，有时不一定都要唱读投标文件。对于物业管理的招标投标，投标价格虽然也很重要但不一定是决定性因素，有些低档住宅的物业管理项目收费标准物价管理部门已经限定，投标人之间竞争的是服务质量，而服务质量标准、检查质量的方法、实现质量要求的保证措施等，都不是短时间能够唱读的。即使没有限价，物业管理招标投标相对来说更重视投标文件的整体内容。没有任何正当理由一味压低投标价格，偏离标底太多以至于低于成本时，评委往往要给这类标书扣分。投标文件中，除投标价格以外的其他内容所占比例很大，包括服务质量、管理制度、运作流程等。有时一份投标文件有几十万字甚至上百万字，不可能拆封时当场宣读。通常是当众拆封后，立即将评标专家封闭起来，由评标委员会安下心来慢慢审阅综合打分。如果质量要求在招标文件中已经确定，把投标报价作为确定中标人的主要因素，可以唱读标书。但要注意一个问题，不能让评委知道每份投标文件的投标人。因为如果评委对某企业有倾向性，而唱标时从投标文件的外观上知道了每份投标文件的投标人，在打分时肯定会有失公正。此时可以让评委暂时回避，因为评委是可以看到投标报价的，听不到唱读不影响评标；或者由工作人员先把投标报价归纳到表上，然后再持表唱读投标报价。

8.2.5.4 记录存档备查

对开标过程应当作好记录并存档，以备将来查找。这是国内外有关招标投标立法都要涉及的内容。开标前招标人或其代理人应当安排记录人员，对开标的全过程如实记录并存入档案。记录可采取书面形式或电子档案，以备以后查找方便。这是保证和维护当事人合法权益的必要措施，也是行业管理的必要手段。开标后如果当事人感觉权益受到侵害可以提出复查，已经存档的记录将是解决问题最为有效的证据。

8.2.5.5 标书副本编号

为了做到评标过程的公平、公正，评委只对某一份投标文件打分而不应知道该投标文件的投标人，因此必须对投标文件进行技术处理。工作人员给每个投标人的投标文件编好顺序号，评委只对某号投标文件打分而不知投标者是何许人。在招标文件中应对投标文件的形式提出要求，投标文件的正本和封套都可以写上有关投标人的企业名称的相关内容。但评委阅标使用的副本不得写有任何能够显示特定企业信息的文字和标记。副本的数量最好与评委数一致，每个评委一份，可以在阅过的投标文件上就发现的问题标记，以备答辩时提问。也有些物业管理的招标投标文件副本较少，由工作人员在评委之间穿插送递。这种形式答辩时不太方便，而且工作人员频繁出入评标室泄密概率高。

8.2.5.6 将投标文件送递各评标室

工作人员把已编号的投标文件按每个评委一套送往各评标室。也有的评标只给每位评委一份投标文件，审阅完以后再换一份。但这种方法不能对每份投标文件横向比较，分数的把握很难十分准确。

8.2.6 初步评审

评标委员会应当审查每一投标文件是否对招标文件提出的所有实质性要求和条件作出响应。未能在实质上响应的投标，应作废标处理。许多投标人并不认真研究招标文件，或套用现成的投标文件模板，使得投标文件没有针对性，遗漏招标文件所要求的许多内容，这种未对实质性内容作出响应的投标文件属于废标。

评标委员会根据招标文件规定的评标标准和方法，对投标文件进行系统地评审和比较。评标委员会根据招标文件，审查并逐项列出投标文件的全部投标偏差。

投标偏差分为重大偏差和细微偏差。投标重大偏差为未能对招标文件作出实质性响应，作废标处理。细微偏差是指投标文件在实质上响应招标文件要求，但在个别地方存在漏项或者提供了不完整的技术信息和数据等情况。细微偏差不影响投标文件的有效性，但肯定会影响评审结果。

评标委员会应当书面要求存在细微偏差的投标人在评标结束前予以补正。拒不补正的，在详细评审时可以对细微偏差作不利于该投标人的量化，量化标准应当在招标文件中规定。

8.2.7　详细评审

经初步评审合格的投标文件，评标委员会应当根据招标文件确定的评标标准和方法，对其技术部分和商务部分作进一步评审、比较。评标方法包括经评审的最低投标价法、综合评估法或者法律、行政法规允许的其他评标方法。评审标准和方法必须在招标文件中规定，否则不得作为评标的依据。但最低报价法不适宜多业主物业项目管理评标，因为如果报价过低不能满足服务成本，则会影响公众利益。

投标文件是决标的主要依据，所得分数在决标中占有相当大的比例。评标委员会要对投标文件审阅和评分，打分用的评分表可以用纸质，有的评标室备有电脑也可直接将评分结果敲进电脑。评分表的设计大致分为表 8-2-14 所列的几项：

评　分　表

表 8-2-14

序　号	内　容	权　重	评分标准和要求	分数域	得　分
一	技术部分				
1					
2					
二	经济部分				
三	资信部分				
合计					

表 8-2-14 中的内容可根据需要填写，一般至少有几十项以上，本表仅是列举部分内容。

8.2.8　询标

《招标投标法》第三十九条规定："评标委员会可以要求投标人对投标文件中含义不明确的内容作必要的澄清或者说明，但是澄清或者说明不得超出投标文件的范围或者改变投标文件的实质性内容。"《招标投标法》所说的"澄清或者说明"在招标投标实践中称为"询标"。询标在招标投标过程中是十分重要的程序，可以保证评标的公正性和科学性。物业管理中的许多问题是无法用文字描述清楚的，单纯凭借阅读投标文件有时并不能全部了解投标人的本意。通过评委与投标人的交流，可以澄清投标文件中的有关内容，确定公平合理的分值。《招标投标法》没有规定询标采用的形式，但在《前期物业管理招标投标管理暂行办法》规定可以采用书面形式。《招标投标法》没有提及"现场答辩"，《前期物业管理招标投标管理暂行办法》提到了"现场答辩会"。在物业管理招标投标实践中，往往把现场答辩融入询标过程中，成为其中重要组成部分之一。而且询标时也大多不用书面形式，仅以口头形式交流。同时，物业管理招标投标又将询标意义进一步延伸，成为了解项目经理能力的重要手段。询标有投标人宣讲、评委质疑、投标人答辩等几个重要环节。

8.2.8.1 投标人抓阄排序

为了公平、公正，询标时投标人出场顺序应该是随机的，一般通过抓阄来决定。

8.2.8.2 投标人宣讲

投标文件本身的水平，评委阅标评审时已经全面了解，评委聆听宣讲的意义就在于，对投标文件中文字未能表达清楚的问题，试图在投标人的宣讲中找到答案，另外还可以考察出投标单位负责人和项目负责人各方面的能力和基本素质。评委对投标人宣讲评分主要内容有：归纳问题的能力、时间把握能力、逻辑思维能力、语言表达能力、遵守纪律和投标人的仪表等。

8.2.8.3 评委质疑

质疑是评委在阅标时和聆听宣讲过程中发现问题的询问，或评委为了考核投标人的能力而就投标文件范围以内的问题深入探讨。评委可以指定投标人的单位负责人或项目负责人回答。招标人在策划招标时，应根据投标人数多少限制评委提问数量和占用的时间，而且评委应当围绕投标文件提问。经常涉及的问题大致有以下几个方面：

（1）投标文件中所涉及的法律问题；

（2）投标文件中所涉及的专业技术问题；

（3）投标文件中的某些数据的来源；

（4）投标文件中的某些概念的解释。

8.2.8.4 对投标人答辩的评判

评委对投标人的答辩主要从以下几方面作出评判：

（1）能否准确理解评委问题；

（2）熟悉相关法律法规的程度；

（3）对招标文件的每一个细节理解和熟悉的程度；

（4）回答问题的条理性；

（5）回答问题的准确性。

8.2.8.5 评委打分

评委的打分分为两个阶段，第一阶段是对投标文件的打分，其中包括初步评审和详细评审；第二阶段是询标时打分，其中包括对投标人宣讲和答辩的评价。

8.2.9 定标

定标是招标投标的最后一个环节，按综合打分和预定权重计算总分并排序。《前期物业管理招标投标管理暂行办法》第三十四条规定："评标委员会经评审，认为所有的文件都不符合招标文件要求的，可以否决所有的投标。依法必须进行招标的物业管理项目的所有投标被否决的，招标人应当重新招标。"投标文件应按国家的有关规定和招标文件的要求编制。如果所有投标人的投标文件都符合要求，则评标委员会可将投标文件横向比较评分，如果都不符合要求，则可以全部否决重新招标。

8.2.9.1 分数汇总

分数汇总是将各项得分，根据预先确定的权重，逐级汇总到一起。

8.2.9.2 投标人排序前三名

评标委员会评标后，根据计算结果向招标人提出书面评标报告。报告中阐明评标委员会对各文件的评审和比较意见，并按综合评分结果排序，按顺序推荐三名中标候选人。

8.2.9.3 宣布中标人或候选人

《评标委员会和评标方法暂行规定》第七条要求评标委员会向招标人推荐中标候选人或者根据招标人的授权直接确定中标人。评标完成后，评标委员会应当向招标人提交书面评标报告和中标候选人名单。中标候选人应当不超过3个，并标明排序。招标人应当按照中标候选人的顺序确定中标人。当确定的中标候选人放弃中标或者因不可抗力提出不能履行合同的，招标人可以依序确定其他中标候选人为中标人，并对评标结果当场公布。

8.2.9.4 发放中标通知

对最后确定的中标人，招标人应当向其发出中标通知书，并限定在30日内签订合同。同时将中标结果通知所有未中标的投标人，并应当返还其投标文件和投标押金。

8.2.10 书面报告

定标后还应该提交两份书面报告。其一是评标委员会提交招标人的报告；其二是招标人提交给行政监督管理部门的报告。但第二份报告不属于决标范围之内，按照《评标委员会和评标方法暂行规定》第三十七条规定："根据综合评估法完成评标后，评标委员会应当拟定一份'综合评估比较表'，连同书面评标报告提交招标人。'综合评估比较表'应当载明投标人的投标报价、所作的任何修正、对商务偏差的调整、对技术偏差的调整、对各评审因素的评估以及对每一投标的最终评审结果。"评标报告应当由评标委员会全体成员签字。对评标结果有不同意见的评标委员会成员应当以书面形式说明其不同意见和理由，评标报告应当注明该不同意见。评标委员会成员拒绝在评标报告上签字又不书面说明其不同意见和理由的，视为同意评标结果。

8.2.11 成果检查

评标委员会要对评标工作进行自检，归纳和总结评标工作全过程。检查内容包括保密性检查、公正性检查和评分准确性检查。

8.2.12 评估反馈

评标工作都是由招标人授权给评标委员会实施的，评标委员会要对招标人负责。工作完成后招标人应派人按照评标委员会提交的工作报告逐项验收，并将结果反馈给领导。

通常物业管理招标大多按照以上工作过程进行，但按《招标投标法实施条例》第三十条规定："对技术复杂或者无法精确拟定技术规格的项目，招标人可以分两阶段进行招标。

第一阶段，投标人按照招标公告或者投标邀请书的要求提交不带报价的技术建议，招标人根据投标人提交的技术建议确定技术标准和要求，编制招标文件。

第二阶段，招标人向在第一阶段提交技术建议的投标人提供招标文件，投标人按照招标文件的要求提交包括最终技术方案和投标报价的投标文件。

招标人要求投标人提交投标保证金的，应当在第二阶段提出"。

因此，有时也可以见到物业管理的招标按照这种方式决标，第一阶段没有报价而在第二阶段提交包括最终技术方案和投标报价的投标文件，但这种情况较少。

8.3 决标工作的工具

8.3.1 汇总图表

8.3.1.1 汇总图（见图 8-3-1）

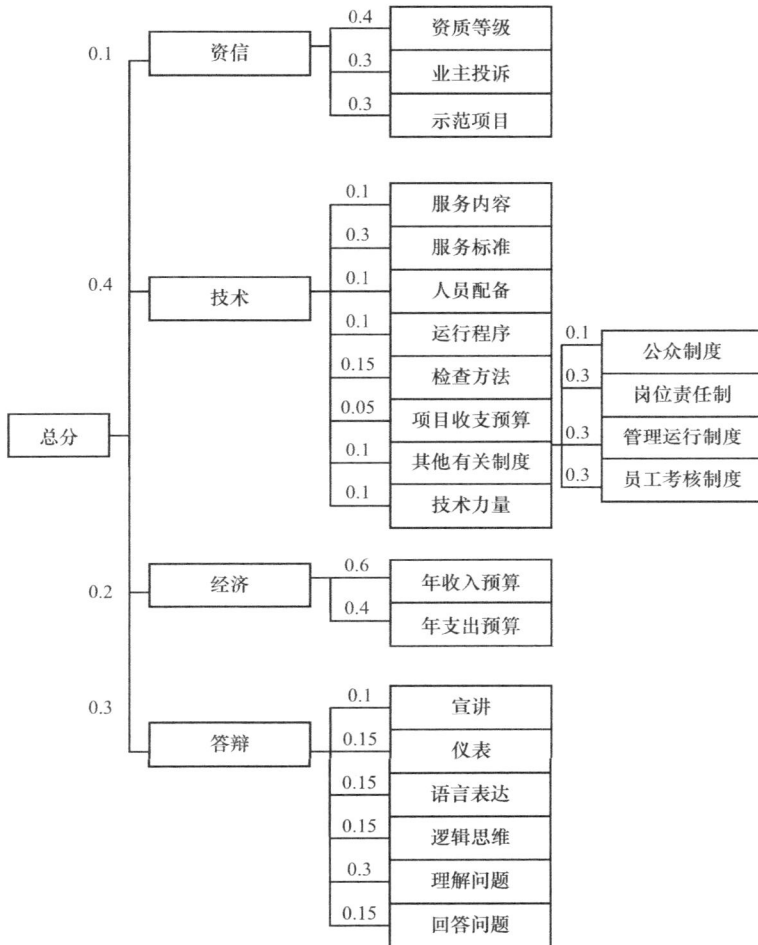

图 8-3-1 汇总图

8.3.1.2 汇总表

综合计算分数可以列表汇总，但因涉及项目太多，书中只能示意性表明主要内容。参见表 8-3-1。

评分汇总表　　　　　　　表 8-3-1

序　号	影响因素	权　重	分　数	小　计
一	资信			
1	资质等级			
2	业主投诉			

续表

序　号	影响因素	权　重	分　数	小　计
	……			
二	技术			
1	服务标准			
2	运行程序			
3	技术力量			
	……			
三	经济			
1	年收入预算			
2	年支出预算			
3	收费标准			
4	……			
四	答辩			
1	语言表达			
2	理解问题			
3	宣讲			
4	……			
	合计			

8.3.1.3 汇总软件

如果经常进行决标工作，也可以编制汇总应用软件。评委在评标室直接把得分敲到计算机上，每个评委评标结果自动传到信息处理中心。分数汇总、排序、寻优等工作都由计算机完成，并将评标结果自动显示在答辩厅的屏幕上。

8.3.2 评标技术

评标是决标工作的核心，是物业管理招标投标过程中技术含量最高、技术性最强的一个环节，因此要请一些业内专家来完成。在招标策划时，就应考虑影响评分项目、评分标准、评分方法和各项影响评分因素在总分中所占权重。按照《招标投标法》的要求，这些内容应该事先公布。

8.3.2.1 评标的内容

评标的内容主要指影响评分的诸多因素。影响决标的因素有很多，不同的地区不同的招标项目，影响因素的多少和归类也有所不同。但按照国家的有关要求和行业惯例，大致可将影响因素分为四大类，每一类还可逐级往下细分。

（1）技术部分

1）项目分析

① 物业基本信息全面；

② 业主信息清晰，分析透彻；

③ 能抓住项目特点；

④ 管理难点分析准确。

2）服务内容

针对项目特点，确定服务内容。

① 常规性服务：

· 内容符合招标文件要求;

· 管理服务目标明确,针对性强;

· 基本服务达到国家要求。

② 专项服务和特约服务:

· 所设项目符合业主需求;

· 价格合理。

3) 服务质量明确适度

物业管理服务质量不是越高越好,应该与物业档次和业主支付能力匹配。更重要的是,服务质量必须达标并满足招标文件的要求。但物业管理质量很难度量,给评分带来一定困难。目前的做法主要从服务频度、指标体系以及质量状况描述等几方面评定。

① 服务频度。

许多服务都是按服务频度表示,如每天清扫楼道次数、巡查次数、化粪池清掏次数等。

② 指标体系。

有些服务可以用指标衡量,如房屋完好率、设施设备完好率、业主满意率、业主有效投诉处理率等。

③ 质量状况描述。

有些服务质量只能用语言描述,如墙壁无灰尘、绿地无杂草、窗明几净等。

4) 质量检查方法

① 目测;

② 仪器检查;

③ 人工计数。

5) 人力资源配置

① 组织架构明确;

② 部门设置合理;

③ 岗位设置合理;

④ 岗位职责明确;

⑤ 人员配备合理;

⑥ 人员能力结构符合项目需要;

⑦ 业务骨干资质符合投标文件要求。

6) 人力资源管理

① 培训计划切实可行;

② 考核办法公平;

③ 激励机制有效。

7) 物资配备

① 固定资产;

② 低值易耗品;

③ 办公用品。

8) 管理措施

① 符合项目的情况;

② 切实可行；

③ 措施完善。

9）运行程序设计

① 工作计划详细；

② 前期物业管理介入及时；

③ 物业承接查验程序规范；

④ 协助办理入住流程明确；

⑤ 装饰装修管理符合相关法规规定；

⑥ 信息反馈渠道畅通。

10）物业管理的有关制度

管理服务制度健全、规范，符合国家的有关规定，内容主要有：

① 公众制度；

② 岗位责任制；

③ 管理运行制度；

④ 员工考核制度；

⑤ 档案管理制度。

11）社区文化

① 开展社区文化设想；

② 社区文化计划。

12）突发事件应急处置预案

① 针对项目实际；

② 符合国家法律规定；

③切实可行。

13）诚信等级

国务院办公厅曾下发了《关于社会信用体系建设的若干意见》要求"发挥商会、协会的作用，促进行业信用建设和行业守信自律，形成失信行为联合惩戒机制，真正使失信者'一处失信，寸步难行'"。现在有的城市已经开始对物业管理公司进行诚信评价，评标时应将诚信评价结果与评标结果挂钩。

（2）经济部分

该部分内容主要都是经济指标，是实现项目管理的经济基础，也是决定是否能够中标的关键，既要保证项目是可行的，又要在投标人中间有竞争力。

1）物业管理服务费

① 成本构成符合有关规定；

② 各项费用计算符合国家规定或行业惯例；

③ 不漏项、不重复计算。

2）特约服务费

3）项目收支预算

① 年收入预算；

② 年支出预算。

4）投标报价

① 合同期总价；

② 每年总价；

③ 每平方米建筑面积每单位时间的收费。

5）财务分析

① 盈亏分析；

② 补救措施。

（3）资信部分

这部分是考核投标人在市场上和社会上的影响程度和在行业内的位置。

1）资质等级

2）信誉

① 投诉记录；

② 解聘记录；

③ 诚信等级。

3）管理业绩

① 国家示范项目；

② 省级优秀项目；

③ 达标考核；

④ 在管项目合同；

⑤ 履约情况证明。

4）项目经理业绩

① 个人获奖；

② 管理项目获优。

（4）现场答辩

主要是对企业负责人和项目负责人的基本素质、基础知识和基本能力的考核。

1）宣讲

① 把握时间；

② 遵守纪律；

③ 表达能力。

2）回答问题

① 理解评委所提问题能力；

② 逻辑思维能力；

③ 回答问题准确性；

④ 对相关法规掌握程度。

3）答辩人的形象

① 仪表；

② 衣着装束；

③ 修饰；

④ 举止。

4）谈吐

① 语言组织；

② 是否会讲普通话；

③ 有无赘语。

8.3.2.2 评标的标准

评标的标准是评审投标文件过程中，评委衡量投标文件满足招标文件要求程度的依据，是评委给每份投标文件打分的准则。在物业管理评标的实践中，经常见到的评标标准有：价格标准、质量标准、综合标准和其他标准。

（1）价格标准

价格标准是在其他影响评标因素已经确定的前提下，仅对投标价格进行比较。价格标准一般适用于招标项目有通用性技术要求，招标文件中很容易把质量标准和技术要求表述清楚，仅比较投标报价就能确定中标候选人或中标人。物业管理招标投标的评标中，有时可以把服务内容、质量要求、检查标准和管理制度等在招标文件中确定下来，评标时仅比较投标报价。普通住宅的综合性常规服务，住房和城乡建设部曾颁布《普通住宅小区物业管理服务等级标准价格标准》，各地据此都颁布了符合当地物价水平的服务费标准，可以直接采用；各种类型物业管理中的专项服务，也可由招标人设定服务的要求比较投标报价，如某些设备的维修，其服务范围、内容、标准等比较容易确定可以采用价格标准。价格标准比较直观清晰，很容易对投标文件量化排序得到理想的结果。

（2）质量标准

质量标准属于非价格标准，是在商品或服务的价格及其他各方面的条件已经限定的情况下，仅对质量进行比较。物业管理招标投标中经常遇到这种情况，服务内容和范围首先界定清楚。服务收费的价格标准或由政府限定，或招标人已经在招标文件中规定，投标人仅对服务质量详细描述，作为评标比较的依据。类此情况评委阅标时应注意以下几个问题：

1）投标人承诺的服务质量标准

评委在阅标时，首先应根据该招标项目的硬件条件、招标文件中规定的服务范围、服务内容和收费限制，确定可能实现的最理想的服务质量标准。然后再审阅各投标文件，根据投标人承诺的服务质量标准逼近理想质量标准的程度打分。值得注意的是，不一定质量越高分数越高，分数的高低主要从以下几个方面确定：

① 服务标准要具体

过于原则的质量标准，评委无法想象服务活动所能实现的最终结果，肯定不会得高分。比如对物业管理区域内绿化服务质量标准的承诺，仅用"四季常青"四个字来表示，评委不会给高分。因为这四个字表示质量过于模糊，不知是每一株植物四季常青，还是某一株植物四季常青。如果是前者标准很高，特别是在北方几近不能实现；如果是后者标准很低，几乎不需要成本就能做到。要想得到高分，质量标准就要具体而且针对性强。

② 服务标准可量化

评委评标时要对服务质量标准进行定量分析。如果投标文件已经量化了质量指标，评委可直接评分省去很多麻烦；如果投标文件中质量标准只有定性描述而无定量指标，评委也要设法量化然后评分。

③ 服务标准应适度

投标文件中的质量标准应与可能实现的质量标准接近，过高或过低都应减分，并不是质量越高越好。如果投标人不负责任随便承诺无法实现标准，分数反而应该下调，质量标准适度，应该得到高分。

2）质量检查方法

对应不同部位、不同的质量标准，有不同的检查方法。无法检查的质量标准，没有任何意义。物业管理的质量检查有目测、借助于仪器和其他物品检查等各种方法。

（3）综合标准

综合标准是价格标准和非价格标准的结合，评标时既要考虑价格因素，也要考虑到质量、投标人的资质和技术装备等各种因素。综合标准应反映出某投标文件的综合水平，评委应考虑到各种影响评标因素，给出符合投标文件水平的综合成绩。非价格标准和综合标准都比较复杂，必须对每项影响因素确权，请经验丰富的评委打分，最后才能得到合理的总分值。

（4）其他标准

除上述标准以外还有一些其他的标准，在物业管理评标中偶尔为之，这里仅作一般性介绍。

1）先进性标准

先进性是指投标方案的先进，包括工艺流程、使用的设备、组织管理的方式都具有先进性。评标时，以投标方案是否先进为主要依据。物业管理评标有时对于设备先进的智能化楼宇可能使用这一标准。

2）适应性标准

适应性是指投标方案适应招标项目所具备的条件，使方案能够顺利实施。适应性标准是指，评标时按投标方案适应程度确定分数。

3）系统性标准

投标方案是个系统工程，特别是物业管理方案各个组成部分不是孤立的，而是有机地联系在一起的。系统性标准就是根据方案中各要素之间协调和关联程度评定分数。

4）效益标准

效益标准并不是说投标报价越低越好，而是服务质量标准也要达到一定程度。在正常的情况下，投标报价和服务质量标准是一对矛盾的对立统一体。效益标准就是找到两者结合的最佳位置，使价格和质量比相对来说比较理想。

8.3.2.3 评标方法

评标方法是根据评标标准，对投标文件进行评审的具体方法。评标方法是否科学合理直接影响决标结果，是招标投标中重要环节。按照《评标委员会和评标方法暂行规定》第二十九条，"评标方法包括经评审的最低投标价法、综合评估法或者法律、行政法规允许的其他评标方法。"其他方法还有：专家评议法、接近标底法、综合评估法、低标价法、评议价法、合理低价法和费率费用评价法。

以上所说的各种评标方法是评标中通用的评标方法，物业管理招标有一定的特殊性，这些方法不一定都能使用。这里仅选择性地介绍一些能用于物业管理评标使用的方法。

（1）经评审的最低投标价法

经评审的最低投标价法是在对潜在投标人进行了严格的资格预审，认为允许入围的投标人符合招标人的各方面要求，而且各投标人在招标投标过程中的权利和义务是均等的。另外招标人对投标人的服务范围、服务内容和服务的质量标准都有统一的要求，仅按投标报价就能定标的一种评标方法。比如物业管理项目中的设备维修服务，招标人已经在招标文件中对设备维修机构资质等级、工作内容、服务范围和质量标准等提出了具体要求（如：负责几级保养、是否负责换件、是否负责运行操作等）。招标人认为入围的投标人是可以满足这些要求的，或者入围的投标人承诺中标后必定满足招标人的先决条件，只对投标报价进行比较就可确定中标人。

这种评标方法具体操作时有两种方式。其一是将投标人按报价高低排序，从中选出3～4个中标候选人，然后再对这些候选人进行其他方面比较（如：答辩）而定标。实际上这种方法就是低中取优。其二是以低于标底一定百分比的各投标人的投标报价的算术平均值为 A，以标底或评标委员会确定的更加合理的标价为 B，然后以 A＋B 的算术平均价为评标标准价。评委选出高于或低于评标标准价某百分比数之内的投标人，对其进行综合分析排序。

（2）接近标底法

接近标底法是指投标报价与评标标底相比较，按接近标底的程度确定分数。接近标底法是投标报价的单项得分，然后再与其他要素得分按照设定的权重求总分。

接近标底法评分的原则是高于或低于标底都要减分，以增加或减少的百分比为评分依据。一般认为投标报价偏差在标底的 5％之内属于正常情况，因此少减分；当偏离标底5％以上时多减分。至于给分的多少，由招标策划者确定评标标准时确定，评委只是按标准打分。

（3）合理低价法

合理低价法是以合理的最低投标报价为最高分的一种评标方法。合理低价法与接近标底是有区别的。接近标底法事先确定一个目标标底，无论投标报价的高低以最接近标底的为最高分。合理低价法没有目标价格，投标报价越低分数越高，实际上也可以认为以零为目标价格。不过值得注意的是"合理"两字，也就是说从服务成本构成上是可能实现的，如果低到不合理的程度，照样应该减分。

在招标人设定标底时，肯定会对自己所定标底的合理性充满信心，这样两种方法基本雷同。但标底往往是按市场一般情况制定，而实际招标中有时会有一些特殊情况发生。比如有一投标人所管理的项目中，恰好有一个项目与现在招标项目毗连。有些管理和服务中必备的技术装备和管理人员可以交叉利用，节约了很大的费用，降低了成本，使投标报价偏低而且低于标底许多，同样也应理解为合理价格而得高分。

（4）酬金评标法

在以往的物业管理招标中，投标都是按总的收费价格报价。投标报价是按"包干制"计算，也就是业主向物业管理公司支付固定物业服务费用，盈余或者亏损均由物业管理公司享有或者承担的物业服务计费方式。但国家最近规定物业管理也可以采用"酬金制"，即在预收的物业服务资金中按约定比例或者约定数额提取酬金支付给物业管理公司，其余全部用于物业服务合同约定的支出，结余或者不足均由业主享有或者承担的物业服务计费方式。因此，以后的招标投标也可以采用酬金制，一定数额或一定比例的酬金作为评标依据。酬金不包括服务成本，是物业管理公司的纯收入，业主不必担心酬金过低满足不了服务的支出，也不存在是否合理问题，在评标中应以报价越低得分越高的原则打分。

（5）评标价法

评标价法是指以价格为评标的依据。投标文件中除投标报价以外的各项要素，都不是以价格形式表现出来。但评标价法就是要把那些非价格的要素，通过一定的方法折算为价格，然后以投标报价为基数，再加上其他要素折算成的价格形成总价格。用总价格在各投标文件中进行横向比较确定中标人。

（6）专家评议法

专家评议法是一种定性优选法，除投标报价外都没有量化指标。专家评议法有两种方式，一种是评委各自独立评标打分，然后由工作人员汇总得出结果；另一种是专家集体讨论，针对每份投标文件的各个要素各抒己见，然后用投票或举手表决的形式确定中标人。物业管理评标往往部分采用专家评议的方法，但不是集体讨论而是各自评标。因为专家一起协商容易相互干扰，有时权威人士起主导作用，实际上仍然是一两个人定标，失去了公正性。

（7）综合评标法

综合评标法是将投标文件的所有要素先进行定量分析，按照评标标准确定单项量值，然后乘以预先确定的各要素权重再求其代数和，作为该投标文件的总分数，根据总分数高低顺序确定中标人或中标候选人。量值可以是分数值也可以转化为货币值，但对于各投标文件一定要统一量化基础和量化标准，这样才可以横向比较。

综合评标法既适合评阅投标文件的汇总评分，也可以作为决标时总分的确定。

8.3.2.4　评分结果汇总方法

（1）影响因素分层

在诸多因素中每项因素对决标的影响程度是不一样的，差距较大的因素无法横向比较，因此首先应将这些因素分成若干层次。前面介绍影响因素时，把影响因素分为四大类。这四类因素应为同一层次，每一类还可逐层细分。如技术部分又分了七项，其中第五项检查方法又分为三小项。从理论上说可以无穷分解下去，但实际上没有必要。物业管理的决标，一般分为3～4层即可。

（2）对影响因素分层确权

影响决标的因素不下几十项，而每一项因素对决标影响的程度大不相同，因此首先要对影响因素确定权重。几十项因素堆在一起，很难分清孰重孰轻。最好建立层次结构，把同类因素归为一组，再把比较接近的组归为一个大组，逐层归集形成总的目标，然后逐层对每项因素确权。

（3）逐层汇总

从最低层开始，每一项因素得分与权重相乘汇成一组的分数，再把每组分数与权重相乘与各组汇总得到大组的分数，逐层汇总得到目标分数。

下篇　能力训练篇

9　工学结合训练职业能力

9.1　工学结合的理念

如何处理理论教学与社会实践之间的关系，多年来一直是教育领域争论的焦点。孔子所教的六艺就有许多社会实践活动，19世纪国外的职业教育输入后，实践教学更多的引入了教学过程之中。20世纪50年代我国又提出了"教育与生产劳动相结合"的教育方针，指出了教育的发展方向。而且在当时也确实开展了勤工俭学、半工半读等不同形式的理论与实践相结合的教育模式，这些尝试不断地推动着教学朝着有利于学习者的方向发展。

近几年来，教育工作者走出国门对境外职业教育的理念进行了深入研究，其中最为突出的是"工学结合"。许多职业院校照搬过来，一定程度上推进了我国职业教育的发展。但我国的社会制度和司法环境与各国迥异，而且国外工学结合成功案例所涉及的专业大多是生产加工类。主要突出生产线上的技能训练，而不是经济管理活动的心智能力训练。房地产方面的教学，根本不能如法炮制。因此，本书在工学关系处理上，可能会突出物业管理招投标自身的特点，而与目前流行的提法有别。

物业管理招投标教学过程是以职业为导向、以学习者为主体，利用各种不同教学方法和教学手段，把教学和实际工作有机结合起来，使学员直接参与教学过程和工作过程，以获取物业管理招投标过程中各种职业岗位所需要的知识和能力。

教育也是各类服务中的一种服务，必然要生产出产品。教育产品的概念是一个有争议的问题，有人认为教育产品是学习者，有人认为是课程，有人认为是对应的职业能力；其实，教育产品应该是从进入学习阶段到学习结束，凝聚和附着在学习者体内知识和能力的增量，学习者是教育产品的载体，教育产品是学习者身上的无形附着物。这种产品无法从学习者身上用任何方法攫取出来示众，只能在工作过程中展示并获得检验。我们现在所探讨的"工学结合"教学模式，其实是一种能够保证教育产品质量的方式方法。

产品的质量和产品的数量在很大程度上取决于生产工艺（包括流程、方法和手段等），工学结合就是教育产品生产工艺的改进。传统的"注入式"教学模式，是教育服务的供给主体将生产原料按照学科门类划分方式，分门别类地灌入到需求主体体内，令其自己筛选和整合成职业所需的知识和能力。工学结合的模式是事先将某职业所需能力设计成工作任务和学习任务，在学习和工作中逐一得到训练和检验，以使"教育产品"的性能和质量可以满足职业需要。

通常我们所说的职业能力，大多是指一个职业岗位的多种职业能力，但物业管理招投标的职业能力与此不同。它是一项房地产经济活动，涉及多个不同的职业岗位和职业资格。因此职业能力训练，也是针对相关岗位的职业能力训练。

9.2　物业管理招投标的工学关系

"工"与"学"是相互包容的，是同样一项活动获得两不同的收获。"工"和"学"密不可分完全融合在一起，"做中学、学中做"、"在学习中工作，在工作中学习"。学习者在接受教育的过程中，由教育的供给主体设计好学习情境和工作情境。学习者为了增长必须具备的能力去工作，在工作过程中通过有目的的训练，学习过程和工作过程中完成了学习任务，使得学习者的职业能力得到提高。

9.3　设计适宜职业训练的工作任务

我们所说的工作任务不是实际工作任务，而是用于学习的工作任务，是根据工作情况有意设计的全仿真工作任务。其目的是为了在仿真的工作情境中，完成学习任务而不是生产指标。实际工作过程是为企业生产产品服务，其目的是追求利润最大化；我们所设计的工作过程是为生产"教育产品"服务，其目的是追求"教育产品"的性能和质量满足职业需要。教育供给主体所设计的工作任务，应该将训练能力所需要的知识完全植入工作过程之中，实现了知识的直接迁移。

物业管理的招投标包括多种专项工作任务，这些实际工作任务是根据招标人需求、物业状况和国家有关规定确定的。招投标过程中不同项目有不同要求，但未必与训练学习者所需要的内容相吻合。所以我们要将实际工作任务分解成若干能力点，重新整合成为若干适合职业核心能力训练需要的工作任务。对于某些非主流的职业能力，应当留给学习者充分发挥想象的空间。在掌握了核心能力后，那些非主流能力，学习者通过自学就能领会。用于学习者能力训练的工作任务，必须经过序化和提炼，既要避免内容的重复雷同，又要保证一定的难度和超前性。学习者带着学习任务去完成这些工作任务，在训练过程中形成招投标的知识和能力的增量——"教育产品"。

设计好的学习任务，能够建立职业能力与工作的直接联系，从而实现学习与工作统一。学习任务源于招投标实践，具有学习价值和"教育产品"生产的实际意义。学习者完成工作任务的过程也是学习的过程，是在工作情境中为完成一项工作任务取得工作成果而进行完整工作行动的过程，能够感受到直接的工作实践体验。学习者将相关的理论与实践知识内化，形成职业能力。

9.3.1　训练内容

（1）筛选原则

训练内容虽然完全按照招投标实际工作设计，但不完全等于实际工作，而是实际工作过程的高度浓缩，而且加大了技术含量较高环节的训练，使学习者在实践中掌握招投标所需能力。

按照现在的教育理念，提倡自主学习，许多内容可以自学，也可以借助多种传输媒体和电子信息产品进行学习。本书篇幅所限，不可能将所有训练过程中需要的基础知识和基本理论都罗列在书内。因此，在每个环节都会将所需知识进行提示，学习者可以预先自学。

1）职业岗位需要

物业管理招投标涉及两个国家级的职业资格，即：物业管理师和招标投标师。管理部门对于各种职业资格所应具备的知识和能力都有规定，教学训练中应将其选入，但这些要求都是原则性的，我们还要将内容具体化。

2）实际工作需要

按照行业和企业发展需要以及完成职业岗位实际工作任务所需要的知识、能力、素质要求，选取教学内容并遵循学习者职业能力培养的基本规律，以真实工作任务及其工作过程为依据整合、序化教学内容，科学设计学习性工作任务，教、学、做结合，理论与实践一体化，实训、实习等教学环节设计合理。

本书在教学内容的选取上始终注重与实际工作相吻合，但不是摒弃理论基础，而是根据实际工作需要而定。在招投标的过程中，必须掌握法学、建筑、设施设备等多方面的基础知识和项目管理的能力。当然每个人的学习能力有限，不可能在短时间掌握很深的理论知识，因此基本上把握到够用即可。

3）管理部门要求

国家通过立法和行业自律对专业人员技能提出了严格的要求。教学内容设计必须满足行业组织和行政主管部门对该职业从业人员所具备的知识、能力和技能的要求，以有关管理部门和行业自律组织的要求为依据以满足职业发展的需要。本书主要以这些要求来确定训练重点内容，最终以物业管理招投标过程所需的专项职业能力为准。

4）针对行业可持续发展的需要选取内容

由于房地产的各项专业服务有一定的关联性，许多国家提倡房地产综合服务，有的国家采用一个资质可以从事多项服务，也有的国家从业人员一人多个资质。我国由于行政管理上存在壁垒，不可能采用综合资质的办法，只能是一人多个资质。为了让学习者获得相应的资质，我们只好在教学内容上尽可能将相关服务包括进去。另外，还有些服务的需求管理混乱，国家并未明确岗位资质，例如大型购物中心的出租经营，现在都是由没有任何资质的资产经营公司管理，而国外一般都由物业管理经理或物业管理员管理，这也是我国将来发展的趋势。而且这种类型的物业，采用招投标选聘经营机构将会越来越多。现在有的城市已经对非住宅物业管理实行强制招标，因此我们的训练内容没有局限在住宅。对相关法律法规的变化也及时让学习者掌握，为学习者可持续发展奠定良好的基础。

（2）选取的具体工作内容

本课程按教学规律序化教学内容。虽然教学应该逼近实际工作，但决不能照搬实际工作，否则无法在教学中实现。为了满足工作任务对知识、能力、素质的需要，同时又要在教学中可能实现，在选取内容时要求将繁杂的招投标内容浓缩为有代表性的主要工作。招投标涉及的工作有很多，有些通用性的行政事务工作这里不拟选入。我们只选择了有代表性而且有一定难度的核心能力进行训练，其余内容留待学习者自学。

1）招投标工作流程；

2）招标策划；

3）招标文件制作；

4）投标文件编制；

5）询标。

9.3.2　训练方法

（1）角色扮演

角色扮演是事先向学习者提供一定的背景情况和角色说明，模拟时要求学习者以角色身份完成一定的活动或任务。角色扮演适用于多角色学习情境教学，也可以用于对学习者的测试。指导教师可以设置一系列尖锐的人际矛盾和人际冲突，要求被试者扮演某一角色，模拟实际工作情境中的一些活动，去处理各种问题和矛盾。情景模拟测验能够获得关于被试者更加全面的信息，对将来的工作表现有更好的预测效果。

物业管理职业与生产加工性职业在工作过程中对外接触问题上有很大区别。生产加工性职业在工作过程中是人与物之间的交流，生产工人一人一岗，靠传送带传送生产原料和成果，最多与质量检查人员或单位领导交流，沟通能力不是拟训练的主要技能，不适宜采用角色扮演的训练方法。

物业管理招投标工作中，很多情境都是同一个空间和同一个时点多个主体共同工作。沟通能力和权变能力是核心能力，对学生进行职业能力训练时，非常适宜用角色扮演方式。

（2）案例分析

案例分析法源于哈佛商学院，最先用于培养企业高级经理和管理精英的教学实践，后来欧美各国广泛采用，逐渐发展今天的"案例分析法"。案例分析是指把招投标实践中出现的问题作为案例，交给学习者研究分析，培养他们分析、判断和解决问题的能力。

物业管理招投标的案例分析，可先由实训指导教师选择适用于教学内容的真实案例。然后指导教师向学习者简单介绍案例分析的背景和方法以及教学安排。操作程序如下：

1）分发个案材料；

2）指导教师介绍案例分析方法和案例内容；

3）将学习者分成 3～4 小组，每组成员 8～10 名；

4）选举每组的组长；

5）让学习者熟悉个案内容，指导教师接受学习者对个案内容的询问；

6）各组分别讨论研究个案，并找出问题的症结所在；

7）各组找出解决问题的策略；

8）挑选出最理想、最恰当的策略；

9）全体讨论解决问题的策略；

10）指导教师进行整理总结。

（3）分组讨论

对于某些工作计划或方案可以展开分组讨论，每组经过反复论证得出小组结论。

（4）辩论会

实训指导教师组织学习者进行组间的辩论，每组宣讲自己的观点。各组之间意见不同可以展开辩论，直到原则性意见达成一致。如果仍有歧义不能形成统一意见，则实训指导教师可以汇总各组意见分析引导给出结论。

9.3.3　训练手段

由于前面所说到的原因，物业管理职业能力训练不能用肢体训练直接反映出来，无法让学习者进行训练。而且同样的工作任务，完成任务所采用的方式方法和技术路线也不尽相同，则工作路径和程序将有很大差别，学习者无法按照某一模式反复训练。因此，物业管理职业不大可能采用实物进行所有的能力训练，唯一可行的是采取现代电子信息技术，开发一些电子信息产品模拟工作环境解决职业能力训练问题。

（1）工作程序训练

物业管理招投标的过程中，各项工作任务程序性很强。尤其是招标、投标和决标这三条工作主线的关联性很强，不能出现一点差错，必须强制记忆工作程序。但这些枯燥的程序记忆是任何学习者都不愿意完成的，因此开发电子信息产品作为职业能力训练手段，应该是最佳选择。

（2）填单练习

在物业管理招投标过程中需要填写很多表格，填表的质量要求非常严格，稍有疏忽将会引起许多不必要的纠纷。开发电子信息产品，将物业管理招投标过程中经常使用的各种表格收集录入数据库。学习者可以调出进行填单训练，而且系统可以对填写正误予以评判。学习者经过反复训练，掌握物业管理招投标工作所必需的技能。

（3）文本纠错训练

物业管理招投标工作过程中，经常使用各种各样文本。实训指导教师可以预先设计一些错误，开发成电子信息产品，让学习者在电脑上挑错并改正之。在形式上可以这样处理，先找到一篇拟欲训练学习者的典型文本，将设计好错误的内容做成按钮（在表面上与其他内容相同）。学习者找到错误内容用鼠标点击，如果点对旁边立即出现几个备选答案，形成单选题，如果选对则系统会用正确内容替代原来错误内容；如果没有点击到文本中的错误内容或者单选错误，系统都会记录下来并扣分。为了避免学习者不假思索胡乱点击，可设定点击次数，如果设计了 10 个错误就只允许点击 10 次，超过 10 次开始扣分。对于文本的大小，实训指导教师可根据教学需要设计，整篇的招标文件、投标文件或者截取其中一部分均可。

9.4　实训考核

学习者学习完该课程后，学习总成绩由五部分组成，各部分考核办法如下（各部分成绩所占比例，根据不同实训内容需要确定）：

（1）平时工作行为表现成绩

实训指导教师和校内教师根据学习者平时工作表现，结合企业对员工的评价标准，给学习者打出平时工作行为表现成绩。

（2）学习者自测成绩

学习者从网上题库中任意抽取一套试卷进行在线测验，交卷后系统自动统计成绩。

（3）系统测试得到的成绩

以上所说利用电子信息产品进行的训练，都会留下学习者训练记录并能自动转换为成绩。

（4）总成绩

以上各项成绩得出后，应按照不同权重汇总。

10 学习情境1——招标策划能力训练

招标策划工作任务源于两个方面：其一是招标人委托给专业咨询机构；其二是招标单位领导指派给本企业的专职部门。

物业管理招标的工作任务和工作过程前面已作介绍，在此不拟赘述。这里主要是讲招标策划中核心能力的训练，因此只涉及招标工作流程、相关文本编制、标底和评分标准的制定等主要工作。

10.1 招标工作流程

10.1.1 实际工作情境

物业管理招标策划是指在一定时间内各种情况相对的或结合的境况，也就是某一段时间和空间许多具体情形的概括。物业管理招标策划工作情景是指，从接受工作任务到工作评价反馈全过程具体工作情形的概括。

招投标工作实际上应以招标为主线贯穿始终，这项工作的目的就是要为物业管理市场消费者筛选出质优价廉的服务机构。招标代理机构、招投标服务机构和评标委员会都以此为目的，为招标单位服务。招标工作流程应该包括招投标过程中各项具体工作的流程，但本书篇幅有限只能介绍主要工作流程。

10.1.1.1 招标工作总流程

招标工作总流程如图 10-1-1 所示。

10.1.1.2 投标预备会工作流程

招标预备会工作流程如图 10-1-2 所示。

10.1.1.3 开标工作流程

开标工作流程如图 10-1-3 所示。

10.1.2 学习情境设计

流程在任何产品的生产过程中都是非常重要的，物业管理招投标也是如此，稍有疏忽将无法使招投标继续进行下去。但对于枯燥的工作流程，任何人不愿意强制记忆，必须采取辅助手段。在校内的实训室里，不可能为了帮助学习者记忆流程而多次重复招标过程。实训指导教师应该预先设计出专为记忆招标流程的工作情境，学习者可以进行工作流程专项训练。

10.1.3 流程训练系统

开发电子信息产品是解决流程训练较好的手段。可先在界面上设置某流程图，然后将流程图内的内容删掉。在侧面设若干按钮，其内容为流程图内的正确选项和干扰项，如图 10-1-4 所示。

训练开始后，光标自动放在第一个框图内，学习者用鼠标在按钮区随意选择应填内容。如果选对，按钮内容自动填写到框图内，光标按顺序移动到下一个框图；如果选错，系统自动报错，光标回到出示状态且记录出错次数。这种训练很像游戏的"过面"，能够提高学习兴趣。学习者按照指导教师指定时间训练后，系统按照预先设定的要求给出成绩或名次。

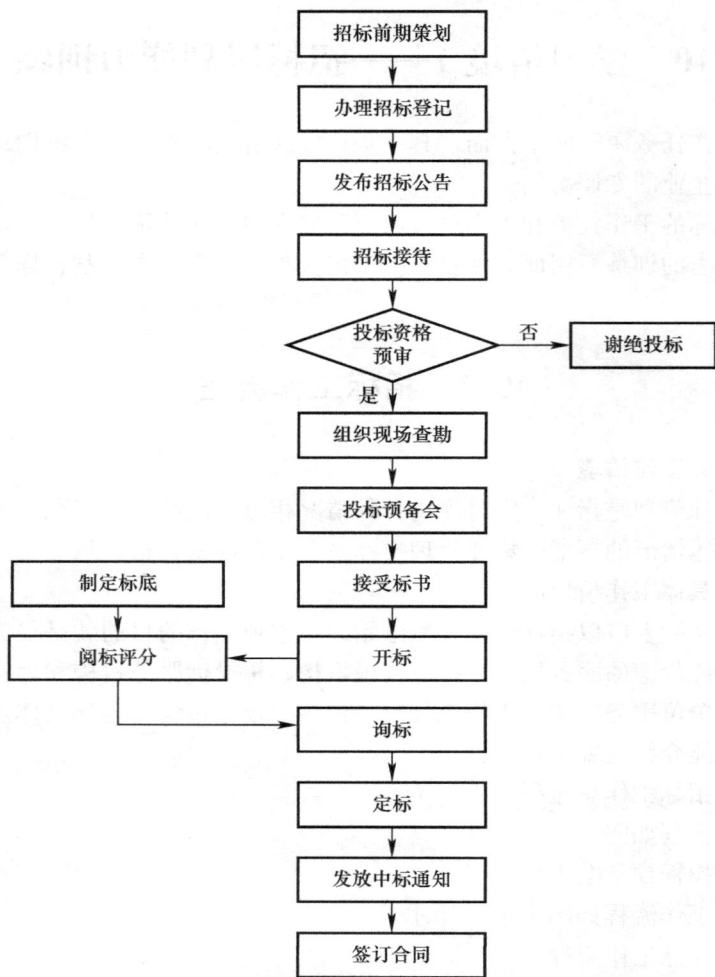

图 10-1-1

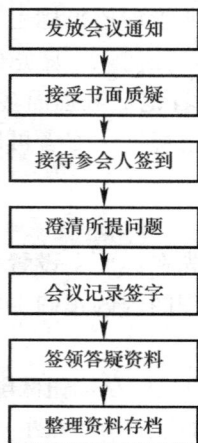

图 10-1-2

图 10-1-3

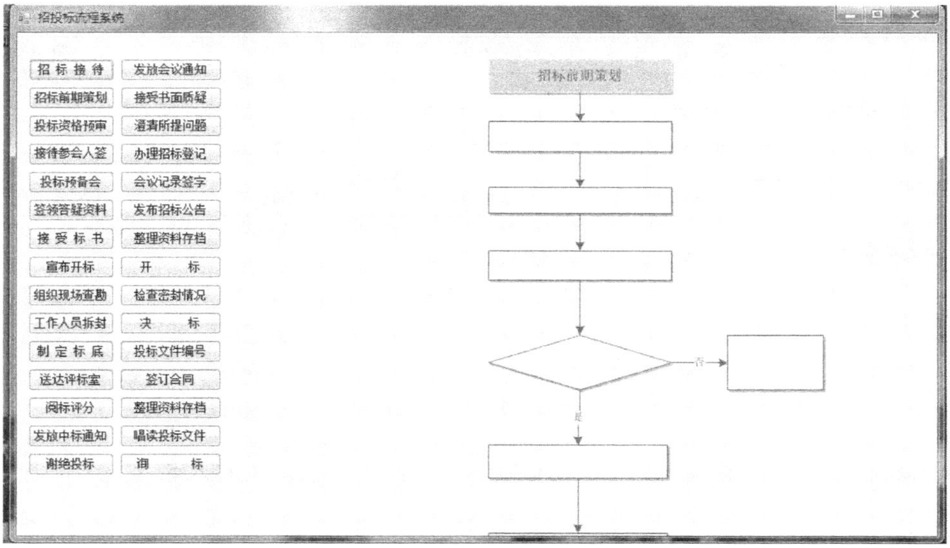

图 10-1-4

物业管理招投标工作过程中也有许多工作流程，都可以按照这种方法进行训练。

10.2　招标文件和表格制作

10.2.1　招标所需文件和表格

招标所需的文件主要有：投标人报名登记表、招标公告、招标邀请书和招标文件。

10.2.1.1　投标人报名登记表

投标人报名登记表是接待报名时使用的表格，潜在投标人在填写了投标人报名登记表以后，并通过资格预审就成为了投标人。该表的主要内容有：招投项目名称、招标主体、投标人、企业资质、联系人和管理项目等。以下是某市投标报名登记表，供参考。

附：

投标人报名登记表

招标人：＿＿＿＿＿＿＿＿＿＿＿＿＿＿

招标项目名称：＿＿＿＿＿＿＿＿＿＿＿＿＿＿

投标人情况	投标人：			
	法人代表人：			
	法人代表人授权人：			
物业管理企业资质	资质等级			
	资质证书编号			
联系人		联系电话		
单位地址			邮编	

续表

曾经管理项目	管理项目名称	管理面积	项目地点	获奖情况
目前在管项目	管理项目名称	管理面积	项目地点	获奖情况

填表人：　　　　　　　　　　　填表日期：　　　　　　　　　　　　投标人盖章

投标人报名须知

一、本表格由××市物业管理招投标服务中心统一印制，投标人报名时可由中心网站下载。

二、表中内容应如实填写，不得涂改。

三、请投标人报名时携带本表及下列资料：

（一）企业营业执照（原件查验，复印件留存）

（二）企业资质等级证书（原件查验，复印件留存）

（三）企业法人授权委托书（加盖企业公章及法定代表人印鉴或签字）

（四）其他证明材料

四、以上报名材料均使用标准 A4 复印纸报送。

10.2.1.2　招标公告和邀请书

招标公告和邀请书主要内容有：

（1）招标人的名称和地址

这是对招标人的简单介绍，"前期物业管理招标"招标人是企业法人，应写清法人的名称、法定代表人的姓名、注册地址等；如果是业主委员会代表业主大会所进行的"更换物业服务企业的再招标"，应写清某物业管理项目业主委员会名称、业主委员会主任姓名和业主委员会办公地址等；如果招标人已经委托招标代理人组织招标，应写清代理机构的名称、法定代表人姓名和注册地址等。另外还应写清与招标人联系的办法。

（2）招标项目的性质

《招标投标法》中所说招标项目的性质，主要是指资金来源的性质和招标项目的工作性质。资金的来源主要有政府投资的基础设施项目和公共事业项目，或利用国际组织贷款、外国政府贷款、援助资金等的项目。招标项目的工作性质可分为土建工程招标、设备采购招标、查勘设计招标、科研课题招标和某些服务招标等。

招标项目的性质应该从几个不同的角度来研究：

1）工作性质

招标投标的性质是工程、货物采购和服务的交易方式，究竟该招标投标属于哪一类应予说明。物业管理招标的工作性质是公众服务。

2）资金来源

如前所述，项目实施的资金来源主要分为：国有资金、国家融资、国际组织或者外国政府贷款、援助项目等。物业管理招标的项目资金来源不一，有些也不在上述范围之内。政府机关办公用房的招标其资金源于政府核拨的财政经费，属于国有资金；异产毗连房屋的招标资金源于公众集资；单一业主物业的招标资金源于产权人自筹，但这种物业不在政府强制招标的范畴。

3）项目的类别

常见的招标投标主要是工程建设项目和政府采购等，物业管理招标投标比较特殊，属于公众服务类。《政府采购法》规定："本法所称政府采购，是指各级国家机关、事业单位和团体组织，使用财政性资金采购依法制定的集中采购目录以内的或者采购限额标准以上的货物、工程和服务的行为。"因此，政府采购中包括货物、工程和服务，如果物业管理费使用财政经费，则物业管理招标应属于政府采购招标；如果物业管理费是民间收集的资金，则物业管理招标不在工程建设项目和政府采购两类之内。但在《物业管理条例》中已经明确，国家提倡建设单位按照房地产开发与物业管理相分离的原则，通过招投标的方式选聘具有相应资质的物业服务企业。物业管理招标也是上位法规定招标的项目，因此应将物业管理招标独自设立一个招标类别。

现在许多政府和事业单位的办公楼也都聘请物业管理公司进行管理，这种招标属于政府采购服务招标。政府采购招标与物业管理招标在形式上有一些差别：物业管理招标采用公开招标、邀请招标和协议方式；政府采购服务除了公开招标和邀请招标以外，还有竞争性谈判、单一来源和询价方式。在引用的法律依据方面有所不同，物业管理招标主要依据：《物业管理条例》和《前期物业管理招标投标管理暂行办法》；政府采购的招标主要依据的法规有：《政府采购货物和服务招标投标管理办法》、《财政部关于进一步规范政府采购评审工作有关问题的通知》和《财政部关于加强政府采购货物和服务项目价格评审管理的通知》。这两种招标细微之处略有不同，甚至有些冲突。物业管理招标比政府采购市场化程度更好一些，本书主要介绍物业管理招标。

（3）数量

招标项目的数量是指把招标项目具体量化，如：工程量、供应量等。物业管理招标如果是常规的综合服务一般以该项目物业的建筑面积为准；如果是某专项服务，根据服务具体内容量化。

（4）实施地点和时间

实施地点是指招标项目的实际操作地点，物业管理招标就是项目所在地。

实施时间是指落实招标项目的时间，如：交货日期、施工工期和服务的起迄时间等。物业管理招标的实施时间是指提供物业管理服务的时间段，即物业服务合同期。

（5）投标截止日

投标截止日是指投标报名的最后期限，而不是投递投标文件的最后期限。

（6）获取招标文件的办法

招标文件可以收取一定的费用，招标公告应将招标文件的出售地点、出售价格、出售时间和招标人或其代理人的开户银行和账号等公诸于众。

（7）招标人联系办法

包括联系人、联系电话、通信地址和电子信箱等。

以下是几个招标公告和招标邀请函实例，供参考。

附1：

物业管理招标公告

_____物业项目，由_____房地产开发有限公司开发建设，根据有关规定，并经_____市房地产管理局物业管理处备案，现通过公开招标的方式选聘前期物业服务企业。

一、招标项目基本情况

1. 本项目业态类型：_____。

2. 本项目坐落地址：_____市_____区。

3. 本项目物业管理区域四至范围：东至_____路，西至_____路，南至_____路，北至_____路。

4. 本项目总用地面积：_____平方米。

本项目总建筑面积：_____平方米。

本项目建筑面积（即招标面积）：_____平方米。

地上建筑面积构成为：总建筑面积_____平方米（全部为_____层的____层_____）。

地下建筑面积构成为：总建筑面积_____平方米（其中单体地下室_____平方米，地下车库_____平方米）。

本项目的建筑密度为_____；容积率_____；本项目内共含建筑物_____幢（其中含_____栋住宅、____栋____层的公建、____栋____层的幼儿园）、____座变电站、____座燃气调压站。项目总户数为_____户。

5. 绿化指标：绿化率____，绿地面积_____平方米。

6. 停车场库：

本项目规划建设机动停车位_____个，其中，地上停车位_____个，地下停车位_____个。

7. 开发建设分期情况：_____期。

8. 项目总体竣工时间：_____年_____月_____日。

9. 项目分期竣工时间：一期竣工时间为_____年_____月；二期竣工时间为_____年_____月；……

二、物业管理服务标准及收费形式（见本公告附件）

三、前期物业服务合同期限

前期物业服务合同至业主大会与物业服务企业签订新的物业服务合同生效之日终止。

四、投标资格条件

1. 必须是具有国家_____级（含_____级）以上物业管理资质的物业服务企业；

2. 物业服务企业必须具备同类型物业管理经验；

3. 拟派驻项目经理需持有物业管理师职业资格证书或本省行政管理部门认可的岗位资格证书；

4. 拟派驻项目经理必须具备同类型物业管理经验。

五、报名时间、地点及携带资料

1. 申请报名时间：公告见网（报）之日起三个工作日内；

2. 申请报名地点：_____市物业管理招投标服务机构，

地址：_____市_____区_____路_____号，联系电话：_____；

邮编：_____；网址：http：//www_____；

3. 投标申请人报名携带资料：营业执照、资质等级证书、法人授权委托书、投标人报名登记表（从_____市物业管理招投标服务机构网站下载）等；

六、投标申请人较多时的筛选

在资格预审合格的投标申请人超过 10 家时，招标人根据筛选条件（1. 资质等级优先；2. 营业面积优先），于现场勘察前从中选择不少于 5 家资格预审合格的投标申请人参与竞标。

特此公告

_____年_____月_____日

附 2：

招 标 公 告

一、_____（开发建设单位或业主委员会）的_____（项目名称），占地面积_____平方米，建筑面积_____平方米，现通过公开招标选聘物业管理单位。

二、服务质量要求达到的标准（如果是普通住宅而且服务质量就简单地要求达到《普通住宅小区物业管理服务等级标准》的某个级别，或者服务标准要求达到《全国城市物业管理优秀住宅小区（或大厦、工业区）达标办法》，可在此直接写明。如果对服务质量有更具体的要求，可在招标文件中提出要求，该条删掉）。

三、投标单位的资质等级必须是_____级以上的物业服务企业，愿意参加投标的单位，可携带营业执照、物业管理服务资质等级证书向招标人领取（或购买）招标文件。

四、招标工作安排

（一）发放招标文件

1. 单位：（可以是招标人也可以是代理人）_____；

2. 时间：

_____年_____月_____日起至_____年_____月_____日止，每日办公时间为：_____；

3. 招标文件的售价为：_____；

（二）投标地点及时间：_____；

（三）现场查勘时间：_____；

（四）投标预备会的时间：_____；

（五）投标截止时间：_____年_____月_____日_____时；

（六）开标时间：_____年_____月_____日_____时；

（七）开标地点_____。

招标单位：（盖章）

法定代表人：（签字、盖章）

地址：_____；

邮政编码：_____；

联系人：＿＿＿＿＿＿＿＿；

电话：＿＿＿＿＿＿＿＿；

日期：＿＿＿＿年＿＿＿月＿＿＿日

附3：

招标邀请书

＿＿＿＿＿＿＿＿＿＿＿＿＿（被邀请的物业服务企业名称）：

一、＿＿＿＿＿＿＿＿＿＿＿（开发建设单位或业主委员会）的＿＿＿＿＿＿＿＿＿＿（项目名称），占地面积＿＿＿＿平方米，建筑面积＿＿＿＿平方米，现通过邀请招标方式选聘物业管理单位。

二、服务质量要求达到的标准（如果是普通住宅而且服务质量就简单地要求达到《普通住宅小区物业管理服务等级标准》的某个级别，或者服务标准要求达到《全国城市物业管理优秀住宅小区（或大厦、工业区）达标办法》，可在此直接写明。如果对服务质量有更具体的要求，可在招标文件中提出要求，该条删掉）。

三、投标单位的资质等级必须是＿＿＿＿级以上的物业服务企业，贵单位如愿意参加投标，可携带营业执照、物业服务企业资质等级证书向招标人领取（或购买）招标文件。

四、本次招标采用资格预审（如不采用资格预审可不设该条），资格条件是：＿＿＿＿＿＿＿＿＿＿＿＿＿＿＿＿＿＿＿＿。

五、招标工作安排

（一）发放招标文件

1. 单位：（可以是招标人也可以是代理人）＿＿＿＿＿＿＿＿＿＿；

2. 时间：

＿＿＿＿＿年＿＿＿月＿＿＿日起至＿＿＿＿年＿＿＿月＿＿＿日止，每日办公时间为：＿＿＿＿＿＿＿＿＿＿；

3. 招标文件的售价为：＿＿＿＿＿＿＿＿；

4. 发售地点：＿＿＿＿＿＿＿＿；

（二）投标地点及时间：＿＿＿＿＿＿＿＿；

（三）现场查勘时间：＿＿＿＿＿＿＿＿；

（四）投标预备会的时间：＿＿＿＿＿＿＿＿；

（五）投标截止时间：＿＿＿＿年＿＿＿月＿＿＿日＿＿＿时；

（六）开标时间：＿＿＿＿年＿＿＿月＿＿＿日＿＿＿时；

（七）开标地点＿＿＿＿＿＿＿＿＿＿＿＿。

招标单位：（盖章）＿＿＿＿＿＿＿＿＿＿＿。

法定代表人：（签字、盖章）＿＿＿＿＿＿＿＿＿＿。

地址：＿＿＿＿＿＿＿＿＿＿＿。

邮政编码：＿＿＿＿＿＿＿＿＿＿。

联系人：＿＿＿＿＿＿＿＿＿＿。

电话：＿＿＿＿＿＿＿＿。

日期：＿＿＿＿年＿＿＿月＿＿＿日。

10.2.1.3 招标文件

招标文件是要约邀请，是物业管理招投标活动中的法律文件，是招标投标过程中各个环节运作的基础，是投标人参加投标的依据。

（1）招标文件的作用

1）确定权利义务关系

这里所说的权利义务关系是指招标人和投标人的权利义务关系。招标投标活动结束后，招标人和中标人的权利义务关系是用合同来确定的；招标投标活动结束前，招标人和投标人的权利义务关系是用招标文件来确定。招标文件中已经明示了交易条件，要求潜在的市场供给方必须按要求参加投标。换言之，只要参加投标就表明投标人已经接受招标人所提的一切条件。招标人和投标人在整个招标投标活动中，都应按照招标文件的规定进行，招投标双方均应受招标文件的约束。

2）投标的依据

招标文件是投标人了解招标人招标意图的依据，是投标决策的基础。投标人有关投标策略和投标文件的编制，都是以招标文件为依据。

3）签订合同的基础

如果合同主要条款不事先明确，一旦招标工作结束，招标人与中标人必然讨价还价，很难达成一致意见签署合同。因此，在招标文件中，应说明合同是否采用国家示范文本、合同主要内容和附录等。招标文件中对服务质量、检验标准和收费计算办法等都应予以说明，并成为签订合同的依据。

（2）招标文件的内容

1）封面

封面主要内容应该包括项目名称、物业类型、招标人、招标法定代表人、招标代理人以及法定代表人。以下是某物业管理招投标服务机构招标文件封面，供参考。

附：招标文件封面

"××××"项目物业管理
招标文件
（非住宅项目）

招标人：_____

法定代表人：（签章）_____

招标代理机构：_____

法定代表人：（签章）_____

编制日期：_____

2）招标目的

招标目的主要介绍本次招标是为哪个项目、招聘什么类型服务。如：本次招标是通过招标方式选聘一家物业服务企业，为××××有限公司开发的"××××"项目提供物业管理服务。

3）招标人基本信息

① 招标人名称；

② 法定代表人姓名；

③ 地址；

④ 联系人；

⑤ 联系方式。

4）招标项目基本情况介绍

这部分内容可以直接写到正文中，也可以附在招标文件之后。本书直接插在正文中：

① 区位地点和四至。

② 面积，占地面积和建筑面积。

③ 项目性质，主要按物业的使用类型区分项目性质，包括：住宅、写字楼、公建、工业厂房、经济适用房、普通住宅、公寓、别墅等。

④ 园林绿化基本情况，园林绿化基本情况除了绿化率之外，还应包括园林景观和植物种类。因为不同植物有不同的养护成本，应将园林总体规划和绿化景观详细介绍。如园林景观和植物种类可见表 10-2-1 和表 10-2-2。

园林景观　　　　　　　　　　　　　　　　　　表 10-2-1

序　号	内　容	单　位	数　量
1	园林规划总面积		
2	绿地面积		
3	植物种类		
4	花架		
5	花坛		
6	花钵		
7	园灯		
8	座凳		
9	沙坑		
10	景墙		
11	水池		
12	网球场		
13	草坪灯		

植物种类　　　　　　　　　　　　　　　　　　表 10-2-2

序　号	内　容	单　位	数　量
1	草坪		
2	雪松		
3	刺柏		
4	法桐		
5	栾树		
6	石榴		
7	迎春		

续表

序　号	内　容	单　位	数　量
8	大叶黄杨		
9	西府海棠		
10	金叶女贞		
11	紫叶小檗		
12	月季		
13	三季草花		

⑤ 使用功能分布：

- 各楼使用功能；
- 每层楼使用功能；
- 不同区域使用功能分布。

⑥ 建筑物基本情况：

- 每幢楼建筑结构；
- 每幢楼层数、层高；
- 房型。

⑦ 外装修部分，外装修材料不同影响到清洁和养护成本的大小，应详细介绍材料、材质、品种等。

⑧ 各种设施的设置，物业管理服务成本中设施设备使用运行和维护成本所占比例很大，主要包括能源消耗费用和维修养护费用。设施设备的质量、数量、型号以及生产厂家等诸多因素对服务成本均有影响，必须一一列出。

- 供电系统

A. 电源。

外线进口位置，变电站的规模，是否采用双电源、双回路供电系统。

B. 电费计量。

每户采用计量方式，是否单独计量并配有预付费磁卡表。

- 通信

楼内是否设有网络和电话通信系统，在各层预留接线端子盒。

- 电视接收方式

A. 是否采用独立卫星电视；

B. 是否有闭路电视私闭路接收系统；

C. 可接收多少套节目；

D. 预留分配器箱的分布。

- 消防设备

A. 有无集中型火灾自动报警及联动系统；

B. 消防控制室的位置；

C. 探测器的分布和类型；

D. 手动报警开关、区域显示器、消火栓起动报警按钮等的位置；

E. 是否设有火灾事故广播；

F. 疏散指示灯、事故照明；

G. 是否设置消防电源和非消防电源自动切换。

- 电梯

A. 种类：客梯、货梯、消防电梯；

B. 各类数量；

C. 每部电梯型号；

D. 每部电梯功率；

E. 每部电梯生产厂家；

F. 每部电梯速度；

G. 每部电梯载重量。

- 防盗对讲

是否设有防盗对讲机，是否可视，分布情况。

- 供水

A. 供水类别：普通自来水、热水、中水和直饮水等。

B. 供水方式：有无二次供水设备、蓄水设备等。

- 排水

排水管线的走向以及外网连接的位置等。

- 采暖

A. 热源；

B. 换热站位置；

C. 输送管线。

- 厨、卫通风管道

- 楼梯间通风设备

- 燃气

A. 气源种类；

B. 调压箱位置。

附录：设施设备清单（各楼设施设备应分门别类列表介绍）

（1）各楼楼内电气设备清单

单位：台

序　号	位　置	名　称	代号、规格型号	数量	厂家
1		低压配电柜			
2		双电源动力箱			
3		备用电源			
4		循环水泵变频柜			
5		双电源动力柜			
6		生活变频柜			
7		照明配电箱			
8		对讲主机			
9		报箱			

续表

序　号	位　置	名　称	代号、规格型号	数量	厂家
10		分户电表箱			
11		分户开关箱			
12		动力箱			
13		消防增压控制柜			
	合计				

单位：台/只

序号	名　称	规格型号	数量	厂　家
一	电梯			
1				
2				
二	消防设备			
1	离子感烟探测器			
2	电子定温探测器			
3	地址编码底座			
4	地址编码盒			
5	控制盒			
6	手动按钮			
7	通用火灾报警控制柜			
8	楼层显示器			
9	串行接口			
10	联动控制柜			
11	广播柜			
12	消防电话中心			
13	端子箱			
14	十六路继电器卡			
15	吸顶喇叭箱			
16	广播模块			
17	电话模块			
18	电话插孔			
19	电话机			
20	备电			
21	消火栓按钮			
三	电视设备			
1	卫星天线			
2	双极化馈源			
3	高频头			
4	功分器			
5	卫星接收机			
6	数字卫星接收机			

序号	名 称	规格型号	数量	厂 家
7	MMDS 接收天线			
8	MMDS 下变频器			
9	开路天线			
10	天线杆			
11	避雷器			
12	解密机			
13	解调器			
14	调制器			
15	混合器			
16	机柜			
17	电源板			
18	净化稳压电源			
19	监视器			
20	前端放大器			
21	电缆			
22	附料			
四	电脑			

（2）各楼供水设备清单

序 号	位 置	名 称	技术参数、型号	数量	厂 家
1		生活变频泵			
2		热水循环泵			
3	地下水泵房	半即热式换热器			
4		生活断流水箱			
5		排污泵			
6	顶层设备间	消防增压泵			
7		消防水箱			
8	地下室	排烟风机			
9	顶层设备间	加压送风机			
10		壁式风机			

（3）各楼供热设备清单

序 号	位 置	名 称	技术参数、型号	数量	厂 家
1		方型水箱			
2		集水器（低区）			
3		集水器（高区）			
4	地下换热站	除污器（低区）			
5		除污器（高区）			
6		电子水处理仪（低区）			
7		电子水处理仪（高区）			
8		板式换热器（低区）			

续表

序　号	位　　置	名　　称	技术参数、型号	数量	厂家
9	地下换热站	板式换热器（高区）			
10		循环水泵（低区）			
11		循环水泵（高区）			
12		定压水泵（低区）			
13		定压水泵（高区）			
14	地下	排污泵			
15	屋顶	消防增压泵			
16		消防水箱			
17	地下室	排烟风机			
18	屋顶	加压送风机			
19		壁式风机			

⑨ 物业管理区域平面布置：

• 总平面图

• 各建筑物功能简介

• 各种设施设备分布

• 绿地和园林小品的分布

⑩ 管理用房的配备。

（3）技术要求

所谓技术要求在物业管理招标投标中是指对服务的内容和质量的要求。服务的内容应写清是常规性的综合服务还是某一个专项服务。质量要求主要体现在服务质量的技术指标和检查方法。招标人应按需求意愿和支付能力提出，在招标实践中常见的情况有以下几种：

1）只提限制条件，服务质量的技术指标由投标人确定。

一般遇到这种情况大多是物业管理收费标准已经确定，决标时以服务质量为竞争的主要指标。

2）不限制条件，服务指标由投标人确定。

有的招标项目招标人并不提出限制条件，投标人在投标文件中自己制定服务标准和投标报价。评委在决标时，以投标文件中的“质/价”比定标，也就是以服务质量和收费标准两方面因素竞争。

3）招标人提出原则要求由投标人具体定质量标准。

招标人有时只对原则提出要求（如：服务档次），而由投标人确定具体的服务质量标准。

4）提出具体要求。

招标人制定出具体的服务质量技术指标和检查方法，要求投标人必须达到招标人预期水平，决标时以报价多少定标。以下是某项目物业管理服务内容和标准，供参考。

附：××××项目物业管理服务内容和标准

（一）房屋公共部位的维修、养护管理内容及标准

1. 房屋外檐

保证房屋外檐的外观完好、整洁、无破损、无脱落。

2. 屋面

每＿＿年检查清除1次屋面，清理檐沟内落叶杂物等，疏通雨水口、落水管等。

3. 地面

建筑物地面每日清扫＿＿次，＿＿巡检一次发现污迹及时清理，发现坏损及时修补。

4. 门窗

每日巡视＿＿次单元门、楼梯间。通道及其他公共部位的门窗、灯罩没发现坏损及时修复或更换；每年＿＿季对公共部位门窗做专项检修1次。

（二）设施设备管理服务内容及标准

1. 供配电系统

（1）高低压系统及设备

建立和完善供配电系统管理的有关规章制度，包括：电气设备运行操作规程、电气设备安全操作规程、电气设备事故处理规程、巡检制度、维修养护制度、交接班制度；值班人员必须具备变配电运行知识和技能，具备上岗资格证书，保持配电室清洁卫生，每＿＿清扫地面及擦拭配电柜表面一次，要求地面干燥无积灰，配电柜表面无污渍；潮湿天气时，采用安全措施，保持配电房内主要电器设备干燥；每＿＿检测1次配电房内有无蛙、鼠、蚁等虫害，如发现马上采取措施杜绝；每＿＿填写运行记录，建档备查。

（2）备用电源系统

要求建立和完善备用电源系统管理的有关规章制度，包括：备用电源系统运行操作规程、安全操作规、事故处理规程。巡检制度、维修养护制度、交接班制度；由具有相关资质的人员进行管理维护，保证备用电源系统运行正常，并按管理规定安排值班管理人员。

（3）动力设备

要求建立和完善动力设备的有关规章制度，包括：电气设备运行操作规程、安全操作规、事故处理规程。巡检制度、维修养护制度、交接班制度；由具有相关资质的人员进行管理维护，保证系统运行正常。并按动力设备管理规定安排值班管理人员。

（4）公共照明设施（含景观照明、航空障碍灯等）

每＿＿进行一次检查维护，发现损坏及时更换、修复，保证照明及障碍标志功能。

2. 电梯系统

（1）操作人员

安装、维护、保养人员均应持有关行政主管部门核发的特种作业操作证、上岗证，并定期参加复审；建立健全电梯管理制度，至少包括：《岗位安全操作规程》、《维修保养制度》、《岗位责任制度》、《交接班制度》、《设备档案管理制度》、《安全使用管理制度》和详细的《维修保养计划》。

（2）使用许可

安全设施完好、齐全，通风、照明灯附属设施完好；在电梯轿厢内明显位置张贴《电梯安全使用许可证》，注明：注册登记及检验合格标志、电梯管理部门、管理人员、安装企业、维修保养企业以及相应的应急报警、投诉电话号码。

（3）外委维修

与持有关行政主管部门核发的安全认可证书的企业签订维修保养、大中修更新改造合同，并明确被委托企业的责任。如需自行维护保养电梯，应按照电梯数量及工作状态配备足够的维护保养人员，其管理部门应将电梯管理人员、维护保养人员、联系电话及有关资料报送设备所在区（县）有关行政主管部门，经核准后，方可自行维护保养。

（4）维修养护频次

电梯及其安全设施每_____不少于_____次，进行清洁、润滑、调整和检查等例行保养；每_____对小区所有电梯进行_____次全面综合检查、清洗、润滑、修理、调整和测试；年度检测由维修保养企业的注册安全检测员实施并签署检测报告；每台电梯每隔×年必须进行_____次负荷校调试验，负荷校调试验由注册安全检测员实施并签署试验报告。实验报告副本应送有关行政主管部门备案。

（5）清洁

保持电梯机房清洁，每_____天_____次清扫地面和擦拭控制柜、主机表面，地面无积灰，控制柜、主机表面无污渍；保持电梯机房消防设施完好；每年检查_____次电梯井底，清除垃圾杂物。

（6）原型监控

确定合理的电梯运行时间，随时监督电梯运行状况，加强日常维修保养、适时降温、通风、防雨，做好运行服务，经常巡查楼层，防止地面水流入电梯井，值班监督，防止违章使用电梯；记录每日电梯运行情况，建档备案。

（7）告知和记录

电梯维护保养提前一天通知业主（使用人），并尽可能减少对业主（使用人）正常生活的影响。建立电梯运行档案，记录电梯运行情况和维护保养工作内容。

（8）紧急救援

制定紧急救援方案和操作程序，在接到报警信号_____分钟设法解救乘客、排除设备故障。

（9）技术档案

使用有关行政主管部门统一制定的《起重机械安全技术档案（电梯类）》，对电梯逐台建档、建卡、注册登记。电梯技术档案资料应包括：《起重机械安全技术档案（电梯类）》和《起重机械登记卡片（电梯类）》；产品质量合格证明；大中修更新改造后的电梯应有质量验收报明（或质量验收报告）；更改部分须有变更设计的证明文件；电梯安装验收证明和报告；运转、保养、维修记录；定期安全检查和事故记录；电梯随机文件，至少包括：井道及机房土建图、电气控制原理图、电气敷设图、电器元件代号说明书、安装调试说明书、使用维护说明书、出厂明细表（装箱单）等技术资料。

（10）年检

按照国家有关制度组织办理电梯年检和电梯准用证。

3. 空调系统（制冷、供暖）

如果供暖为集中供热模式，则设备维护保养由供热单位负责，费用依据相关规定按房产证面积计算直接向最终用户收费。设有中央空调系统的部位，由物业管理负责维修和管理。定期巡检维护，发现运行故障立即进行维修，保证气温调节功能。

4. 通风系统（送、排风）

定期巡检维护，发现损坏及时更换、维护，保证通风系统功能。

5. 给排水系统

（1）给水系统（冷水、热水、中水、直饮水等）

保持水箱结构完好，无渗漏，表面和支架不锈蚀，漆膜脱落处及时修补，每月检查保养____次水箱入孔、进水管、溢水管、泻水管、水位计、液位传感器、浮球阀和各类闸门；冬季水箱有可靠的保温措施，且不得对水质产生污染；

保持泵房清洁卫生，每____对水泵机组清洁保养____次，泵房内设备____年后，每____翻新____次，并标明各种标志；每____填写水泵运行记录，建档备查；

每____对公用明装给水管道进行____次全面检查检修，对轻度锈蚀应将脱皮清理干净，在管道干燥的情况下，涂刷防锈漆两遍，然后再刷两遍面漆。各类阀门定期开关，出现故障的阀门及时修复，阀门应开关灵活；建立巡视制度，发现楼内压力供水管道及泵房、水塔、水箱等损坏、漏水脱落等及时修复；定期维护保养。

（2）排水系统

化粪池____年清理____次，出入口畅通，井内无积物浮于面上，池盖无污渍、污物，清理后及时清洁现场；楼面落水口落水管落水口等保持完好，开裂、破损等及时更换，定期检查，每____年全面更换____次，每____天清扫____次排水明沟内的泥沙、纸屑等垃圾，拔出沟内生长的杂草；无杂草，排水通畅，无积水。

每季度对地下管井清理____次，捞起井内泥沙和悬浮物；每____年对地下管井彻底疏通____次，清理结束地下地面冲洗干净。清理时地面竖警示牌，必要时加装护栏。清理后达到目视管道内壁无明显粘贴物，井底无沉积物，水流畅通，井盖上无污渍、污物。

6. 消防系统

按照《中华人民共和国消防条例》、《中华人民共和国消防条例实施细则》和其他有关消防法规规定进行管理。

（1）火灾自动报警系统

商业部分及公共部位安装有自动感烟报警设备及火灾自动报警系统。

（2）消防控制室及设备系统

地下设备房设有消防监控室及控制系统，每天检查保证其可正常运转。

（3）灭火器配置

按国家《建筑灭火器配置设计规范》执行，合理配置，标示清晰，每天检查保证其可正常使用。

（4）其他消防设施设备

各楼层及地下车库设有喷淋系统及高压细水雾系统，建筑外设有消防栓，每天检查保证其可正常运转。

7. 智能化系统

（1）楼宇自动化（安防、通信、网络、巡更等）

每天巡查，保证其正常运作。

（2）停车管理系统

每天巡查，保证其正常运作，秩序良好。

8. 公共卫生间设备

按普通公共卫生间功能设计无额外电器设备。

9. 楼内外标识系统

楼梯外部楼号等标识清晰明确，无污染、倾斜，并保证与标准地名证一致，楼内于明显适当位置标注楼层数，紧急出入口、消防疏散楼梯、消防设施、公共卫生间及其公共服务设施标志及方向，并保证标识清洗正确。

10. 外围设施（旗杆、景观设施等）

定期巡检，保证设施运行使用安全正常，保持设施及景观的清洁美观。

11. 避雷系统

每年雨期来临之前，对整个避雷系统及避雷接地系统进行检查维护，在雷雨过后也要及时对系统检查，发现严重腐蚀、松脱、断裂、避雷网联通不畅等立即要更换或紧固。

5）按国家制定的有关标准

国家已经出台的物业管理服务质量标准有：全国物业管理示范住宅小区标准、全国物业管理示范大厦标准、全国物业管理示范工业区标准和普通住宅小区物业管理服务等级标准。如果招标人要求较高可以选用示范标准；如果要求较低可以选用普通等级标准。普通住宅等级标准分为三级，可以根据自己要求任选，但只限于住宅非住宅不适用。如果选用《普通住宅小区物业管理服务等级标准》，则投标报价必须按照各地的管理部门公布的指导价格，超过规定的价格及其允许超过的幅度视为废标。示范标准分为三类，用于评审物业管理国家示范项目，物业管理招标可以借用。如果认为有些条款过于原则，也可在此基础上细化。

以下是中国物业管理协会所制定的普通住宅物业管理服务等级标准，供参考。

附1：《普通住宅小区物业管理服务等级标准》中物协〔2004〕1号

各物业服务企业：

为了提高物业管理服务水平，督促物业服务企业提供质价相符的服务，引导业主正确评判物业服务企业服务质量，树立等价有偿的消费观念，促进物业管理规范发展，根据国家发展与改革委员会会同建设部印发的《物业服务收费管理办法》，我会制定了《普通住宅小区物业管理服务等级标准》（试行），现印发给你们，作为与开发建设单位或业主大会签订物业服务合同、确定物业服务等级、约定物业服务项目、内容与标准以及测算物业服务价格的参考依据。试行中的情况，请及时告我会秘书处。

二〇〇四年一月六日

附件1：

普通住宅小区物业管理服务等级标准（试行）

一级

（一）基本要求

1. 服务与被服务双方签订规范的物业服务合同，双方权利义务关系明确。

2. 承接项目时，对住宅小区共用部位、共用设施设备进行认真查验，验收手续齐全。

3. 管理人员、专业操作人员按照国家有关规定取得物业管理职业资格证书或者岗位证书。

4. 有完善的物业管理方案，质量管理、财务管理、档案管理等制度健全。

5. 管理服务人员统一着装、佩戴标志，行为规范，服务主动、热情。

6. 设有服务接待中心，公示24小时服务电话。急修半小时内、其他报修按双方约定时间到达现场，有完整的报修、维修和回访记录。

7. 根据业主需求，提供物业服务合同之外的特约服务和代办服务的，公示服务项目与收费价目。

8. 按有关规定和合同约定公布物业服务费用或者物业服务资金的收支情况。

9. 按合同约定规范使用住房专项维修资金。

10. 每年至少 1 次征询业主对物业服务的意见，满意率 80％以上。

（二）房屋管理

1. 对房屋共用部位进行日常管理和维修养护，检修记录和保养记录齐全。

2. 根据房屋实际使用年限，定期检查房屋共用部位的使用状况，需要维修，属于小修范围的，及时组织修复；属于大、中修范围的，及时编制维修计划和住房专项维修资金使用计划，向业主大会或者业主委员会提出报告与建议，根据业主大会的决定，组织维修。

3. 每日巡查 1 次小区房屋单元门、楼梯通道以及其他共用部位的门窗、玻璃等，做好巡查记录，并及时维修养护。

4. 按照住宅装饰装修管理有关规定和管理规约（管理规约临时）要求，建立完善的住宅装饰装修管理制度。装修前，依规定审核业主（使用人）的装修方案，告知装修人有关装饰装修的禁止行为和注意事项。每日巡查 1 次装修施工现场，发现影响房屋外观、危及房屋结构安全及拆改共用管线等损害公共利益现象的，及时劝阻并报告业主委员会和有关主管部门。

5. 对违反规划私搭乱建和擅自改变房屋用途的行为及时劝阻，并报告业主委员会和有关主管部门。

6. 小区主出入口设有小区平面示意图，主要路口设有路标。各组团、栋及单元（门）、户和公共配套设施、场地有明显标志。

（三）共用设施设备维修养护

1. 对共用设施设备进行日常管理和维修养护（依法应由专业部门负责的除外）。

2. 建立共用设施设备档案（设备台账），设施设备的运行、检查、维修、保养等记录齐全。

3. 设施设备标志齐全、规范，责任人明确；操作维护人员严格执行设施设备操作规程及保养规范；设施设备运行正常。

4. 对共用设施设备定期组织巡查，做好巡查记录，需要维修，属于小修范围的，及时组织修复；属于大、中修范围或者需要更新改造的，及时编制维修、更新改造计划和住房专项维修资金使用计划，向业主大会或业主委员会提出报告与建议，根据业主大会的决定，组织维修或者更新改造。

5. 载人电梯 24 小时正常运行。

6. 消防设施设备完好，可随时启用；消防通道畅通。

7. 设备房保持整洁、通风，无跑、冒、滴、漏和鼠害现象。

8. 小区道路平整，主要道路及停车场交通标志齐全、规范。

9. 路灯、楼道灯完好率不低于 95％。

10. 容易危及人身安全的设施设备有明显警示标志和防范措施；对可能发生的各种突发设备故障有应急方案。

（四）协助维护公共秩序

1. 小区主出入口 24 小时站岗值勤。

2. 对重点区域、重点部位每 1 小时至少巡查 1 次；配有安全监控设施的，实施 24 小时监控。

3. 对进出小区的车辆实施证、卡管理，引导车辆有序通行、停放。

4. 对进出小区的装修、家政等劳务人员实行临时出入证管理。

5. 对火灾、治安、公共卫生等突发事件有应急预案，事发时及时报告业主委员会和有关部门，并协助采取相应措施。

（五）保洁服务

1. 高层按层、多层按幢设置垃圾桶，每日清运 2 次。垃圾袋装化，保持垃圾桶清洁、无异味。

2. 合理设置果壳箱或者垃圾桶，每日清运 2 次。

3. 小区道路、广场、停车场、绿地等每日清扫 2 次；电梯厅、楼道每日清扫 2 次，每周拖洗 1 次；一层共用大厅每日拖洗 1 次；楼梯扶手每日擦洗 1 次；共用部位玻璃每周清洁 1 次；路灯、楼道灯每月清洁 1 次。及时清除道路积水、积雪。

4. 共用雨、污水管道每年疏通 1 次；雨、污水井每月检查 1 次，视检查情况及时清掏；化粪池每月检查 1 次，每半年清掏 1 次，发现异常及时清掏。

5. 二次供水水箱按规定清洗，定时巡查，水质符合卫生要求。

6. 根据当地实际情况定期进行消毒和灭虫除害。

（六）绿化养护管理

1. 有专业人员实施绿化养护管理。

2. 草坪生长良好，及时修剪和补栽补种，无杂草、杂物。

3. 花卉、绿篱、树木应根据其品种和生长情况，及时修剪整形，保持观赏效果。

4. 定期组织浇灌、施肥和松土，做好防涝、防冻。

5. 定期喷洒药物，预防病虫害。

二级

（一）基本要求

1. 服务与被服务双方签订规范的物业服务合同，双方权利义务关系明确。

2. 承接项目时，对住宅小区共用部位、共用设施设备进行认真查验，验收手续齐全。

3. 管理人员、专业操作人员按照国家有关规定取得物业管理职业资格证书或者岗位证书。

4. 有完善的物业管理方案，质量管理、财务管理、档案管理等制度健全。

5. 管理服务人员统一着装、佩戴标志，行为规范，服务主动、热情。

6. 公示 16 小时服务电话。急修 1 小时内、其他报修按双方约定时间到达现场，有报修、维修和回访记录。

7. 根据业主需求，提供物业服务合同之外的特约服务和代办服务的，公示服务项目与收费价目。

8. 按有关规定和合同约定公布物业服务费用或者物业服务资金的收支情况。

9. 按合同约定规范使用住房专项维修资金。

10. 每年至少 1 次征询业主对物业服务的意见，满意率 75% 以上。

（二）房屋管理

1. 对房屋共用部位进行日常管理和维修养护，检修记录和保养记录齐全。

2. 根据房屋实际使用年限，适时检查房屋共用部位的使用状况，需要维修，属于小修范围的，及时组织修复；属于大、中修范围的，及时编制维修计划和住房专项维修资金使用计划，向业主大会或者业主委员会提出报告与建议，根据业主大会的决定，组织维修。

3. 每3日巡查1次小区房屋单元门、楼梯通道以及其他共用部位的门窗、玻璃等，做好巡查记录，并及时维修养护。

4. 按照住宅装饰装修管理有关规定和管理规约（管理规约临时）要求，建立完善的住宅装饰装修管理制度。装修前，依规定审核业主（使用人）的装修方案，告知装修人有关装饰装修的禁止行为和注意事项。每3日巡查1次装修施工现场，发现影响房屋外观、危及房屋结构安全及拆改共用管线等损害公共利益现象的，及时劝阻并报告业主委员会和有关主管部门。

5. 对违反规划私搭乱建和擅自改变房屋用途的行为及时劝阻，并报告业主委员会和有关主管部门。

6. 小区主出入口设有小区平面示意图，各组团、栋及单元（门）、户有明显标志。

（三）共用设施设备维修养护

1. 对共用设施设备进行日常管理和维修养护（依法应由专业部门负责的除外）。

2. 建立共用设施设备档案（设备台账），设施设备的运行、检查、维修、保养等记录齐全。

3. 设施设备标志齐全、规范，责任人明确；操作维护人员严格执行设施设备操作规程及保养规范；设施设备运行正常。

4. 对共用设施设备定期组织巡查，做好巡查记录，需要维修，属于小修范围的，及时组织修复；属于大、中修范围或者需要更新改造的，及时编制维修、更新改造计划和住房专项维修资金使用计划，向业主大会或业主委员会提出报告与建议，根据业主大会的决定，组织维修或者更新改造。

5. 载人电梯早6点至晚12点正常运行。

6. 消防设施设备完好，可随时启用；消防通道畅通。

7. 设备房保持整洁、通风，无跑、冒、滴、漏和鼠害现象。

8. 小区主要道路及停车场交通标志齐全。

9. 路灯、楼道灯完好率不低于90%。

10. 容易危及人身安全的设施设备有明显警示标志和防范措施；对可能发生的各种突发设备故障有应急方案。

（四）协助维护公共秩序

1. 小区主出入口24小时值勤。

2. 对重点区域、重点部位每2小时至少巡查1次。

3. 对进出小区的车辆进行管理，引导车辆有序通行、停放。

4. 对进出小区的装修等劳务人员实行登记管理。

5. 对火灾、治安、公共卫生等突发事件有应急预案，事发时及时报告业主委员会和有关部门，并协助采取相应措施。

（五）保洁服务

1. 按幢设置垃圾桶，生活垃圾每天清运1次。

2. 小区道路、广场、停车场、绿地等每日清扫1次；电梯厅、楼道每日清扫1次，半月拖洗1次；楼梯扶手每周擦洗2次；共用部位玻璃每月清洁1次；路灯、楼道灯每季度清洁1次。及时清除区内主要道路积水、积雪。

3. 区内公共雨、污水管道每年疏通1次；雨、污水井每季度检查1次，并视检查情况及时清掏；化粪池每2个月检查1次，每年清掏1次，发现异常及时清掏。

4. 二次供水水箱按规定期清洗，定时巡查，水质符合卫生要求。

5. 根据当地实际情况定期进行消毒和灭虫除害。

（六）绿化养护管理

1. 有专业人员实施绿化养护管理。

2. 对草坪、花卉、绿篱、树木定期进行修剪、养护。

3. 定期清除绿地杂草、杂物。

4. 适时组织浇灌、施肥和松土，做好防涝、防冻。

5. 适时喷洒药物，预防病虫害。

三级

（一）基本要求

1. 服务与被服务双方签订规范的物业服务合同，双方权利义务关系明确。

2. 承接项目时，对住宅小区共用部位、共用设施设备进行认真查验，验收手续齐全。

3. 管理人员、专业操作人员按照国家有关规定取得物业管理职业资格证书或者岗位证书。

4. 有完善的物业管理方案，质量管理、财务管理、档案管理等制度健全。

5. 管理服务人员佩戴标志，行为规范，服务主动、热情。

6. 公示8小时服务电话。报修按双方约定时间到达现场，有报修、维修记录。

7. 按有关规定和合同约定公布物业服务费用或者物业服务资金的收支情况。

8. 按合同约定规范使用住房专项维修资金。

9. 每年至少1次征询业主对物业服务的意见，满意率70%以上。

（二）房屋管理

1. 对房屋共用部位进行日常管理和维修养护，检修记录和保养记录齐全。

2. 根据房屋实际使用年限，检查房屋共用部位的使用状况，需要维修，属于小修范围的，及时组织修复；属于大、中修范围的，及时编制维修计划和住房专项维修资金使用计划，向业主大会或者业主委员会提出报告与建议，根据业主大会的决定，组织维修。

3. 每周巡查1次小区房屋单元门、楼梯通道以及其他共用部位的门窗、玻璃等，定期维修养护。

4. 按照住宅装饰装修管理有关规定和管理规约（管理规约临时）要求，建立完善的住宅装饰装修管理制度。装修前，依规定审核业主（使用人）的装修方案，告知装修人有关装饰装修的禁止行为和注意事项。至少两次巡查装修施工现场，发现影响房屋外观、危及房屋结构安全及拆改共用管线等损害公共利益现象的，及时劝阻并报告业主委员会和有关主管部门。

5. 对违反规划私搭乱建和擅自改变房屋用途的行为及时劝阻，并报告业主委员会和有关主管部门。

6. 各组团、栋、单元（门）、户有明显标志。

（三）共用设施设备维修养护

1. 对共用设施设备进行日常管理和维修养护（依法应由专业部门负责的除外）。

2. 建立共用设施设备档案（设备台账），设施设备的运行、检修等记录齐全。

3. 操作维护人员严格执行设施设备操作规程及保养规范；设施设备运行正常。

4. 对共用设施设备定期组织巡查，做好巡查记录，需要维修，属于小修范围的，及时组织修复；属于大、中修范围或者需要更新改造的，及时编制维修、更新改造计划和住房专项维修资金使用计划，向业主大会或业主委员会提出报告与建议，根据业主大会的决定，组织维修或者更新改造。

5. 载人电梯早6点至晚12点正常运行。

6. 消防设施设备完好，可随时启用；消防通道畅通。

7. 路灯、楼道灯完好率不低于80%。

8. 容易危及人身安全的设施设备有明显警示标志和防范措施；对可能发生的各种突发设备故障有应急方案。

（四）协助维护公共秩序

1. 小区24小时值勤。

2. 对重点区域、重点部位每3小时至少巡查1次。

3. 车辆停放有序。

4. 对火灾、治安、公共卫生等突发事件有应急预案，事发时及时报告业主委员会和有关部门，并协助采取相应措施。

（五）保洁服务

1. 小区内设有垃圾收集点，生活垃圾每天清运1次。

2. 小区公共场所每日清扫1次；电梯厅、楼道每日清扫1次；共用部位玻璃每季度清洁1次；路灯、楼道灯每半年清洁1次。

3. 区内公共雨、污水管道每年疏通1次；雨、污水井每半年检查1次，并视检查情况及时清掏；化粪池每季度检查1次，每年清掏1次，发现异常及时清掏。

4. 二次供水水箱按规定清洗，水质符合卫生要求。

（六）绿化养护管理

1. 对草坪、花卉、绿篱、树木定期进行修剪、养护。

2. 定期清除绿地杂草、杂物。

3. 预防花草、树木病虫害。

附件2：

《普通住宅小区物业管理服务等级标准》（试行）的使用说明

1. 本《标准》为普通商品住房、经济适用住房、房改房、集资建房、廉租住房等普通住宅小区物业服务的试行标准。物业服务收费实行市场调节价的高档商品住宅的物业服务不适用本标准。

2. 本《标准》根据普通住宅小区物业服务需求的不同情况，由高到低设定为一级、二级、三级三个服务等级，级别越高，表示物业服务标准越高。

3. 本《标准》各等级服务分别由基本要求、房屋管理、共用设施设备维修养护、协助维护公共秩序、保洁服务、绿化养护管理等六大项主要内容组成。本《标准》以外的其他服务项目、内容及标准，由签订物业服务合同的双方协商约定。

4. 选用本《标准》时，应充分考虑住宅小区的建设标准、配套设施设备、服务功能及业主（使用人）的居住消费能力等因素，选择相应的服务等级。

附2：全国物业管理示范住宅小区标准

序 号	标准内容
（一）基础管理	1. 按规划要求建设，住宅及配套设施投入使用
	2. 已办理接管验收手续
	3. 由一家物业管理公司实施统一专业化管理
	4. 建设单位在销售房屋前，与选聘的物业服务企业签订物业管理合同，双方责权利明确
	5. 在房屋销售合同签订时，购房人与物业服务企业签订前期物业管理协议，双方责权利明确
	6. 建立维修基金，其管理、使用、续筹符合有关规定
	7. 房屋使用手册、装饰装修管理规定及管理规约等各项公众制度完善
	8. 业主委员会按规定程序成立，并按章程履行职责
	9. 业主委员会与物业服务企业签订物业管理合同，双方责权利明确
	10. 物业服务企业制订争创规划和具体实施方案，并经业主委员会同意
	11. 小区物业管理建立健全各项管理制度、各岗位工作标准，并制定具体的落实措施和考核方法
	12. 物业服务企业的管理人员与专业技术人员持证上岗；员工统一着装，佩戴明显标志，工作规范，作风严谨
	13. 物业服务企业应用计算机、智能化设备等现代化管理手段，提高管理效率
	14. 物业服务企业在收费、财务管理、会计核算、税收等方面执行有关规定；至少每半年公开一次物业管理服务费用收支情况
	15. 房屋及共用设施设备档案资料齐全，分类成册，管理完善，查阅方便
	16. 建立住用户档案、房屋及其配套设施权属清册，查阅方便
	17. 建立24小时值班制度，设立服务电话，接受业主和使用人对物业管理服务报修、求助、建议、问询、质疑、投诉等各类信息的收集和反馈，并及时处理，有回访制度和记录
	18. 定期向住用户发放物业管理服务工作征求意见单，对合理建议及时整改，满意率达98%以上
	19. 建立并落实便民维修服务承诺制，零修、急修及时率100%、返修率不高于1%，并有回访记录
（二）房屋管理与维修养护	1. 主出入口设有小区平面示意图，主要路口设有路标、组团及幢、单元（门）、户门标号标志明显
	2. 无违反规划私搭乱建，无擅自改变房屋用途现象
	3. 房屋外观完好、整洁，外墙面砖、涂料等装饰材料无脱落、无污迹
	4. 室外招牌、广告牌、霓虹灯按规定设置，保持整洁统一美观，无安全隐患或破损
	5. 封闭阳台统一有序，色调一致，不超出外墙面；除建筑设计有要求外，不得安装外廊及户外防盗网、晾晒架、遮阳蓬等
	6. 空调安装位置统一，冷凝水集中收集，支架无锈蚀
	7. 房屋装饰装修符合规定，未发生危及房屋结构安全及拆改管线和损害他人利益的现象

序　号	标准内容
（三）共用设施设备管理	1. 共用配套设施完好，无随意改变用途
	2. 共用设施设备运行、使用及维护按规定要求有记录，无事故隐患，专业技术人员和维护人员严格遵守操作规程与保养规范
	3. 室外共用管线统一入地或入公关管道，无架空管线，无碍观瞻
	4. 排水、排污管道畅通，无堵塞外溢现象
	5. 道路通畅，路面平整；井盖无缺损、无丢失，路面井盖不影响车辆和行人通行
	6. 供水设备运行正常，设施完好、无渗漏、无污染；二次生活用水有严格的保证措施，水质符合卫生标准；制定停水及事故处理方案
	7. 制定供电系统管理措施并严格执行，记录完整；供电设备运行正常，配电室管理符合规定，路灯、楼道灯等公共照明设备完好
	8. 电梯按规定或约定时间运行，安全设施齐全，无安全事故；轿厢、井道保持清洁；电梯机房通风、照明良好；制定出现故障后的应急处理方案
	9. 三北地区，冬季供暖室内温度不低于 16℃
（四）保安消防车辆管理	1. 小区基本上实行封闭式管理
	2. 有专业保安队伍，实行 24 小时值班及巡逻制度；保安人员熟悉小区的环境，文明值勤，训练有素，言语规范，认真负责
	3. 危及人身安全处有明显标识和具体的防范措施
	4. 消防设备设施完好无损，可随时起作用；消防通道畅通；制定消防应急方案
	5. 机动车停车场管理制度完善，管理责任明确，车辆进出有登记
	6. 非机动车管理制度完善，按规定位置停放，管理有序
（五）环境卫生管理	1. 环卫设备完备，设有垃圾箱、果皮箱、垃圾中转站
	2. 清洁卫生实行责任制，有专职清洁人员和明确的责任范围，实行标准化保洁
	3. 垃圾日产日清，定期进行消毒灭杀
	4. 房屋共用部位共用设施设备无蚁害
	5. 小区内道路等共用场地无纸、烟头等废弃物
	6. 房屋共用部位保持清洁，无乱贴、乱画，无擅自占用和堆放杂物现象；楼梯扶栏、天台、公共玻璃窗等保持清洁
	7. 商业网点管理有序，符合卫生标准；无乱设摊点、广告牌和乱贴、乱画现象
	8. 无违反规定饲养宠物、家禽、家畜
	9. 排放油烟、噪声等符合国家标准，外墙无污染
（六）绿化管理	1. 小区内绿地布局合理，花草树木与建筑小品配置得当
	2. 绿地无改变使用用途和破坏、践踏、占用现象
	3. 花草树木长势良好，修剪整齐美观，无病虫害，无折损现象，无斑秃
	4. 绿地无纸、烟头、石块等杂物
（七）精神文明建设	1. 开展有意义、健康向上的社区文化活动
	2. 创造条件，积极配合、支持并参与社区文化建设

续表

序 号	标准内容
（八）管理效益	1. 物业管理服务费用收缴率98%以上
	2. 提供便民有偿服务，开展多种经营
	3. 本小区物业管理经营状况

全国物业管理示范大厦标准

序 号	标准内容
（一）基础管理	1. 按规划要求建设，房屋及配套设施投入使用
	2. 已办理接管验收手续
	3. 由一家物业服务企业实施统一专业化管理
	4. 建设单位在租售大厦前，与选聘的物业服务企业签订物业管理合同，双方责权利明确
	5. 在房屋销售合同签订时，购房人与物业服务企业签订前期物业管理服务协议，双方责权利明确
	6. 建立维修基金，其使用、续筹符合有关规定
	7. 房屋使用手册、装饰装修管理规定及业主与使用人公约等各项公众制度完善
	8. 业主委员会按规定程序成立，并按章程履行职责
	9. 业主委员会与物业服务企业签订物业管理合同，双方责权利明确
	10. 物业服务企业制定争创规划和具体实施方案，并经业主委员会同意
	11. 大厦物业管理建立健全各项管理制度、各岗位工作标准，并制定具体落实措施和考核办法
	12. 物业服务企业的管理和专业技术人员持证上岗；员工统一着装，佩戴明显标志，工作规范、作风严谨
	13. 物业服务企业应用计算机、智能化设备等现代化管理手段，提高管理效率
	14. 物业服务企业在收费、财务管理、会计核算、税收、等方面执行有关规定；至少每半年公布一次物业管理服务费用收支情况
	15. 房屋及其公用设施设备档案资料齐全，分类成册，管理完善，查阅方便
	16. 建立住用户档案、房屋及其配套设施权属清册，查阅方便
	17. 建立24小时值班制度，建立服务电话，接受业主和使用人对物业管理服务报修、求助、建议、问询、质疑、投诉等各类信息的收集和反馈，并及时处理，有回访制度和记录
	18. 定期向住用户发放物业管理服务工作征求意见单，对合理建议及时整改，满意率达98%以上
	19. 建立并落实维修服务承诺制；零修及时率100%、返修率不高于1%，并有回访记录
（二）房屋管理及维修养护	1. 大厦、栋号、楼层、房号标志明显大堂内布置合理并设立引路方向平面图，驻大厦各单位名录标识在大堂内显著位置
	2. 无违反规划私搭乱建，无擅自改变房屋用途现象
	3. 大厦外观完好、整洁，外墙是建材贴面的，无脱落；是玻璃幕墙的，清洁明亮、无破损；是涂料的，无脱落、无污渍，无乱贴、乱涂、乱画和乱悬挂现象
	4. 室外招牌、广告牌、霓虹灯按规定设置，保持整洁、统一、美观，无安全隐患和破损
	5. 空调安装位置统一，冷凝水集中收集，支架无锈蚀
	6. 封闭阳台统一有序，色调一致，不超出外墙面；除建筑设计有要求外，不得安装外廊及户外防盗网、晾晒架、遮阳蓬等
	7. 房屋装饰装修符合规定，未发生危及房屋结构安全及拆改管线和损害他人利益的现象

（三）共用设备管理	［Ⅰ］综合要求
	1. 制订设备安全运行、岗位责任制、定期巡回检查、维护保养、运行记录管理、维修档案等管理制度，并严格执行
	2. 设备及机房环境整洁，无杂物、灰尘，无鼠、虫害发生，机房环境符合设备要求
	3. 配备所需专业技术人员，严格执行操作规程
	4. 设备良好，运行正常，一年内无重大责任事故
	［Ⅱ］供电系统
	1. 保证正常供电，限电、停电有明确的审批权限并按规定时间通知住用户
	2. 制定临时用电管理措施与停电应急处理措施并严格执行
	3. 备用应急发电机可随时启用
	［Ⅲ］弱电系统
	1. 按工作标准规定时间排除故障，保证各弱电系统正常工作
	2. 监控系统等智能化设施设备运行正常，有记录并按规定期限保存
	［Ⅳ］消防系统
	1. 消防控制中心 24 小时值班，消防系统设施设备齐全、完好无损，可随时启用
	2. 消防管理人员掌握消防设备设施的使用方法并能及时处理各种问题
	3. 组织开展消防法规和消防知识的宣传教育，明确各区域消防责任人
	4. 订有突发火灾应急方案，社论消防疏散示意图，照明设施、引路标志完好，紧急疏散通道畅通
	5. 无火灾安全隐患
	［Ⅴ］电梯系统
	1. 电梯准用证、年检合格证、维修保养合同完备
	2. 电梯按规定时间运行，安全设施齐全，通风、照明及附属设施完好
	3. 轿厢、井道、机房保持清洁
	4. 电梯由专业队伍维修保养，维修、保养人员持证上岗
	5. 运行出现故障后，维修人员应在规定时间内到达现场维修
	6. 运行出现险情后，应有排除险情的应急处理措施
	［Ⅵ］给排水系统
	1. 建立大厦用水、供水管理制度，积极协助用户安排合理的用水和节水计划
	2. 设备、阀门、管道工作正常，无跑冒滴漏
	3. 按规定对二次供水蓄水池设施设备进行清洁、消毒；二次供水卫生许可证、水质化验单、操作人员健康合格证齐全；水池、水箱清洁卫生，无二次污染
	4. 高压水泵、水池、水箱有严格的管理措施，水池、水箱周围无污染隐患
	5. 限水、停水按规定时间通知住用户
	6. 排水系统通畅，汛期道路无积水，地下室、车库、设备房无积水、浸泡发生
	7. 遇有事故，维修人员在规定时间内进行抢修，无大面积跑水、泛水，长时间停水现象
	8. 制定事故应急处理方案
	［Ⅶ］空调系统
	1. 中央空调系统运行正常，水塔运行正常且噪声不超标，无严重滴漏水现象
	2. 中央空调系统出现运行故障后，维修人员在规定时间内到达现场维修
	3. 制订中央空调发生故障应急处理方案
	［Ⅷ］供暖供气系统
	1. 锅炉供暖设备、煤气设备、燃气设备完好，运行正常
	2. 管道、阀门无跑冒滴漏现象及事故隐患
	3. 北方地区冬季供暖室内温度不得低于 16℃

续表

（四）共用设施管理	1. 共用配套服务设施完好，无随意改变用途
	2. 共用管线统一下地或入公共管道，无架空管线，无碍观瞻
	3. 道路、楼道、大堂等公共照明完好
	4. 大厦范围内的道路通畅，路面平坦
（五）保安及车辆管理	1. 大厦基本实行封闭式管理
	2. 有专业保安队伍，实行24小时值班及巡逻制度；保安人员熟悉大厦环境，文明执勤，训练有素，言语规范，认真负责
	3. 结合大厦特点制订安全防范措施
	4. 进出大厦各种车辆管理有序，无堵塞交通现象，不影响行人通行
	5. 大厦外停车场有专人疏导，管理有序，排列整齐
	6. 室内停车场管理严格，出入登记
	7. 非机动车辆有集中停放场地，管理制度落实，停放整齐，场地整洁
	8. 危及人身安全处有明显标志和防范措施
（六）环境卫生管理	1. 环卫设施完备，设有垃圾箱、果皮箱、垃圾中转站
	2. 清洁卫生实行责任制，有专职清洁人员和明确的责任范围，实行标准化清洁保洁
	3. 垃圾日产日清，定期进行卫生消毒灭杀
	4. 房屋共用部位保持清洁，无乱贴、乱画，无擅自占用和堆放杂物现象；大堂、楼梯、扶梯、天台、共用玻璃窗等保持洁净；大厦内共用场地无纸屑、烟头等废弃物
	5. 商业网点管理有序，符合卫生标准；无乱设摊点、广告牌和乱贴、乱画现象
	6. 无违反规定饲养宠物、家禽、家畜
	7. 大厦内排烟、排污、噪声等符合国家环保标准，外墙无污染
（七）绿化管理	1. 绿地无改变使用用途和破坏、践踏、占用现象
	2. 花草树木长势良好，修剪整齐美观，无病虫害，无折损现象，无斑秃
	3. 绿地无纸屑、烟头、石块等杂物
	4. 对大厦内部、天台、屋顶等绿化有管理措施并落实
（八）精神文明建设	1. 全体业主及使用人能自觉维护公众利益，遵守大厦的各项管理规定
	2. 设有学习宣传园地，开展健康向上的活动
	3. 大厦内的公共娱乐场所未发生重大违法违纪案件
（九）管理效益	1. 物业管理服务费用收缴率98%以上
	2. 提供有偿服务，开展多种经营
	3. 本大厦物业管理经营状况

全国物业管理示范工业区标准

序　号	标准内容
（一）基础管理	1. 按规划要求建设，房屋及配套设施投入使用
	2. 已办理接管验收手续
	3. 由一家物业服务企业实施统一专业化管理
	4. 建设单位在租售厂房前，与选聘的物业服务企业签订物业管理合同，双方责权利明确
	5. 在房屋销售合同签订时，购房人与物业服务企业签订前期物业管理服务协议，双方责权利明确
	6. 建立维修基金，其使用、续筹符合有关规定
	7. 房屋使用手册、装饰装修管理规定及业主与使用人公约等各项公众制度完善
	8. 业主委员会按规定程序成立，并按章程履行职责

续表

序　号	标准内容
（一）基础管理	9. 业主委员会与物业服务企业签订物业管理合同，双方责权利明确
	10. 物业服务企业制定争创规划和具体实施方案，并经业主委员会同意
	11. 工业区物业管理建立健全各项管理制度、各岗位工作标准，并制定具体落实措施和考核办法
	12. 物业服务企业的管理人员和专业技术人员持证上岗；员工统一着装，佩戴明显标志，工作规范、作风严谨
	13. 物业服务企业应用计算机、智能化设备等现代化管理手段，提高管理效率
	14. 物业服务企业在收费、财务管理、会计核算、税收、等方面执行有关规定；至少每半年公布一次物业管理服务费用收支情况
	15. 房屋及其公用设施设备档案资料齐全，分类成册，管理完善，查阅方便
	16. 建立住用户档案、房屋及其配套设施权属清册，查阅方便
	17. 建立24小时值班制度，建立服务电话，接受业主和使用人对物业管理服务报修、求助、建议、问询、质疑、投诉等各类信息的收集和反馈，并及时处理，有回访制度和记录
	18. 定期向住用户发放物业管理服务工作征求意见单，对合理建议及时整改，满意率达98%以上
	19. 建立并落实维修服务承诺制；零修及时率100%、返修率不高于1%，并有回访记录
（二）房屋管理及维修养护	1. 区内各建筑物标志明显，设立引路方向平面图和路标，驻工业区各单位名录标识在区内显著位置，企业铭牌及各类标识牌统一有序
	2. 无违反规划私搭乱建，无擅自改变房屋用途现象
	3. 房屋外观完好、整洁，外墙是建材贴面的，无脱落；是玻璃幕墙的，清洁明亮、无破损；是涂料的，无脱落、无污渍，无乱贴、乱涂、乱画和乱悬挂现象
	4. 室外招牌、广告牌、霓虹灯按规定设置，保持整洁、统一、美观，无安全隐患和破损
	5. 空调安装位置统一，冷凝水集中收集，支架无锈蚀
	6. 区内住宅封闭阳台统一有序，色调一致，不突出外墙面；除建筑设计有要求外，不得安装外廊及户外防盗网、晾晒架、遮阳篷等
	7. 楼宇内楼梯、走道、扶手、天花板、吊顶等无破损；墙提整洁，无乱张贴；共用部位门窗、灯具、开关等功能良好，卫生间、水房等管理完好
	8. 共用楼梯、天台、通道、卸货平台等处无堆放工业原料废料杂物及违章占用等，天台隔热层无破损
	9. 房屋装饰装修符合规定，未发生危及房屋结构安全及拆改管线和损害他人利益的现象
	10. 机器设备单位重量不超过楼板承重限度，无危及建筑物结构的安全隐患
（三）共用设备管理	［Ⅰ］综合要求
	1. 制订设备安全运行、岗位责任制、定期巡回检查、维护保养、运行记录管理、维修档案等管理制度，并严格执行
	2. 设备及机房环境整洁，无杂物、灰尘，无鼠、虫害发生，机房环境符合设备要求
	3. 配备所需专业技术人员，严格执行操作规程
	4. 设备良好，运行正常，一年内无重大责任事故
	［Ⅱ］供电系统
	1. 保证正常供电，限电、停电有明确的审批权限并按规定时间通知住用户
	2. 制定临时用电管理措施与停电应急处理措施并严格执行
	3. 备用应急发电机可随时启用
	［Ⅲ］弱电系统
	1. 按工作标准规定时间排除故障，保证各弱电系统正常工作
	2. 监控系统等智能化设施设备运行正常，有记录并按规定期限保存

续表

序　号	标准内容
（三）共用设备管理	［Ⅳ］消防系统
	1. 消防控制中心24小时值班，消防系统设施设备齐全、完好无损，可随时启用
	2. 消防管理人员掌握消防设备设施的使用方法并能及时处理各种问题
	3. 组织开展消防法规和消防知识的宣传教育，明确各区域消防责任人
	4. 订有突发火灾应急方案，社论消防疏散示意图，照明设施、引路标志完好，紧急疏散通道畅通
	5. 无火灾安全隐患
	［Ⅴ］电梯系统
	1. 电梯准用证、年检合格证、维修保养合同完备
	2. 电梯按规定时间运行，安全设施齐全，通风、照明及附属设施完好
	3. 轿箱、井道、机房保持清洁
	4. 电梯由专业队伍维修保养，维修、保养人员持证上岗
	5. 运行出现故障后，维修人员应在规定时间内到达现场维修
	6. 运行出现险情后，应有排除险情的应急处理措施
	［Ⅵ］给排水系统
	1. 建立工业区用水、供水管理制度，积极协助用户安排合理的用水和节水计划
	2. 设备、阀门、管道工作正常，无跑冒滴漏
	3. 按规定对二次供水蓄水池设施设备进行清洁、消毒；二次供水卫生许可证、水质化验单、操作人员健康合格证齐全；水池、水箱清洁卫生，无二次污染
	4. 高压水泵、水池、水箱有严格的管理措施，水池、水箱周围无污染隐患
	5. 限水、停水按规定时间通知住用户
	6. 排水系统通畅，汛期道路无积水，地下室、车库、设备房无积水、浸泡发生
	7. 遇有事故，维修人员在规定时间内进行抢修，无大面积跑水、泛水，长时间停水现象
	8. 制定事故应急处理方案
	［Ⅶ］空调系统
	1. 中央空调系统运行正常，水塔运行正常且噪声不超标，无严重滴漏水现象
	2. 中央空调系统出现运行故障后，维修人员在规定时间内到达现场维修
	3. 制订中央空调发生故障应急处理方案
	［Ⅷ］供暖供气系统
	1. 锅炉供暖设备、煤气设备、燃气设备完好，运行正常
	2. 管道、阀门无跑冒滴漏现象及事故隐患
	3. 北方地区冬季供暖室内温度不得低于16℃
（四）共用设施管理	1. 共用配套服务设施完好，无随意改变用途
	2. 共用管线统一下地或入公共管道，无架空管线，无碍观瞻
	3. 道路、楼道、大堂等公共照明完好
	4. 工业区范围内的道路通畅，路面平坦
（五）保安及车辆管理	1. 工业区基本实行封闭式管理
	2. 有专业保安队伍，实行24小时值班及巡逻制度；保安人员熟悉工业区环境，文明执勤，训练有素，言语规范，认真负责
	3. 结合工业区特点制订安全防范措施
	4. 进出工业区各种车辆管理有序，无堵塞交通现象，不影响行人通行
	5. 工业区内停车场有专人疏导，管理有序，排列整齐

续表

序 号	标准内容
（五）保安及车辆管理	6. 室内停车场管理严格，出入登记
	7. 非机动车辆有集中停放场地，管理制度落实，停放整齐，场地整洁
	8. 危及人身安全处有明显标志和防范措施
（六）环境卫生管理	1. 环卫设施完备，设有垃圾箱、果皮箱、垃圾中转站
	2. 清洁卫生实行责任制，有专职清洁人员和明确的责任范围，实行标准化清洁保洁
	3. 垃圾日产日清，定期进行卫生消毒灭杀
	4. 对有毒、有害工业垃圾管理严格按规定分装，不得与其他垃圾混装
	5. 房屋共用部位保持清洁，无乱贴、乱画，无擅自占用和堆放杂物现象；大堂、楼梯、扶梯、天台、共用玻璃窗等保持洁净；工业区内共用场地无纸屑、烟头等废弃物
	6. 商业网点管理有序，符合卫生标准；无乱设摊点、广告牌和乱贴、乱画现象
	7. 无违反规定饲养宠物、家禽、家畜
	8. 工业区内排烟、排污、噪声等符合国家环保标准，外墙无污染
（七）绿化管理	1. 绿地无改变使用用途和破坏、践踏、占用现象
	2. 花草树木长势良好，修剪整齐美观，无病虫害，无折损现象，无斑秃
	3. 绿地无纸屑、烟头、石块等杂物
（八）精神文明建设	1. 全体业主及使用人能自觉维护公众利益，遵守工业区的各项管理规定
	2. 设有学习宣传园地，宣传工业区管理、卫生、治安、消防等方面知识，开展健康向上的活动；宿舍区设信息公告栏；设有文化体育活动场所
	3. 区内的公共娱乐场所未发生重大违法违纪案件
（九）管理效益	1. 物业管理服务费用收缴率98%以上
	2. 提供有偿服务，开展多种经营
	3. 本工业区物业管理经营状况

（4）对投标人的要求

1）资质等级

住房和城乡建设部在《物业服务企业资质管理办法》的第八条规定："一级资质物业服务企业可以承接各种物业管理项目。

二级资质物业服务企业可以承接30万平方米以下的住宅项目和8万平方米以下的非住宅项目的物业管理业务。

三级资质物业服务企业可以承接20万平方米以下住宅项目和5万平方米以下的非住宅项目的物业管理业务。"

2）专业技术力量

3）技术装备

4）资信

5）特殊要求

有些物业可能由于业态不同、拥有的设施设备不同以及使用功能不同，对投标人有特殊的要求。有的工业物业要求投标人对于物业专用的附属设备（非生产设备）有资质和管理经验；有的外资企业要求物业管理公司员工必须有外语语言交流能力；有的要求物业管理公司有经营物业的能力。其实在国外这才是物业管理公司的本职工作，随着开放力度的加大，这种需求会越来越多。

（5）投标文件的编制要求

1）对投标文件形式的要求

① 投标文件份数

投标文件应有正本一份，副本份数与评标人数相同。一般正本是完整的，副本没有企业名称及与企业名称有关的信息，以保证评标是在保密的情况下进行。

② 格式

投标文件使用的纸张、封面、字体和字号。

③ 包装

投标文件的正本和副本都应分别用内层包装密封，在封面上写清项目名称、正本或副本以及招标单位的名称、地址和投标单位的名称、地址、邮政编码等。

将密封好的正本和副本再用外层包装密封，封面上写清招标单位的名称、地址和投标单位的名称、地址、邮政编码等，并注明开标时间之前不得开封。

2）投标文件的语言

投标一律用中文。

3）投标文件的内容

① 投标函；

② 投标单位概况；

③ 投标报价；

④ 物业管理方案；

⑤ 对招标文件中合同条款内容的确认和响应；

⑥ 投标人的管理优势及其他管理承诺；

⑦ 管理工作必备的物资装备计划情况；

⑧ 投标书附录；

⑨ 投标保证金；

⑩ 法定代表人资格证明书；

⑪ 授权委托书；

⑫ 资格审查表（资格预审的不用）；

⑬ 辅助资料表；

⑭ 法律法规要求提交的其他资料。

（6）投标须知

投标须知是招标文件的组成部分之一，是招标人对投标人的要约。

例：

1. 投标须知一览表

序　号	主要内容	备　注
1	项目名称： 项目地址： 建筑面积： 占地面积： 合同期限： 招标范围：	

续表

序　号	主要内容	备　注
2	资金来源：	
3	要求投标人达到的资质等级：	
4	投标截止日为：_____年_____月_____日 投标有效期为：_____天（日历日）	
5	投标保证金数额为：	
6	投标预备会时间： 投标预备会地点：	
7	投标文件副本为_____份	
8	投标文件递交的单位和地点： 投标文件递交时间：	
9	开标时间： 开标地点：	
10	评标方法：	

2. 物业管理资金来源

（1）常规服务费用

由投标人按合同所定标准向业主收取，招标人有义务协助收缴和催缴。

（2）特约服务费用

由投标人与业主或使用人按约定缴交。

（3）维修费用

按国家规定的程序申领。

3. 资质条件

（1）独立的法人资格；

（2）满足住房和城乡建设部《物业服务企业资质管理办法》所规定的相应条件。

4. 投标费用

投标人应承担其投标活动中所发生的全部费用。无论评标结果如何，招标人对投标人的一切费用不负任何责任。

5. 投标文件

（1）投标文件的文字

无论国内还是国外的物业服务企业投标时一律采用中文。

（2）投标文件的内容

投标文件内容按招标文件第（五）项编制。若有问题需要澄清，应于收到书面形式的招标文件后向招标人提出。招标人将以书面形式或会议形式统一解释。

6. 招标文件的修改

（1）在投标截止日前，招标人有可能会以通知的形式对招标文件进行修改或补充。

（2）补充通知将以书面形式送达所有投标人。补充通知是招标文件的组成部分，对投标人同样有约束作用。

（3）对于时间上的损失，招标人可酌情延长投标截止日期。

7. 投标报价

1）投标报价采用的货币

投标文件所报价格无论是单价还是总价一律采用人民币表示。

2）投标报价采用的方式

投标报价有两种方式：一种是价格固定，另一种是价格调整。价格固定是合同期内价格保持不变；价格调整是合同期内价格随市场变化而调整。物业管理的投标报价多采用价格固定。

根据《物业服务收费管理办法》第九条规定："业主与物业服务企业可以采取包干制或者酬金制等形式约定物业服务费用。包干制是指由业主向物业服务企业支付固定物业服务费用，盈余或者亏损均由物业服务企业享有或者承担的物业服务计费方式。酬金制是指在预收的物业服务资金中按约定比例或者约定数额提取酬金支付给物业服务企业，其余全部用于物业服务合同约定的支出，结余或者不足均由业主享有或者承担的物业服务计费方式。"究竟招标人拟采用包干制还是酬金制应在招标文件中说明，以便投标人按招标人的要求编制投标报价。

3）投标价格

物业管理投标的价格往往不是报出总价，只是一个收费标准和计算方法，而且仅仅是每一单位时间单位面积的服务价格。招标文件中应该要求投标人报出合同期内总价，即以单价乘以合同期再乘以面积。

8. 投标截止期

（1）投标人应在招标须知一览表第 8 项规定时间前将投标文件递交招标人；

（2）招标人可以按本须知第 4 条规定，通知投标人延长递交投标文件截止日期，此时，招标人与投标人的全部责任、权利和义务适用于新的投标截止期；

（3）超过投标截止期递交投标文件，招标人将原封退还给投标人。

9. 投标有效期

（1）投标活动起讫的若干日历日时间为投标有效期。

（2）如因特殊情况在有效期满之前，招标人需要延长投标有效期，须经招标投标管理部门批准，然后书面通知所有投标人。投标人必须书面答复，投标人可以拒绝延长有效期的要求而不被没收投标保证金。

10. 投标文件的修改与撤回

允许投标人在投标文件递交之后，投标截止期之前修改投标文件。修改投标文件所采取的方法是，投标人向招标人发修改或撤回投标文件的通知，然后将投标文件索回。投标文件修改后仍欲投标的，投标人应在投标截止之前将投标文件送回。逾期送回的投标文件，招标人将原封退回给投标人。

11. 投标文件的递交

（1）投标文件应按第（五）项要求包装后递交；

（2）按招标文件规定的地址递交投标文件；

（3）递交投标文件到招标单位时，不得超过投标截止期。

12. 投标保证金

在投标申请人通过预审后，一般招标人要向投标人收取一定数额的投标保证金，以保证入围的投标人都来投标。因此在招标文件中需要作出相应规定。

（1）投标保证金可以是现金、支票也可以是银行汇票。

（2）未按要求提交保证金的投标人将视为不响应投标而被拒绝。

（3）招标人将保证在投标有效期满若干日（一般为 14 天）之内如数奉还（无利息）给未中标的投标人。

（4）中标人的保证金，将在交纳履约保证金并签署合同后如数退还（无利息）。

（5）如投标人在投标有效期内撤回投标文件或中标后拒交履约保证金或拒绝签署合同，投标保证金将被没收。

13. 无效投标的有关事项

如有下列情况之一，可能会形成投标文件形式上的差异，成为辨别某投标文件的标识，投标文件无效；另外，干扰正常评标秩序也视为废标。

（1）投标文件未按照规定使用的打印纸打印的。

（2）投标文件未按规定字体打印的，字迹模糊不清、难以辨认的。

（3）投标文件中字体、图表未规定使用黑色打印的。

（4）投标文件中出现背景填充色以及装饰色的。

（5）投标文件未按照规定装订、密封，未加盖公章及法人印鉴的。

（6）投标文件技术标、商务标中透露投标人信息的，这些信息包括：企业名称、工作人员姓名、地址、电话、网址、邮箱、目前在管项目名称、与本次招标项目名称不一致的其他项目名称、企业英文名称及缩写、企业名称拼音及缩写。

（7）投标文件技术标、商务标中有照片展示的。

（8）资信标中投标人名称与投标报名或资格预审资料不一致的。

（9）参加开标和决标会议的投标人，其法定代表人或指定代理人迟到十五分钟以上到会的。

（10）决标会上无理取闹，扰乱会场秩序的。

14. 现场查勘

现场查勘是投标人直接了解物业管理项目的重要环节，通过现场查勘得到编制投标文件和签署合同的第一手资料。与现场查勘的有关事项应在招标文件中告知投标人。

（1）查勘所需费用由投标人自己承担。

（2）招标人对所提供的资料和数据负责，但对投标人由此作出的推断不负责。

（3）投标人提出问题必须在预备会召开前若干天，以书面形式送达招标人。

15. 投标预备会

（1）招标人澄清和解答投标人阅读招标文件和查勘现场发现的问题。

（2）会议记录的投标人所提问题和招标人的答复，将尽快用书面形式提供给所有投标人。因预备会所提问题而对招标人所要求的投标文件内容进行了修改，招标人以补充通知的形式发给所有投标人。

（7）评标标准和方法

评标标准和方法是评委评标的主要依据，按照《招标投标法》的要求，应在招标文件中告知投标人，在此公布的评标标准和方法评标时不得改变。评标标准和方法是将影响评分的因素分成若干项，可先将影响因素按大类分类，再把每类分成小类，如有必要可以分为三级或四级，尽可能细一些。然后再规定每项因素的各级权重、分数域值、给分或扣分方法。但物业管理的招标投标分项，在招标文件中一般只公布大类评分标准和方法。通常分为技术部分、经济部分、资信部分、现场答辩等四大类。

（8）提供服务的时间

物业管理招标投标提供服务的时间是指物业管理服务的合同期，在此明确告知投标人。

（9）投标人应提供的证明

需要投标人提供的证明材料主要是指表明投标人身份、业绩、资质和能力的有关资料，前面已经介绍不再赘述。

（10）投标保证金

（11）提交投标文件的方式、地点和截止时间

1）提交投标文件方式

物业管理招标投标提交投标文件的方式一般是由投标人亲自送达。

2）递交投标文件的地点

按招标须知一览表第 8 项规定地点递交。

3）截止时间

截止时间为招标须知一览表第 8 项规定的时间。

（12）开标、评标和决标的日程安排

（13）合同主要条款

建设部和国家工商行政管理局 1997 年曾经公布了《物业管理委托合同》示范文本。各地按照《物业管理委托合同》示范文本的主要内容，根据地方具体情况制定了本地区的合同文本，这是国家首次对物业管理合同的规范；《物业管理条例》出台以后，建设部于 2004 年又出台了《前期物业服务合同（示范文本）》，各地又都依此制定了行政管理部门要求必须采用的合同文本，《物权法》出台后，各地对有关条款进行了微调。目前，物业管理所涉及的主要合同条款均已列出，招标时可以直接采用并将该填写的内容填好。如果招标人有特殊要求，需要增加合同条款的内容或增加附录，应事先在招标文件中列出。

10.2.2 学习情境设计

以上所介绍的招标文件仅仅是整体结构，具体细节可根据项目情况填充，但这些内容都是不可或缺的，这是学习者训练的主要内容。要想让学习者掌握这些内容，可以采用编制招标文件训练、案例分析、纠错练习的训练方法和手段。

10.2.2.1 编制招标文件训练

指导教师可以带领学习者到真实的项目中现场查勘，采集项目的全部信息，然后按照要求编写招标文件，指导教师根据学习者存在的问题逐项分析。由于招标文件篇幅太长，不能将若干份完整的招标文件拿来逐个分析，只能列举一些主要关注点。

（1）项目基本信息采集

编写招标文件第一步先要采集拟招标项目的基本信息，主要包括：项目名称、地点、四至范围、物业类型、房屋建筑结构、管理面积（占地面积、建筑面积、绿化面积）、房屋总套数、设施、设备、预计竣工日期、预计售价以及目标顾客群等。

（2）现场查勘

现场查勘是对以上基本信息的合适和现场详细情况的进一步调查。招标策划之前，一定要到项目现场实地查勘了解第一手信息。但这种现场查勘既与投标人现场查勘有许多相近之处又有别于投标人的现场查勘。投标人现场查勘的目的是掌握招标项目的有关信息，使投标更有针对性。招标策划现场查勘是为了熟悉招标项目的全部信息，以便在招标文件中全面披露。另外，一个好的招标方案，是能够将适宜该项目管理的物业管理公司从诸多投标人中筛选出来。因此从现场查勘开始，策划者就要寻找考核点，在招标文件中提出要求，让投标人作出响应，以便拉开投标人分数档次。投标人的现场查勘与招标策划的现场查勘的查勘次数也有所不同，投标人现场查勘是一次性的，招标策划现场查勘次数不受限制，可以根据需要反复到现场。

现场查勘的主要内容除了上述的基本信息以外，还应有周围环境、物业项目的整体布局、功能分布、园林小品等。其中建筑物的详细情况包括：建筑物的高度、层数、每层层高、楼内外装修以及地上、地下、裙房和设备间等；设施设备详情包括：供配电系统、自来水二次泵房加压系统、空调系统、供暖换热站、消防泵、供配电系统为外网电压、是否有双电源供电、消防系统是否配备有火灾自动报警系统、消防控制室及相关设备系统、喷淋系统及消防栓和灭火器的配置、高压细水雾系统、是否有安防系统、网络系统、通信系统等智能化管理系统；车辆停放设施包括：规划设置机动车停车泊位数量（地下和地上的分布）等。为了考核学习者现场查勘能力，现场查勘以后，指导教师检查学习者记录的内容是否与项目真实情况一致。

（3）了解招标人要求

编写招标文件是为招标人服务，应该熟知招标人的要求。按照《招标投标法》第十八条规定："招标人可以根据招标项目本身的要求，在招标公告或者投标邀请书中，要求潜在投标人提供有关资质证明文件和业绩情况，并对潜在投标人进行资格审查；国家对投标人的资格条件有规定的，依照其规定。

招标人不得以不合理的条件限制或者排斥潜在投标人，不得对潜在投标人实行歧视待遇"。

据此，招标人可以对潜在投标人的资格和业绩提出要求，但国家对投标人的资格条件有规定的，依照其规定。国家对物业管理投标人的资格条件有具体规定，招标人的要求应当在此范围之内。也就是说，招标人不能对投标人的资格提出分外的要求，但可要求物业管理公司和项目负责人必须具备那种类型物业管理的经验。另外，还应该充分了解招标人所需的服务内容和服务质量，以及招标人的标底等。

招标文件要对投标人提出一系列的要求，投标人必须响应，否则会被认为弃标，因此，应该按照项目的具体情况提出切实可行的要求。

（4）编写招标文件

编写招标文件不需要很多资源消耗，完全可以在校内实训阶段解决。但拟招标项目必须完全真实的，最好是当时学校接受招标人委托代理招标实战项目。如果没有这类项目，用已经招标的项目也可以。招标文件的结构和内容要按前文中所介绍的编写，主要内容既不能遗漏和也不能重复。

（5）招标文件案例分析

任何一个已经开始进行物业管理招投标的城市，都会有许多实际的招标案例；历届学生实战训练也会有许多招标案例。实训指导教师可将其收集、整理，对招标文件中出现的瑕疵进行归纳。实训指导教师可组织学生对招标文件研读和分析，让学生总结招标文件的精华并指出存在的问题，最后由指导教师点评。

10.2.2.2 文件纠错练习

如前所述，实训指导教师预先设计一些错误，开发成电子信息产品进行训练。

［例］以下是带着错误的招标公告，呈现在界面上。其中有四处错误，学习者每发现一处错误就用鼠标点击（只允许点击四次），屏幕上将会出现四个备选项，再从备选项中挑选出正确答案。

招 标 公 告

一、××××开发公司的××××小区，占地面积 96000m²，建筑面积 203000m²，现通过公开招标选聘物业管理单位。

二、服务质量：服务标准一年内获得"全国物业管理示范项目"称号。

三、投标单位的资质等级必须是三级以上的物业服务企业，愿意参加投标的单位，可携带营业执照、物业服务企业资质等级证书向招标人购买招标文件。

四、招标工作安排

（一）发放招标文件

1. 单位：××××开发建设。

2. 时间：2011 年 3 月 1 日起至 2011 年 3 月 3 日止，每日办公时间为：8：30—17：30。

3. 招标文件的售价为：_____。

（二）投标地点：××大厦。

（三）投标预备会的时间：2011 年 3 月 6 日。

（四）现场查勘时间：2011 年 3 月 7 日。

（五）投标截止时间：2011 年 3 月 19 日 18 时。

（六）开标时间：2011 年 3 月 20 日 8 时。

（七）开标地点：××大厦。

招标单位：（盖章）

法定代表人：（签字、盖章）

地址：××大厦

邮政编码：××××××

联系人：×××

电话：××××××××

日期：2011 年 3 月 1 日

参考答案：

1. 资质等级要求与国家规定不符

《物业服务企业资质管理办法》规定："三级资质物业服务企业可以承接 20 万 m² 以下

住宅项目和 5 万 m² 以下的非住宅项目的物业管理业务。"该项目已经超过 20 万 m²，应该选聘二级以上物业服务企业。

2. 服务质量要求无法实现

招标文件要求一年之内获得"全国物业管理示范项目"称号，事实上这是无法实现的。因为申报国家示范项目必须取得"省（自治区、直辖市）级物业管理示范项目"称号一年以上。而省优必须是接管一年以上的项目，有的地区还要求第一年先要达标，第二年才能申报省优，再过一年才能申报国家示范。总之一年之内不可能实现全国物业管理示范项目。

3. 工作顺序颠倒

投标预备会是招标人澄清和解答投标人阅读招标文件和查勘现场发现的问题。现场查勘应该在前投标预备会在后，而招标文件是投标预备会在前现场查勘在后。

4. 投标文件编制时间不足

按照《招标投标法》规定："投标人应当确定投标人编制投标文件所需要的合理时间；但是，依法必须进行招标的项目，自招标文件开始发出之日起至投标人提交投标文件截止之日止，最短不得少于二十日。"前期物业管理招标属于依法必须进行招标的项目，编制招标文件的时间，最短不得少于二十日。但招标文件规定的时间不足 20 日。

纠错练习可以用较短文件也可以用较长篇幅的文件，或者截取文件的一部分，视教学需要而定灵活掌握。

10.2.2.3　填表练习

招标文件中有很多表格，如果填错将会带来不必要的纠纷，为此学习者应该着重训练这一能力。

实训室可以开发填表训练软件，实现各种各样单据表格填写训练。比如对于设施设备清单填写，实训指导教师先以某项目为例，按照项目真实情况填好某类设施设备，然后清除掉位置、代号、数量和厂家等列内容。学习者现场调查后，认真填写设施设备清单。然后使用应用软件与预先填写好的正确表格对比，比对两者之间的重复率，以判断学习者填表效果。

各楼楼内电气设备清单见表 10-2-3 所示。

各楼楼内电气设备清单（单位：台）　　　　　　表 10-2-3

序　号	位　置	名　　称	代号、规格型号	数　量	厂　家
1		低压配电柜			
2		双电源动力箱			
3		备用电源			
4		循环水泵变频柜			
5		双电源动力柜			
6		生活变频柜			
7		照明配电箱			
8		对讲主机			
9		报箱			
10		分户电表箱			
11		分户开关箱			
12		动力箱			
13		消防增压控制柜			
	合计				

11 学习情境2——编制投标文件

编制投标文件是技术含量最大的工作，是学习者学习招投标的难点。指导教师应该根据投标工作任务需要，设计学习情景让每个学习者学会编制投标文件。

11.1 投标文件的主要内容

物业管理的投标文件本无定式，关键是要响应招标文件要求。物业管理的招投标与工程项目的招投标又有所不同，更无标准模式。有的投标文件包括投标函、技术标和商务标；有的包括投标函、技术标、经济标和商务标；有的在此基础上加上资信标；有的将"标"改为"部分"。这里所说的内容其实只是投标文件中的一部分，不能独立成为标书。通常大家叫成技术标、商务标是口语化了，称为技术部分和商务部分似更规范。其他的差别可能与"商务"有关，有人认为"商务"是经济测算，所以在结构上出现差异。其实"商务"指的是商业事务，在这里是指企业"资信"。根据多年参加评标对投标文件的认识，笔者认为投标文件应该包括投标函、授权委托书、资信部分、技术部分和经济部分。

11.1.1 投标函

投标函是投标人给招标人的信函，主要的作用是想通过此函向招标人表示投标意愿、投标报价以及中标后的履约保证等。

参考文本：

投 标 函

_____（招标单位）：

（1）根据已经收到的你单位物业管理招标文件，按照《前期物业管理招标投标管理暂行办法》规定，我单位经过现场考察和对招标文件的研究，现决定以人民币_____元的合同期总价（或以每平方米每月物业管理费额报标），按招标文件中的合同条件和有关资料所提出的要求，承接该项目的物业管理。

（2）一旦我方中标，将按招标文件的规定如数交纳履约保证金_____元。

（3）除非另有协议生效，你单位的中标通知和本投标文件将构成约束双方的合同。

投标人：（盖章）

单位地址：

法定代表人：（签字、盖章）

邮政编码：

电话：

传真：

开户银行名称：

银行账号：

开户行地址：

电话：

日期：_____年_____月_____日

11.1.2　投标授权委托书

投标授权委托书是投标人所持有的必要文件，是进入投标现场人员的凭证。前面我们曾经提到，物业管理的投标应该是独立的企业法人而不是自然人。能够依法行使民事权利、履行民事义务的主要负责人只有法定代表人。但法定代表人都是单位的领导，不可能每标必到，而且按照常规项目经理（绝大多数不是法定代表人）必须参加宣讲和答辩，因此并不是法定代表人亲临投标现场。为了表明身份，参加投标现场活动的人必须持有法定代表人签发的投标授权委托书。授权委托书比较简单，但关键的信息必须反映出来。以下是授权委托书参考文本。

授权委托书

本人系_____（公司名称）的法定代表人，现授权委托_____（姓名）为我公司代理人，以本公司的名义参加_____（项目名称）物业管理的投标活动。代理人在投标、开标、评标、合同谈判物业管理项目中所签署的一切文件和处理与之有关的一切事务，我均予以承认。代理人无权转委托。

特此委托。

代理人：_____性别：_____年龄：_____身份证号_____单位：_____部门：_____职务：_____

投标人：（公章）

法定代表人：（盖章）

日期：_____年_____月_____日

11.1.3　投标文件的资信部分

资信部分是考核企业既往管理水平的重要标志，主要包括资质等级、管理业绩、奖惩记录、人员构成和设施设备等企业基本情况。主要内容有：

11.1.3.1　投标单位概况

（1）企业简介

1）名称；

2）法定代表人；

3）公司成立时间；

4）公司注册地址；

5）邮政编码；

6）电话；

7）传真；

8）电子信箱；

9）投标联系人；

10）公司开户银行及账号；

11）资质等级。

（2）投标单位在管物业的概况

1）管理项目的数量；

2）在管项目名称；

3）管理面积；

4）管理物业的类型。

（3）主要业绩和问题

1）国家示范项目情况；

2）省级优秀项目情况；

3）重大表彰；

4）投诉记载（可由监督管理机构核实，投标人如隐匿不写，除按评分标准打分以外，还应适当扣一些诚信分）。

（4）技术装备

是指对物业管理、维护、保养和检修所使用的主要仪器、机械、设备、通信器材、大型工具和运输工具等。其中应将企业全部技术装备、已经占用的技术装备、现在剩余的技术装备和允许协调使用的技术装备分别列出。主要项目有：

1）名称；

2）型号；

3）数量；

4）功率；

5）产地；

6）出厂时间。

（5）人力资源

主要介绍企业的专业技术力量，包括：企业经理、项目经理、部门经理、工程技术人员、业务骨干和高级技工等。其中应将企业的全部专业技术力量、剩余的专业技术力量和可以协调利用的专业技术力量分别列出。值得注意的是为了保密起见，可以不写这些人的姓名（主要依招标文件的要求而定），主要项目有：

1）学历；

2）所学专业；

3）专业技术职务；

4）个人简历；

5）是否具有相应的岗位资质等。

11.1.4　投标文件的技术部分

投标文件的技术部分主要是对产品质量的承诺和对生产过程的描述，旨在增加招标人对投标人生产能力的了解和信心。物业管理服务产品比较特殊，强调产品的针对性，因此需要先从对服务对象的分析开始，然后针对该项目具体情况和招标文件的要求提出服务质量。

11.1.4.1　物业管理方案

（1）待管项目分析

主要分析项目的特点、存在什么问题、管理难点和解决问题的思路，以便在制定方案时针对问题提出解决问题的具体措施。对下面的分析不能仅仅陈述项目情况，而要逐一分析对服务质量和服务成本的影响以及应对的手段。

1）区位分析

区位是影响房地产价格的主要因素，区位也对物业管理的成本有很大影响，如：远离劳动力集中的地区，肯定会加大交通成本。因此，投标文件必须先对物业项目所处区位进行分析，然后才能制定出管理方案。

2）环境分析

对环境的分析既要包括物业管理区域内的环境也要包括物业管理区域周边的环境；既要包括自然环境也要包括人文环境，因为这些问题都直接或间接地影响物业管理的成本和效果。

3）物业本体分析

所谓物业管理其实主要还是针对物业本身进行管理，因此对物业本体的分析是非常重要的。分析的内容应该有：物业管理区域的整体布局、规模、功能分布、建筑结构、总体高度、层数、每层层高、装饰装修、园林小品、水域、景观、绿化、硬化、道路、围墙、会所以及物业管理用房等。

4）设施设备分析

设施设备管理是物业管理中难度最大，消耗资源最多的工作。物业管理区域内的设施设备包括：供电设备、给水设备、排水设备、供暖设备、消防设备、安全防范设施、通信设备、电视接收设备、垂直交通运输设备以及网络系统等。其内容不仅要对他们的型号、性能、能源消耗、运行规律和操作管理等诸多问题进行研究，还要调取这些设备的采购合同认真分析。因为涉及使用过程中的维护保养的责任主体问题，有些设施设备不一定由物业管理公司管理，管理成本和责任都会由此而发生变化。

5）业主群体分析

业主是物业管理服务产品的消费者，是物业管理市场的需求主体，不同的客户有不同的需求。所以要对业主群体进行分析，把握好绝大多数业主的需求倾向。分析的内容包括房地产价格、业主的收入、家庭结构、年龄结构和文化修养等。如果是在建工程的前期招标，房地产项目尚未开盘，可能有些情况还不明朗。不过任何项目在前期策划时都要先确定目标客户群，此时可以借鉴一下。如果物业管理市场比较稳定，最终结果出入不会很大。

（2）管理思路的设想

管理思路主要是根据前面对项目本身和客户所进行的分析而确定的对该项目管理的技术路线。这是制定管理方案的整体设想，其中包括管理模式、方案的框架、制约机制、服务档次以及实现手段等。

（3）所能达到的服务质量

物业管理服务的质量要求有几套不同的评价体系，主要是根据评价目的而定。普通住宅小区物业管理服务等级标准、全国物业管理示范住宅小区标准及评分细则、全国物业管理示范大厦标准及评分细则以及各地的达标考核评分标准。投标文件可根据项目具体情况和企业拥有的资源而定，一旦写入投标文件就必须严格执行，否则将会被追究违约责任。

值得注意的是，物业管理服务质量很难量化，检查时大多采用目测，无法借助于仪器设备等辅助手段，违约责任很难界定，经常因此而起纠纷。所以投标文件必须针对各项服务详细说明质量检查方法和手段，以后的人员配置、管理制度和工艺流程等都是为了实现承诺的质量标准的保障措施和手段。

对于物业管理中可以量化的指标，一定准确描述承诺的域值并介绍检查方法、计算公式以及实现的措施等。物业管理的服务质量可以量化的指标主要有三大类：一是服务活动频度；二是物业本身的状态，用语言和数字可以反映出来；三是通过调查可以反映出来的指标。服务活动的频度可以计数，如：每天清洁次数、立岗值勤时间、设备保养的间隔时间或频率等；物业本身的状况可以反映出来的指标有：房屋完好率、公共配套设施设备完好率、道路完好率、车场完好率、消防设施的完好率、公共照明设施完好率、绿化完好率、清洁达标率、档案建立与完好率等；通过调查可以反映出来的指标有：综合满意率、业主投诉处理率、房屋维修及时率、一次维修工程质量合格率、维修回访率和管理人员专业培训合格率等。现将某投标文件房屋完好率承诺的指标列于表11-1-1，供参考。

房屋完好率   表 11-1-1

管理指标	≥98%
检查标准	按环保部颁布的《房屋完损等级评定标准》进行现场查勘鉴定
测算公式	房屋完好率＝(基本完好房建筑面积＋完好房建筑面积)/房屋总建筑面积×100%≥98%
保证措施	A. 定期进行查勘鉴定、及时制定详细的房屋维修养护计划，并严格执行； B. 房屋外观、主体的巡查、保养频率及质量标准量化分解到个人； C. 日常维护检查与定期维修巡查相结合，确保良好状态； D. 严把二次装修服务关，对进入本项目内的施工单位及人员实行专人跟踪服务，严防破坏公共部位

值得说明的是，以上的承诺不是政府的规定，投标人应该根据招标文件的要求和自己的实力确定承诺指标。但有的地方政府对于物业管理的房屋完好率有达标考核标准，则投标文件的承诺必须高于达标基本要求。

（4）采取的管理方式

1）内部管理组织机构框架

机构设置要根据项目具体情况和企业理念以及拥有的资源而定，应做到便于指令下达和信息反馈。

① 公司机构设置；

② 项目管理框架；

③ 制约机制。

2）人员配备

人员配置要根据环境和项目的具体情况确定，人数太多成本过高不易中标，人数太少无法达到质量要求而违约经营。物业管理服务迄今还没有人工定额，但业内有些经验数字可以参考。不同地区所需人工不尽相同，南方多雨，植物浇灌次数少，园林绿化掩护人员相对较少；北方干旱植物全凭人工浇灌，必然多用人手。南方空气潮湿灰尘较少，保洁人员需要较少；北方灰尘不断，特别是华北地区每逢春季沙尘天气和秋季大风天气，必须加大清洁频度，人员必然增多。但同一地区同一项目用工应该接近，业内都有经验数字，投标人必须掌握。评标时经常看到同一项目，不同投标文件人员安排相差一倍以上，肯定有些投标文件把握不准。华北地区某城市行政管理部门，曾经规定过普通住宅物业管理人员总数和管业面积的关系，大约是每万平方米建筑面积需要3～5名物业管理人员（包括操作层）。需要说明的是这只是个参考，面积太大或太小都不适用。人员配备主要包括以下内容：

  ① 岗位设置；

  ② 各岗位人员配备；

  ③ 岗位职责；

  ④ 现有职工取得岗位资质证书的人数；

  ⑤ 全员培训计划和考核；

  ⑥ 激励机制。

  3）物业管理主要环节的运作流程

  物业管理的工作流程非常重要，有的招标文件明确写出必须画出几个主要工作的流程图。但各个企业工作习惯和管理特点不同，流程会有一些差别无法划一。但有些问题不能有误，一是逻辑关系不能错；二是前后顺序不能错；三是参与主体不能错。

  ① 承接查验

  承接查验是在物业竣工验收合格的基础上，物业管理企业代替全体业主对物业的公共部位和公共设备的再检验。承接查验应该在竣工验收之后、业主入住之前进行。承接查验的流程常见到的问题是主体搞错。承接查验的主体与竣工验收主体截然不同，承接查验的交付主体新项目是开发建设单位，旧项目是业主自治组织；承接主体是物业管理企业。竣工验收交付主体是施工单位；接管主体是开发建设单位。现在很多投标文件将这两个不同性质的验收搞混，现实中也确实有这种情况。不过大多发生在未真正脱钩的物业管理企业，或有与开发建设单位有血缘关系的物业管理企业，往往是开发建设单位让物业管理企业代替自己参与某些活动。《物业管理条例》中强调"建设单位按照房地产开发与物业管理相分离的原则，通过招投标的方式选聘具有相应资质的物业服务企业"。所以，在投标文件中，主体关系不能混乱，否则肯定会被扣分而影响中标。

  旧项目的承接查验注意先后顺序，应该是原物业管理企业先将项目交给业主自治组织，然后业主自治组织再将项目交给新物业管理企业，此时才要进行承接查验。

  ② 业主入伙

  业主入伙也叫业主入住，此时物业管理企业要与业主接触，并办理相关手续。但注意一点，物业专有部分的交接主体是开发建设单位和业主，而不包括物业管理企业。这是商品买卖双方的交接手续，没必要第三方参加。物业管理企业可以协助开发建设单位做一些工作，但不是责任主体。即使是开发建设单位委托物业管理企业代办（应付代办费），那也是以开发建设单位的名义办理。许多投标文件都在这一环节由物业管理企业发放《住宅质量保证书》和《住宅使用说明书》的内容，其实这也是由开发建设单位负责。住房和城乡建设部《商品住宅实行住宅质量保证书和住宅使用说明书制度的规定》第三条规定："房地产开发企业在向用户交付销售的新建商品住宅时，必须提供《住宅质量保证书》和《住宅使用说明书》。《住宅质量保证书》可以作为商品房购销合同的补充约定。"物业管理企业必须清楚不同责任主体之间的法律关系，否则不但受累不讨好而且还后患无穷。

  ③ 装修管理

  装修管理的工作流程应该注意几个主要环节，按照住房和城乡建设部《住宅室内装饰装修管理办法》规定，装修人应该先到"物业管理企业或者房屋管理机构（以下简称物业管理单位）申报登记"（第十三条）；再有就是"装修人，或者装修人和装饰装修企业，应当与物业管理单位签订住宅室内装饰装修管理服务协议";第三是双告知,即"物业管理单位应当将住宅室内装饰装修工程的禁止行为和注意事项告知装修人和装修人委托的装饰装修企业。装修人对住宅进行装饰装修前,应当告知邻里"。

有的投标文件将装修质量检查也放到流程中,这是业主自己的事,绝对不是物业管理企业的工作。物业管理企业要检查的是装修过程中是否损坏了公共部位和共有设施,如果有就要追究其责任。

④ 各项常规服务的日常管理

物业管理的常规服务有许多项,企业的运作流程各有特色。投标单位应该通过工作流程展示,取得评委和招标人的信任。常规服务主要包括:秩序维护、环境管理、客户服务、车辆管理、公共部位和公共设施的养护和维修。

⑤ 专项服务

专项服务有的是由物业管理企业自己完成,有的是委托专项服务企业完成。如果是投标企业自己完成,则可以纳入日常工作范围;如果转托其他企业,则物业管理企业应将专项服务企业的选择、运行以及监管过程写清,关键是让业主和评委对服务质量放心。

4)管理规章制度

① 岗位责任制;

② 各岗运作制度;

③ 档案管理内容及制度;

④ 运行管理中的服务项目及服务内容;

⑤ 巡检制度;

⑥ 员工培训制度;

⑦ 薪酬奖惩制度;

⑧ 实现服务质量的保障措施。

5)针对该项目的特点所采取的措施

主要根据项目情况和业主构成而定,如果物业管理区域内有水域,就应该采取一些安全措施避免落水;如果是高层或超高层建筑,就应该有紧急疏散措施;另外,还要根据业主的构成不同而开展内容不同的社区文化活动。

(5)应急预案

应急预案指面对突发事件如自然灾害、重特大事故、环境公害及人为破坏的应急管理、指挥、救援计划等。国务院曾经发布过《国家突发公共事件总体应急预案》,目的在于提高政府保障公共安全和处置突发公共事件的能力,最大限度地预防和减少突发公共事件及其造成的损害,保障公众的生命财产安全,维护国家安全和社会稳定,促进经济社会全面、协调、可持续发展。应急预案包括的几大重要子系统有:完善的应急组织管理指挥系统;强有力的应急工程救援保障体系;综合协调、应对自如的相互支持系统;充分备灾的保障供应体系;体现综合救援的应急队伍等。应急预案可分为若干类别,物业管理应急预案属于"企事业单位根据有关法律法规制定的应急预案"。这里着重强调"根据有关法律法规制定",是因为现在所看到的投标文件,许多"应急预案"部分存在违法内容(详见后面案例),评委评标时肯定会给扣分。

投标文件中常见的应急预案主要有:火灾事故紧急处理预案、电梯异常情况的处理方案、给排水设备设施异常情况的处理方案、电力故障处理方案、交通事故紧急处理预案、地下车库紧急情况处理预案、刑事案件紧急处理预案、公共卫生安全处理预案、可疑物的处理程序、面对爆炸、恐吓事件和高空坠物事件的处理等。以下是刑事案件紧急预案，供参考。

附：刑事案件紧急预案

1. 接报刑事案件的处理

（1）接报或发现斗殴、流氓、暴力事件，秩序维护主管应在3分钟内组织秩序维护员及时赶到事发现象，查明闹事人是否带有凶器及其人数、地点。

（2）及时拨打110报警并向上级主管报告，控制事态，劝阻疏散围观人员。

（3）公安民警到来之前，积极主动制止双方的过激行为，通过劝说和诱导的方式制止闹事人，以免事态扩大造成不良影响。

（4）对现场进行保护，对外围人员进行观察，并记录在心。

（5）向警方介绍情况，根据民警需要协助破案。

2. 打架斗殴的处理

打架斗殴是扰乱治安秩序的违法行为，如果秩序维护员在执勤过程中，发现管理范围内的打架斗殴事件，应作如下处理：

（1）立即劝阻打斗、劝散围观群众，如双方不听制止，事态继续发展，难以控制，应迅速报告公安机关。

（2）如有重伤者应送附近医院抢救。

（3）向警方介绍情况，根据民警需要协助破案。

3. 盗窃、匪警的处理

（1）秩序维护员在执勤中遇有或接报公开使用暴力或其他手段（如打、砸、抢、偷等）强行索取或毁坏公司财物或威胁业主人身安全的犯罪行为时，要切实履行秩序维护员职责立即报警。

（2）如发现盗窃分子正在作案，应立即组织人员，当场抓获，连同证据（作案工具、赃物）送交公安机关处理。

（3）所有持对讲机的秩序维护员在听到求援信号后，要立即赶到现场，同时通知各出入口值班员不能离岗，要封锁出事场所的出口，等待民警处理。

（4）若犯罪嫌疑人逃跑，一时又追捕不上时，要看清人数、衣着相貌、身体特征，所用交通工具及特征等，并及时报告民警。

（5）有案发现场的（包括偷盗、抢劫现场）要保护现场，不得擅自移动任何东西，包括罪犯嫌疑人留下的手痕、脚印、烟头等，不能让任何人触摸现场痕迹和移动现场的物品，并立即报告公安机关；在公安机关人员未勘察现场或现场勘察完毕之前，相关人员应配合公安人员，不得离开。

（6）对重大可疑被窃现场，可将事主和目击者的情况如实向公安机关详细报告。

（7）对可疑作案人员，可采取暗中监视或设法约束，交公安人员处理。

（8）记录事主提供的所有情况及被抢（盗）物品及价值，询问事主是否有可疑线索、怀疑对象等情况

（9）突发事件现场如有人受伤，应立即拨打急救电话或送往医院抢救、医治，并报告公安机关。

（10）秩序维护主管应在《紧急事件处理报告》中对事件经过作详细描述，报告管理处经理；项目经理应将采取的预防措施方案与《紧急事件处理报告》一并上报公司主管领导。

4. 抢劫的处理

在执勤中遇有公开使用暴力、胁迫或其他手段如打、砸、抢、强行掠取公司或业主财物的犯罪行为时，要切实履行秩序维护人员的职责，必须立即进行处理。

（1）迅速制止犯罪，设法擒获或召集组织其他人员擒拿犯罪嫌疑人。

（2）如在楼内发生劫案，应通知值勤门卫，严格检查，组织人员对楼内进行清查，如犯罪嫌疑人逃走，追不上时，应看清犯罪分子的人数、衣着、面貌明显特征、身体特点、所用的交通工具及其型号、品牌、特征等，及时报告管理处及当地派出所。

（3）保护好现场，劫匪遗留凶器、作案工具等不要用手触摸，不要让无关人员进入现场，如无固定现场的，无法将劫匪遗留的物品留在原处的，要一一收拾起来，交给公安机关处理。

（4）访问目击群众，收集发生劫案情况，提供给公安机关，同时公安人员未勘察现场或未勘察完毕不能离开。

（5）事主或在场群众如有受伤的，要立即设法将伤者送医院抢救医治，并迅速报告公安机关。

（6）填写《紧急情况处理报告》。

5. 业主家中发生刑事和治安灾害事故的处理

（1）值班秩序维护应迅速向上级主管、公安机关报案，业主受侵害的财物投保保险的还应通知承保的保险公司。

（2）当班秩序维护员应根据具体情况，采取适当的方法把整个现场保护起来，禁止无关人员进入现场，以免破坏现场遗留的痕迹、物证，影响证据的收集。

（3）抓紧时机向发现人或周围群众了解案件、事故发生发现的经过，收集群众的反映和议论，了解更多的情况并认真记录。

（4）向到达现场的公安人员认真汇报案件发生情况，协助破案。

（5）填写《紧急情况处理报告》。

6. 执勤中遇到不执行规定或不听劝阻的处理

（1）处理问题时先敬礼，态度和蔼，说话和气，以理服人。

（2）对不听劝阻者，尽量想办法查清其姓名或单位，如实记录下来以便向领导汇报。

（3）发生纠纷时，秩序维护员一定要冷静，避免争吵。

（4）若遇到个别人员蛮横无理，打骂秩序维护员，可由秩序维护中心出面同此人共同协商妥善处理，若情节严重，报告公安机关依法处理。

7. 爆炸物及可疑爆炸物的处理

（1）秩序维护人员发现或接到各类可疑物品时，要立即向主管领导报告，并留守现场，阻止任何人再接触可疑物品。

（2）初步确认可疑物品为爆炸物时，立即报警并对附近人员进行疏散，设置临时警戒线，任何人员不得擅自入内。

（3）待公安人员到现场后，协助公安人员排除爆炸隐患，并进行调查。

（4）如果爆炸已经发生，秩序维护人员要立即报警，协助抢救运送伤员，稳定居民情绪，保护好现场，安置疏散人员。

8. 对醉酒滋事或精神病人的处理

醉酒者或精神病人失去了正常的理智，有些处于不能自控的状态，很容易造成伤害。执勤人员应按如下方法处理：

（1）发现醉酒或精神病人失去了正常的理智，处于不能自控的状态下容易对自身或其他人员造成伤害，秩序维护员应及时对其采取控制和监督措施。

（2）如果熟悉或认识醉酒者或精神病人，应设法立即通知其家人或工作单位，请他们派人领回，并采取控制和监护措施。

（3）若醉酒者或精神病人有危害社会安全的行为，可将其强制送交公安部门，处理过程中注意保护自己。

（6）制定管理方案必须注意的问题

1）管理方案要有针对性

管理措施要针对项目的自身特点制定，主要应对项目的"硬件"和业主群体进行分析。"硬件"主要看设施设备，根据设施设备的技术含量确定管理措施。"业主群体分析"主要按收入水平和知识层次细分，然后针对不同的消费群体制定管理措施。

2）管理方案应有唯一性

物业具有唯一性，管理方案也应是唯一的，万万不可千篇一律。有些物业管理公司只准备了一份投标文件，拿着它到处投标；或预先准备一份投标文件模板，每次投标最多只在地址、面积、物业用途等方面稍作调整，又当一份新投标文件接着去别处投标。对于这类投标文件评委都有一种本能的抵制，给分不会很高，中标概率非常低。有的投标文件上甚至留有其他项目的痕迹，问题严重时可能直接定为废标。

3）服务质量描述

投标文件中对服务质量标准的描述应该详尽，而且要按不同范围和内容分别表述。服务质量标准切忌含混不清，能量化的一定要量化。如：服务的频度，可以写一天几次或多长时间一次。也不要以为服务质量越高越好，好的投标文件中所确定的服务质量标准，应该与物业硬件和所需费用相匹配。如果不顾实际情况一味追求高质量，从其他标书上摘章觅句，以至于质量高到按现有的硬件和费用根本无法实现时，肯定不能中标，即或中标将来也要承担违约责任。

4）管理方案的可行性

管理方案必须是切实可行的，不能言过其实。很难做到的事绝对不要写入投标文件，否则无法实现时将会承担违约责任。而且明显无法实现的投标文件，评委也不会给高分。

11.1.4.2 对招标文件内容的确认和响应

招标文件是一种要约邀请，是当事人订立合同的预备行为，只是引诱他人发出要约，不能因相对人的承诺而成立合同。但投标是要约，投标文件如果未响应招标文件要求将视为废标，如果响应招标文件要求即为承诺，中标后就要兑现。因此，不能草率的对招标文件确认和响应，要充分考虑利弊得失并确认对招标文件响应的程度。

11.1.4.3 投标人的管理优势及其他管理承诺

（1）自身优势；

（2）相关优惠条件；

（3）特殊的承诺。

11.1.4.4　管理工作必备的技术装备计划情况

（1）原有的装备；

（2）补充的装备；

（3）拟占用的房屋；

（4）合同期内装备使用计划书。

11.1.5　投标文件的经济部分

投标文件的经济部分是对商品价格的承诺，并对价格形成的理由和根据进行介绍，增加招标人的信任。经济部分是投标人根据招标文件对招标项目作出要约的表示，是投标文件的核心内容。

11.1.5.1　运行成本测算

（1）成本构成

按照《物业服务收费管理办法》的规定，物业服务成本或者物业服务支出构成一般包括以下部分：

1）管理服务人员的工资、社会保险和按规定提取的福利费等；

2）物业共用部位、共用设施设备的日常运行、维护费用；

3）物业管理区域清洁卫生费用；

4）物业管理区域绿化养护费用；

5）物业管理区域秩序维护费用；

6）办公费用；

7）物业服务企业固定资产折旧；

8）物业共用部位、共用设施设备及公众责任保险费用；

9）经业主同意的其他费用。

物业共用部位、共用设施设备的大修、中修和更新、改造费用，应当通过专项维修资金予以列支，不得计入物业服务支出或者物业服务成本。物业服务成本所包含项目可参见表11-1-2所示。

物业服务成本　　　　　　　　　　　　表 11-1-2

序　号	项目名称	取费依据	取费标准	备　注
1	人工费			
2	公共部位设备运行费			
3	清洁卫生费用			
4	清洁卫生费			
5	秩序维护费			
6	办公费			
7	固定资产折旧			
8	保险费			
9	其他费用			

（2）各项成本的内涵

为提高政府制定物业服务收费的科学性，合理核定物业服务定价成本，国家发展改革委和住房城乡建设部根据《政府制定价格成本监审办法》、《物业服务收费管理办法》等有关规定，制定了《物业服务定价成本监审办法（试行）》，责成各省、自治区、直辖市、计划单列市发展改革委、物价局、住房城乡建设厅（房地局）遵照执行。

《物业服务定价成本监审办法（试行）》对物业服务定价的各项成本构成的内涵作出了严格规定。

1）人员费用

人员费用是指管理服务人员工资、按规定提取的工会经费、职工教育经费，以及根据政府有关规定应当由物业服务企业缴纳的住房公积金和养老、医疗、失业、工伤、生育保险等社会保险费用。

2）设施设备维护费

物业共用部位共用设施设备日常运行和维护费用是指为保障物业管理区域内共用部位共用设施设备的正常使用和运行、维护保养所需的费用。不包括保修期内应由建设单位履行保修责任而支出的维修费，应由住宅专项维修资金支出的维修和更新、改造费用。

3）绿化养护费

绿化养护费是指管理、养护绿化所需的绿化工具购置费、绿化用水费、补苗费、农药化肥费等。不包括应由建设单位支付的种苗种植费和前期维护费。

4）清洁卫生费

清洁卫生费是指保持物业管理区域内环境卫生所需的购置工具费、消杀防疫费、化粪池清理费、管道疏通费、清洁用料费、环卫所需费用等。

5）秩序维护费

秩序维护费是指维护物业管理区域秩序所需的器材装备费、安全防范人员的人身保险费及由物业服务企业支付的服装费等。其中器材装备不包括共用设备中已包括的监控设备。

6）共用设施设备及公众责任保险

物业共用部位共用设施设备及公众责任保险费用是指物业管理企业购买物业共用部位共用设施设备及公众责任保险所支付的保险费用，以物业服务企业与保险公司签订的保险单和所交纳的保险费为准。

7）办公费

办公费是指物业服务企业为维护管理区域正常的物业管理活动所需的办公用品费、交通费、房租、水电费、取暖费、通信费、书报费及其他费用。

8）固定资产折旧

固定资产折旧是指按规定折旧方法计提的物业服务固定资产的折旧金额。物业服务固定资产指在物业服务小区内由物业服务企业拥有的、与物业服务直接相关的、使用年限在一年以上的资产。

9）经业主同意的其他费用

经业主同意的其他费用是指业主或者业主大会按规定同意由物业服务费开支的费用。

工会经费、职工教育经费、住房公积金以及医疗保险费、养老保险费、失业保险费、工伤保险费、生育保险费等社会保险费的计提基数按照核定的相应工资水平确定；工会经费、职工教育经费的计提比例按国家统一规定的比例确定，住房公积金和社会保险费的计提比例按当地政府规定比例确定，超过规定计提比例的不得计入定价成本。医疗保险费用应在社会保险费中列支，不得在其他项目中重复列支；其他应在工会经费和职工教育经费中列支的费用，也不得在相关费用项目中重复列支。

（3）测算依据

物业服务费用各项成本的测算必须要有充分依据，不能主观臆断。有些项目可以根据经验测算，但对于人员成本、共用部位共用设施设备日常运行和维护费用以及固定资产折旧费用等，国家规定得比较详细。必须依照国家或当地有关的法律法规，以及与物业管理服务有关的劳动定额进行测算。常用的法规主要包括：《价格法》、《物业管理条例》、《物业服务收费管理办法》、《物业服务定价成本监审办法（试行）》和劳动定额（如：全国城镇市容环境卫生统一劳动定额）等。另外各地还有一些行政主管部门出台的文件，规定了计算方法和测算参数更是测算的主要依据。测算依据的时间性和空间性都很强，不同的时期有不同的法规，过时的规定不能采用；不同地区消费水平可物价有很大差异，各地政府对普通住宅物业管理服务费测算都有些限制性规定，成本测算时必须遵照执行。但本书无法对各地情况逐一介绍，只能以某地为例列举测算依据，供读者参考。其实各地法规之间也仅仅是数额的微小差异，主要内容也都大致相同。

1）人员费用测算依据

人员费用在物业服务费用中占很大比例，而且国家对人员费用的管理和控制比较难严格，对于最低工资标准、社会保险费征缴基数、住房公积金缴存额度、基本养老保险费、工资折算等问题严格规定。

① 关于调整××市最低工资标准的通知

最低工资标准是人工费测算的下限，各地每年都在根据物价水平调整，必须关注地方有关文件。以下是某城市调整最低工资标准的通知，仅供参考。

关于调整××市最低工资标准的通知

人社局发〔2012〕20号

各区、县人力资源和社会保障局，各委、局（集团总公司）人力资源社会保障部门，各有关单位：

根据××市人民政府《关于印发××市最低工资保障规定的通知》（×政发〔2003〕107号）规定，结合我市国民经济发展状况，经市委、市政府同意，对××市最低工资标准进行调整，现就有关问题通知如下：

一、××市最低工资标准由每月1160元、每小时6.7元，调整为每月1310元、每小时7.5元。

二、非全日制用工劳动者最低小时工资标准由每人每小时11.6元调整为每人每小时13.1元。

三、本通知自2012年4月1日起施行。

② 社会保险费征缴基数

社会保险费在人员费用中占很大比例而且必须有根有据，各地对此都有严格规定。社会保险费的确定，决定因素是社会保险基数和比例，以下是某城市职工缴纳社会保险费征缴基数的规定的摘录。

××市人力资源和社会保障局文件

×人社局发〔2011〕99 号

关于 2012 年度单位和职工缴纳社会保险费征缴基数的最低和最高标准等有关问题的通知

各区、县人力资源和社会保障局，各委、局（集团总公司）人力资源社会保障部门，各有关单位：

依据市人民政府有关文件规定，单位和职工缴纳社会保险费基数的最低和最高标准，每年由市人力资源和社会保障行政部门公布，现就 2012 年度单位和职工缴纳社会保险费基数的最低和最高标准等有关问题通知如下：

一、缴纳社会保险费基数标准

（一）用人单位和职工缴纳城镇职工基本养老、城镇职工基本医疗、失业、工伤和生育保险费基数的最低和最高标准分别为 2006 元和 10560 元。

（二）城镇个体工商户和灵活就业人员缴纳基本养老保险费的基数为 5060 元。按照 5060 元缴费确有困难的，可在 5060 元与 2106 元之间选择确定缴费基数。灵活就业人员医疗保险缴费基数为 2200 元。

（三）灵活就业自谋职业人员社会保险补贴中养老保险补贴基数为 2106 元、失业保险补贴基数为 2006 元，医疗保险补贴基数为 2200 元。

（四）困难企业及托管中心中大龄灵活就业人员社会保险补贴的保险缴费基数为 2006 元。

（五）正在领取失业保险金人员参加城镇职工基本医疗保险缴费基数为 2006 元。

（六）商贸、餐饮、住宿等服务业从业人员"定员定额"参加工伤保险缴费标准调整为 10 元。

（七）无工作单位残疾军人医疗保险缴费基数和残疾军人医疗补助缴费基数为 3520 元。

（八）城镇企业职工养老保险补缴计算保值系数时，上一年本市职工月平均工资为 3520 元。

　　……

五、有关事宜

2012 年度我市城镇企业职工基本养老保险和自收自支事业单位工作人员养老保险的个人账户年记账利率为 3.5％；月记账利率为 2.917‰。

2012 年度我市城乡居民、农籍职工基本养老保险和老农保个人账户年记账利率为 3.5％；月记账利率为 2.917‰。

2012 年度城镇职工基本医疗保险个人账户年记账利率为 0.50％；月记账利率为 0.416‰。

六、本《通知》自 2012 年 1 月 1 日执行。

二〇一一年十二月二十八日

③ 基本养老保险费

养老保险费是按当期企业职工工资总额的一定比例向社会保险机构缴纳的用于养老保

险的款项。国家有统一的要求，各地也有具体规定，下面是某城市人大关于《城镇企业职工养老保险条例》（摘录），供参考。

××市人民代表大会常务委员会公告

第八十四号

××市人民代表大会常务委员会关于修改《××市城镇企业职工养老保险条例》的决定，已由××市第十四届人民代表大会常务委员会第三十二次会议于 2006 年 11 月 7 日通过，现予公布，自公布之日起施行。

××市人民代表大会常务委员会

2006 年 11 月 7 日

第八条 基本养老保险费按照下列规定缴纳：

（一）用人单位按照职工个人缴费基数之和的百分之二十缴纳，由用人单位开户银行按月优先代为扣缴。

（二）职工按照本人工资的百分之八缴纳，由所在单位按月在职工工资中代为扣缴。

（三）职工本人工资低于本市上年职工月平均工资百分之六十的，以上年职工月平均工资百分之六十作为用人单位和职工缴纳基本养老保险费的基数。

（四）职工本人工资高于本市上年职工月平均工资百分之三百的，以本市上年职工月平均工资百分之三百作为用人单位和职工缴纳基本养老保险费的基数，超过百分之三百的部分不作为用人单位和职工缴纳基本养老保险费的基数，也不作为计发基本养老金的基数。

（五）个体工商户按照本市上年度在岗职工平均工资的百分之二十为其本人缴纳基本养老保险，其中百分之八记入个人账户；个体工商户按照本市上年度在岗职工平均工资的百分之十二为其职工缴纳基本养老保险，职工本人按照本市上年度在岗职工平均工资的百分之八缴纳基本养老保险，职工本人缴纳部分全部记入个人账户。

第九条 市人民政府可以根据实际需要调整基本养老保险费的缴纳标准，并报市人民代表大会常务委员会备案。

第十条 基本养老保险基金由养老保险基金经办机构在银行开设的基本养老保险基金专户存储，按照中国人民银行规定的同期城乡居民储蓄存款利率计息，所得利息并入基本养老保险基金。

基本养老保险基金的保值增值，应当按照有关规定进行。所得收益全部并入基本养老保险基金。

基本养老保险基金及其所得收益不计征税、费。

④ 失业保险

失业保险是国家通过立法强制实行的保险项目，是为失业而暂时中断生活来源的劳动提供物质帮助的制度。它是社会保障体系的重要组成部分，是物业管理人员必须有的保险项目。各地对于具体计算方法都有规定，现将某城市保险条例（摘录）附后，供参考。

××市失业保险条例

（2001 年 5 月 23 日××市第十三届人民代表大会常务委员会第二十五次会议通过

　　根据 2002 年 7 月 18 日××市第十三届人民代表大会常务委员会第三十四次会议《关于修改〈××市失业保险条例〉的决定》修正）

细　　则

　　第一条　为了保障失业人员在失业期间的基本生活，促进其再就业，根据《中华人民共和国劳动法》和国务院《失业保险条例》，结合本市实际情况，制定本条例。

　　第二条　本市行政区域内的下列用人单位及其职工，应当按照本条例的规定参加失业保险，缴纳失业保险费：

　　（一）国有企业、外商投资企业、港澳台商投资企业及其职工；

　　（二）城镇集体企业、城镇私营企业和坐落在城镇的其他企业及其职工；

　　（三）城镇事业单位及其职工；

　　（四）社会团体及其专职人员；

　　（五）民办非企业单位及其职工。

　　上述用人单位人员失业，依法享受失业保险待遇。

　　参照国家公务员制度管理的单位和人员，不适用本条例。

　　第三条　市劳动保障行政部门主管本市失业保险工作。

　　劳动保障行政部门按照国家规定设立的经办失业保险业务的社会保险经办机构，按照本条例规定具体承办失业保险业务。

　　第四条　失业保险基金由下列各项组成：

　　（一）用人单位及其职工缴纳的失业保险费；

　　（二）失业保险基金的利息；

　　（三）财政补贴；

　　（四）滞纳金；

　　（五）社会捐赠；

　　（六）依法纳入失业保险基金的其他资金。

　　第五条　用人单位按照本单位工资总额的百分之二缴纳失业保险费。职工按照本人工资的百分之一缴纳失业保险费。农民合同制工人本人不缴纳失业保险费。

　　市人民政府可以根据实际情况和国务院的规定，对前款规定的失业保险费的费率进行调整。

　　失业保险费缴费基数，不得低于本市规定的最低工资标准。

　　⑤ 住房公积金核定

　　按照管理住房公积金交存比例每年都要例行调整，因此测算物业服务费时应及时注意到当地政府的通知。以下是某市当年住房公积金交存比例的通知，供参考。

关于调整 2012 年住房公积金缴存额的通知

×公积金委〔2012〕7 号

各区县、委局（集团公司）、驻×单位：

　　根据《住房公积金管理条例》（国务院令第 350 号）、《××市住房公积金管理条例》（×人发〔2002〕26 号）及我市有关政策，经××市住房公积金管理委员会 2012 年第一次会议审议通过，现将 2012 年住房公积金缴存额调整有关事项通知如下。

一、调整住房公积金缴存基数

（一）自2012年7月1日起，本市住房公积金缴存基数由2010年职工个人月均工资总额，调整为2011年职工个人月均工资总额。单位和职工住房公积金缴存比例保持不变，仍为各11%。

（二）职工工资总额按照国家统计部门规定的工资总额计算口径核定。

（三）2012年度住房公积金缴存基数不得低于本市现行最低月工资标准（1310元），不得超过本市上一年度在岗职工月平均工资的3倍（14508元）。

（四）单位在2012年1月1日至2012年6月30日期间新录用和新调入的职工，调整后的缴存基数为自录用或调入之月起至2012年6月的月平均工资总额。

二、提高、降低住房公积金缴存比例或缓缴住房公积金

（一）单位可根据自身经济状况，申请提高2012年度住房公积金缴存比例。缴存比例最高为单位和职工各15%。

全市机关单位住房公积金缴存比例按照市有关规定办理。

（二）企业前两年连续亏损，且在岗职工月平均工资水平低于当年全市在岗职工月平均工资水平的60%（2010年、2011年全市在岗职工月平均工资水平的60%分别为2579元、2902元），可申请降低2012年度住房公积金缴存比例，单位和职工最低不得低于各5%。

（三）企业前两年连续亏损，且在岗职工月均工资水平低于当年全市在岗职工月平均工资水平的40%（2010年、2011年全市在岗职工月平均工资水平的40%分别为1720元、1934元），可申请缓缴住房公积金。经批准缓缴住房公积金的单位，待经济效益好转后，应按照规定或批准的缴存比例补缴缓缴的住房公积金。

（四）单位申请提高、降低住房公积金缴存比例、缓缴住房公积金，须经本单位职工大会或职工代表大会（工会）讨论同意，并在办理缴存额调整手续前，持相关资料到缴存住房公积金的分中心或管理部办理申请手续。

三、切实加强对住房公积金缴存额调整工作的领导

调整住房公积金缴存额工作政策性强，关系职工切身利益，各级领导要列入议事日程，组织房改、劳动、人事、财务等部门，集中精力、抓紧时间认真填报职工住房公积金调整清册，及时交回核对。要严格按照国家统计部门规定的计算口径核定职工工资总额，确定缴存基数，认真执行住房公积金缴存基数和比例上、下限规定，核实单位住房公积金登记信息，保证2012年住房公积金缴存额顺利调整。

四、本通知有效期自2012年7月1日至2013年6月30日。

我市原有住房公积金缴存政策与本通知不一致的，以本通知为准。

⑥ 工作时间和工资折算

有关工作时间和工资的计算，劳动和社会保障部有明确规定，必须严格按规定执行。现将文件附后，供参考。

关于职工全年月平均工作时间和工资折算问题的通知

各省、自治区、直辖市劳动和社会保障厅（局）：

根据《全国年节及纪念日放假办法》（国务院令第513号）的规定，全体公民的节日

假期由原来的 10 天增设为 11 天。据此，职工全年月平均制度工作天数和工资折算办法分别调整如下：

一、制度工作时间的计算

年工作日：

365 天－104 天（休息日）－11 天（法定节假日）＝250 天

季工作日：250 天÷4 季＝62.5 天/季

月工作日：250 天÷12 月＝20.83 天/月

工作小时数的计算：以月、季、年的工作日乘以每日的 8 小时。

二、日工资、小时工资的折算

按照《劳动法》第五十一条的规定，法定节假日用人单位应当依法支付工资，即折算日工资、小时工资时不剔除国家规定的 11 天法定节假日。据此，日工资、小时工资的折算为：

日工资：月工资收入÷月计薪天数

小时工资：月工资收入÷（月计薪天数×8 小时）

月计薪天数＝（365 天-104 天）÷12 月＝21.75 天

三、2000 年 3 月 17 日劳动保障部发布的《关于职工全年月平均工作时间和工资折算问题的通知》（劳社部发〔2000〕8 号）同时废止。

劳动和社会保障部

二〇〇八年一月三日

2）设施设备维护费测算依据

物业共用部位共用设施设备日常运行和维护费用应该包括共用部位共用设施设备的正常使用和运行、维护保养所需的费用，其中既有能源消耗也有维修服务的人工成本，同时还有一些检测费用。人工成本前面已经讲过，能源消耗大部分是按照市场价格取费，不需要有法规依托。但电力供应是垄断经营应按政策付费，有的城市居民小区的电梯、供水和楼内照明是按工业用电计费，有的城市是按居民生活用电，必须严格按照当地规定测算。对设施设备的检测费用须有依据，主要包括：消防检测、电梯检测和防雷技术服务等。以下列举某市相关规定，供参考。

① 物业管理用电价格

大多数城市物业管理项目公共部位照明和公用设备运行所需用电均按工业用电收费，无疑加大了物业管理成本。但也有的城市将"居民住宅区域内直接为居民生活服务的电梯、二次供水、楼内照明用电（经营性除外）统一调整为居民生活用电价格"，以下是该市规定，供参考。

关于调整我市电力销售价格的通知

市电力公司、有关单位，各区、县物价局：

根据《国家发展改革委关于调整华北电网电价的通知》（特急发改价格〔2009〕2919 号），经市政府同意，适当调整我市电力销售价格。现将有关事项通知如下：

一、按照国家规定，理顺发电企业上网电价与销售电价关系。将 2008 年 8 月我市火力发电企业上网电价提高影响电网企业增加的购电成本，通过调整电力销售价格予以疏导。

二、按照国家《可再生能源法》和《可再生能源发电价格和费用分摊管理试行办法》有关规定，将我市可再生能源电价附加征收标准提高到每千瓦时0.4分钱。

三、按照国家规定，将我市销售电价每千瓦时提高0.2分钱，暂用于解决电网企业"一户一表"改造投资还本付息等问题。

四、按照国家规定，进一步优化销售电价结构。适当提高我市两部制电价中基本电费的比重。进一步拉大各电压等级间的差价。

将寺庙、养老院、儿童福利院用电，居民住宅区域内直接为居民生活服务的电梯、二次供水、楼内照明用电（经营性除外）统一调整为居民生活用电价格。以上用电必须单独装表计量，不得与其他用途混合计量。

五、以上电价调整自2009年11月20日起执行。其中，电力用户11月20日后的用电量，可按对应抄表周期内日平均用电量乘以应执行调整后电价的天数确定。具体执行价格见附件。我局《关于调整我市电力销售价格的通知》（×价商〔2008〕160号）文件中的附件1至附件3停止执行。

六、关于我市部分区、县的综合趸售电价另行下达。

七、各级电力企业对电力价格调整工作务必高度重视、精心组织、统筹规划、周密安排。要认真做好相关人员业务培训、网络调整以及电力用户的宣传解释工作。要进一步提高服务水平，切实履行电力用户的服务承诺。要严格执行国家规定的电价政策，确保本通知规定的各项措施得到贯彻落实。

各部门，尤其是各级工商业企业主管部门，要按照国家政策规定，认真做好本系统电力用户的宣传解释工作；各部门、企业，要努力消化电力提价的影响。

八、各级价格主管部门，要密切关注市场价格动态，做好价格监测和监督检查工作，对价格违法行为依法予以查处。

九、以上措施执行中如有问题，请及时报告我局。

××市物价局二〇〇九年十一月二十三

② 消防设施检测

按照《消防法》第五十六条规定："公安机关消防机构及其工作人员应当按照法定的职权和程序进行消防设计审核、消防验收和消防安全检查，做到公正、严格、文明、高效。

公安机关消防机构及其工作人员进行消防设计审核、消防验收和消防安全检查等，不得收取费用，不得利用消防设计审核、消防验收和消防安全检查谋取利益。公安机关消防机构及其工作人员不得利用职务为用户、建设单位指定或者变相指定消防产品的品牌、销售单位或者消防技术服务机构、消防设施施工单位。"

由此可见，消防验收和消防安全检查是不允许收费的，但对消防设施检验测试和消防设施维修保养收费属经营服务性收费，可以纳入《××市经营服务性收费目录》管理，以下是收费有关规定，供参考。

关于规范消防设施检验测试和消防设施维修保养收费标准的通知

×价房地〔2005〕247号

市消防局，各有关单位：

为规范我市消防设施检验测试和消防设施维修保养收费行为，增加消防设施检测收费的透明度，促进消防设施检测市场健康发展，经研究，现将有关问题通知如下：

一、消防设施检验测试和消防设施维修保养收费属经营服务性收费，纳入《××市经营服务性收费目录》管理。

二、具有从事消防设施检验测试和消防设施维修保养相关资质的单位，按照"自愿有偿"的原则，承揽消防设施检测和消防设施维修保养业务并按专业规范提供服务的，依照本通知规定的收费项目及标准向委托单位收取费用。

三、消防设施检验测试和消防设施维修保养的具体收费标准是：

（一）消防设施检验测试收费标准见附表；

（二）消防设施维修保养收费标准由你公司根据市场情况与委托人协商议定。

四、各单位要严格执行明码标价制度，在收费场所显著位置公示收费项目、收费标准。提供质价相符的服务，不得"只收费、不服务"或"多收费、少服务"。

本通知自下发之日起执行。此前凡与本通知不一致的一律同时废止。

××市物价局

二○○五年七月八日

附表：××市消防设施检验测试收费标准

××市消防设施检验测试收费标准

一、火灾自动报警系统及联动系统

序　号	系统探测器数量或设备名称	收费单位	收费标准（元）	备　注
1	感温、感烟智能型探测器	个	20	
2	感温、感烟普通型探测器	个	18	
3	分离式光电感烟探测器	个	30	
4	线型感温探测器	十米	8	
5	手动报警按钮	个	10	
6	联动设备点	点	50	
7	联动控制器	控制回路	20	
8	火灾报警控制器	台	1000	
9	CRT	台	1000	
10	区域显示器或重复显示器	台	300	
11	防排烟、安全疏散检测	点	50	

二、卤代烷 1211 1301 CO_2 灭火系统

序　号	设备名称	收费单位	收费标准（元）	备　注
1	钢瓶	个	40	
2	容器阀	个	10	
3	液体单向阀	个	10	
4	集流管	个	10	
5	选择阀	个	20	
6	钢瓶间启动装置	个	100	
7	远控启动装置	个	100	
8	保护区内警报装置	个	50	

续表

序　号	设备名称	收费单位	收费标准（元）	备　注
9	保护区外警报装置	个	50	
10	气控管路	套	50	
11	管网	套	30	
12	喷嘴	个	10	
13	1121贮存压力	个	20	
14	二氧化碳称重	瓶	50	
15	控制系统紧急启动和切断功能测试	功能	100	
16	火灾探测器联动控制设备功能测试	功能	100	
17	控制显示功能	功能	20	

三、泡沫灭火系统

序　号	设备名称	收费单位	收费标准（元）	备　注
1	压力比例混合器	个	80	
2	负压比例混合器	个	80	
3	环泵式负压比例混合器	个	80	
4	高倍数泡沫发生器	个	200	
5	低倍数液上泡沫产生器	个	100	
6	液下泡沫产生器	个	100	
7	空气泡沫炮	个	150	
8	泡沫喷头	个	10	
9	过滤器	个	10	
10	压力开关	个	20	
11	电动阀（电磁阀）	个	20	
12	排液阀	个	10	
13	系统喷水试验	系统	100	
14	系统发泡试验	系统	200	

四、自动喷水灭火系统

序　号	设备名称	收费单位	收费标准（元）	备　注
1	泵房（含控制柜、线路、水泵等）	套	1200	
2	系统保护面积	$100m^2$	40	

五、消防供水系统

序　号	设备名称	收费单位	收费标准（元）	备　注
1	消防泵房（含控制柜、线路水泵等）	套	1200	
2	消火栓（含静压测试、安装位置等）	个	50	
3	消火栓按钮（启泵功能、信号显示、安装位置等）	个	10	
4	充实水柱测试	每支水枪	300	
5	水泵接合器（泵组车加压）	个	500	

注：以上收费标准只包括对系统功能的检测，不包括维修及设备更换。

③ 防雷设施

防雷设施设备也应该定期检测，防雷技术服务收费项目及标准也有具体规定。

××市物价局关于××市防雷技术服务收费标准的复函

市气象局：

你局《关于申请确认防雷技术服务收费项目及收费标准的函》（×气函［2005］3号）收悉。经研究，同意核定防雷技术服务正式收费标准。现将有关规定函复如下：

一、凡在本市行政区域内开展防雷技术服务的单位均按照此收费项目和标准执行，任何部门、单位或个人都不得擅自设立收费项目，制定或调整收费标准。

二、有关单位或企业开展防雷技术服务，应根据自愿有偿的原则，接受用户的委托，未经用户委托不得强行服务和收费。

三、各收费单位要在收费场所实行明码标价，向社会和用户公示收费项目和标准，自觉接受物价部门的监督检查。

四、防雷技术服务收费属于经营性收费，收费单位应按规定到相关物价局办理《收费许可证》手续。

五、本通知自2005年3月1日起执行。

附件：防雷技术服务收费项目及标准

××市物价局

二〇〇五年二月二十四日

附件：

防雷技术服务收费项目及标准

单位：元

序　号		收费项目		计量单位	收费标准	备　注
一	防雷装置检测	接地电阻		点	90	楼层6层以上每层加3%；构筑物20米以上每米加收2%
		保护范围		点	150	
		装置类型/装置状况		点	80/30	
二	专项防雷装置检测	电源质量检测	避雷器漏电流	只	50	易燃易爆场所加收20%
			频率漂移	点	50	
			谐波	点	50	
		防静电接地检测		点	80	
		电源避雷器测试		只	120	
		信号避雷器测试		只	40	
		绝缘电阻检测		点	60	
		电磁环境测试		项	500	新建时一次性测试收费
		土壤电阻率检测		点	60	
		过渡电阻测试		点	30	
		零地漂移电压测试		点	30	

续表

序　号		收费项目	计量单位	收费标准	备　注
三	新、改扩建（构）筑物、专项防雷工程施工图纸核查和检测	新、改、扩建易燃易爆场所（仓库）防雷装置施工图纸核查	每套图纸	2000	
		新、改、扩建（构）物防雷装置施工图纸核查	每套图纸	1500	建筑面积在5000平方米以下减半收费
		通信设施、计算机网络系统、自控、监控设施和广播电视设施专项防雷工程施工图纸核查	每套图纸	600	工程额在3万元以下减半收费
		新、改、扩建建（构）筑物防雷装置施工质量检测	每平方米建筑面积	0.80	二、三类防雷装置
				1.00	一类防雷装置
		通信设施、计算机网络系统、自控和监控设施、广播电视设施等专项防雷工程施工质量检测	防雷工程总造价	3%	不超过防雷工程造价的3%

注：从事防雷装置检测的单位必须取得市气象主管部门核发的资质证书。

④ 电梯检测收费依据

××市物价局、××市财政局关于特种设备检测检验费的通知

市质量技术监督局：

经市人民政府同意，为了规范收费管理，现将特种设备检测检验收费标准的有关问题通知如下：

一、将你局劳动安全检测检验费与锅炉压力容器检验费合并为特种设备检测检验费。

二、特种设备检测检验费中的锅炉压力容器检验费收费标准仍按市物价局《关于调整锅炉检验收费标准的复函》（×价费〔1993〕第36号）、市劳动局《××市锅炉压力容器技术检验所收费标准（试行）》（×劳财字〔1990〕343号）中有关规定执行。

三、特种设备检测检验费中的电梯起重设备检测检验费收费标准见附件。

四、特种设备检测检验费纳入财政预算，实行"收支两条线"管理。

附件：电梯起重设备检测检验费收费标准

××市物价局

××市财政局

二○○五年一月二十一日

附件：

电梯、起重设备检测检验费

序　号	收费项目	计费单位	收费标准（元）	备　注
一	电梯			
1	国产电梯	台	350	货梯减收15%，群控梯每台加收30%，五层以上每增加一层加收10元，客货两用梯按客梯标准收费
2	进口电梯	台	420	同上
3	简易载货升降机	台	100	
4	施工升降机	台	250	龙门架

续表

序号	收费项目	计费单位	收费标准（元）	备注
二	起重机械			
1	桥（门）式起重机 （含装卸桥）	台	350	5吨以下减收20%（含5吨，下同），1吨以下减收30%，0.5吨以下减收50%，10吨以上加收20%，20吨以上加收30%，50吨以上加收50%
2	流动式起重机（含汽车、轮胎、履带式起重机）	台	350	15~20吨加收20%（含20吨），20吨以上加收40%
3	塔式起重机 （含门座式起重机）	台	450	下回转式减收10%，水平变幅式：60吨·米以下（含60吨·米）加收20%，60吨·米以上加收30%（不含60吨·米），100吨·米以上加收40%（不含100吨·米），200吨·米以上加收50%（不含200吨·米）
三	电梯、起重机复检收费	台		各种起重机械一次检验不合格，复检按项收费，收费标准每项20元，复检收费累计不超过初检收费标准的50%

3）固定资产折旧费

测算固定资产折旧费的关键在于，首先应该确定究竟有哪些工具和设备属于固定资产，可以进行折旧。《中华人民共和国企业所得税法实施条例》第五十七条规定："企业所得税法第十一条所称固定资产，是指企业为生产产品、提供劳务、出租或者经营管理而持有的、使用时间超过12个月的非货币性资产，包括房屋、建筑物、机器、机械、运输工具以及其他与生产经营活动有关的设备、器具、工具等。"由此可见，唯一可以判别固定资产和低值品的量化指标是耐用时间，超过12个月的非货币性资产就是固定资产。但在实际工作中，不是所有耐用时间超过12个月的工具和设备都是固定资产。税务部门要对各企业报税具体情况核准，被确认的工具和设备才是固定资产。

固定资产的折旧时间不能随意确定，按照《中华人民共和国企业所得税法实施条例》第六十条规定："除国务院财政、税务主管部门另有规定外，固定资产计算折旧的最低年限如下：

（一）房屋、建筑物，为20年；

（二）飞机、火车、轮船、机器、机械和其他生产设备，为10年；

（三）与生产经营活动有关的器具、工具、家具等，为5年；

（四）飞机、火车、轮船以外的运输工具，为4年；

（五）电子设备，为3年。"

另外，还要注意一个问题，工具和设备的使用空间必须是用于该项目日常管理，才可以摊提折旧费。企业所拥有的固定资产，从未直接用于某个项目则不能摊到项目中。

11.1.5.2 投标报价

物业管理的投标报价与其他招投标的投标报价不同，其他项目报价多以合同期的价格为准。物业管理投标的价格往往不是报出合同期总价，只是一个收费标准和计算方法，而且仅仅是每一单位时间、单位面积的服务价格。国家对于费用测算有政策要求但无预算定额，只有个别地区有当地定额。因此报价伸缩较大，投标人必须经过大量调研才能提出适宜的价格。如果物业管理属于政府采购的招标，大多以合同期总价为准。

（1）计费方式

投标报价有两种方式：一种是价格固定，另一种是价格调整。价格固定是合同期内价格保持不变；价格调整是合同期内价格随市场变化而调整。物业管理的投标报价多采用价格固定方式，因为即使合同写清价格随市场变化调整，真正想上调收费也是非常困难的，几乎无法实现。

（2）收费制度

物业管理有两种收费制，根据《物业服务收费管理办法》第九条规定："业主与物业服务企业可以采取包干制或者酬金制等形式约定物业服务费用。包干制是指由业主向物业服务企业支付固定物业服务费用，盈余或者亏损均由物业服务企业享有或者承担的物业服务计费方式。酬金制是指在预收的物业服务资金中按约定比例或者约定数额提取酬金支付给物业服务企业，其余全部用于物业服务合同约定的支出，结余或者不足均由业主享有或者承担的物业服务计费方式。"究竟招标人拟采用包干制还是酬金制一般都在招标文件中说明，投标人必须按招标人的要求编制投标报价。

投标人必须理解两种收费制的内涵，并在投标文件的方方面面体现出来。同样一个问题，对于不同计费方式可能会得到不同的结果。比如投标文件中承诺"可以免费给某些业主提供特约服务"，这种承诺对于"包干制"可以，但对于"酬金制"是不可以的。因为"包干制"是"业主向物业服务企业支付固定物业服务费用"，只要服务质量符合约定和法定要求，物业服务企业的盈亏或者利用企业资源为其他人服务业主无权干涉；"酬金制"实行物业服务"费用酬金制的，预收的物业服务支出属于代管性质，为所交纳的业主所有，物业管服务企业不得将其用于物业服务合同约定以外的支出"。如果免费给个别业主提供特约服务，其服务成本必然从物业管理服务费中列支。利用全体业主的资源免费为个别业主服务，这就侵害了全体业主的利益；如果收费就应该将收取的费用归全体业主所有，物业服务企业截留这笔费用同样也侵害了全体业主权利。

（3）收费标准和方法

物业管理是以权属为基础的，因此计费也是以业主拥有的业权大小为计算基数。采用包干制的是按每年成本构成总和加上利润，除以物业管理区域内允许收费的总面积再除以12个月。所得数据为每月每平方米应缴纳的物业管理费。采用酬金制的，先将酬金分摊到每平方米建筑面积上作为每月物业管理费的一部分，然后再将全年预计运行成本分摊到每月每平方米建筑面积，作为预收款由物业管理公司代管。计算时分别计算，收费时可以加到一起收。但投标文件中，应分别列示而且予以说明。酬金是相对固定的，运行成本是动态的，将根据实际支出而变化。

11.1.5.3　财务分析

（1）物业管理服务收入

物业管理收入是指企业向物业产权人、使用人收取的常规性服务费收入、公众代办性服务费收入和特约服务收入。主营收入主要是物业管理服务费收入，此外还有企业经营业主委员会或者物业产权人、使用人提供的房屋建筑物和共用设施取得的收入，如房屋出租收入和经营停车场、游泳池、各类球场等共用设施收入。但这些收入中并不是全部归物业管理公司所有，应该得到的只是经营成本和佣金。

（2）物业管理服务支出

物业管理过程中的支出，除了前面所列各项费用以外还应包括行政管理部门收费、各种外包专项服务费用以及经业主同意的其他费用。

（3）预测和分析

物业管理前期招标时，各种费用收支的经济活动尚未开始，因此投标文件中的数字都是预测和分析的结果。预测和分析的关键问题是收费率、欠费原因以及解决问题的办法。

11.1.5.4 财务计划

财务计划是以货币形式预计计划期内资金的取得与运用和各项经营收支及财务成果的书面文件。物业管理项目的财务计划是在服务产品的生产、交换、物料供应、劳动工资、设备维修、技术组织等计划的基础上编制的，其目的是为了确立财务管理上的奋斗目标，挖掘增产节约潜力，提高经济效益。目前我国物业管理还处于微利阶段，如何制定财务计划保持良好财务状况，使得项目可持续发展是招标人非常愿意看到的。

11.1.6 投标文件附录

（1）公司营业执照及物业管理资质证书；

（2）详细列出管理所需物料、设备清单；

（3）管理业绩证明；

（4）专业人员个人资格证明。

如所交为复印件中标后将核实原件。

11.1.7 投标保证金

投标保证金是投标人投标责任担保金，金额大小是按照招标文件的要求向招标人出具的。投标保证金的作用是投标人保证其投标被接受后对其投标书中规定的责任不得撤销或者反悔。否则，招标人将对投标保证金予以没收。对于未中标的投标保证金，应当在发出中标通知书后一定时间内，尽快退还给投标人。

11.1.8 法定代表人资格证明书

法定代表人是指依法代表法人行使民事权利、履行民事义务的主要负责人。《中华人民共和国民事诉讼法》第49条规定：法人由其法定代表人进行诉讼；其他组织由其主要负责人进行诉讼。法定代表人与法人的代表是有一定区别的，代表人的行为不是被代表人本身的行为，只是对被代理人发生直接的法律效力，而法定代表人的行为，就是企业、事业单位等本身的行为。投标时如果不是法定代表人直接出场，则既要有投标单位的法定代表人资格证明书，也要有法人代表的证明材料。以下是某投标单位的证明材料，供参考。

附：法定代表人资格证明书

兹证明 　　　 先生/女士在我公司任 　　　　 职务，系我公司的法定代表人，为承担 　　　　 项目，签署投标文件、进行合同谈判、签署合同和处理与之相关的一切事物。

先生/女士的个人情况：

姓名： 　　　 性别： 　　　 年龄： 　　　 职务：

（身份证明文件： 　　　　 身份证明文件名称及编号）

特此证明。

公司名称（盖章）：

日　　　期：　　　年　　月　　日
说明：

法定代表人指投标人所在国合法注册文件上的法定代表人（境内设计机构）或企业负责人（境外设计机构）。

本授权委托书声明：兹授权我公司的　　　（姓名）　　　，其身份证明文件：　　（名称、号码）　　，作为我公司的合法授权代表，以我公司的名义并代表我公司全权处理_____项目设计投标（招标编号：_____）的各项事宜。

本授权书期限自　　　年　　月　　日起，至　　　年　　月　　日止。

在此授权范围和期限内，被授权人所实施的行为具有法律效力，授权人予以认可。

授权代表无权转让委托权，特此声明。

授权代表人：　　　　性别：　　　年龄：
身份证明文件：　　　（名称、号码）　　　职务：
投标人名称（盖章）：
法定代表人（签名）：
授权委托日期：　　　年　　月　　日

11.1.9　需要提交的其他资料

企业诚信证明材料、业务骨干专业技术能力证明材料、企业获奖情况证明材料以及企业经营能力证明材料等。

11.2　投标文件的形式和包装

11.2.1　政府主管部门要求

为了公平公正，避免投标人在投标文件上暗设标记，串通评委抬高分数，政府应当在多方面采取措施，制止不良行为于未发之中。在投标文件的形式和包装上所涉及的事项主要有：

（1）投标文件用纸

投标文件用纸至少要企业与以下三个问题要求一致：

1）纸质；

2）规格；

3）颜色。

（2）打印出的文字

1）字体

电脑中常用的字体有很多种，招标文件应统一规定字体，实践中大多用宋体字。

2）字号

投标文件的字号可以都用一种字号，也可以标题和正文分开，但关键是必须要求一致。

（3）装订方式

目前投标文件的装订五花八门，怎样装订都有，但呈给评委看的副本必须一致，而且力求简单不假修饰。

（4）封面

招标投标服务机构或政府监督部门可以统一制作封面，装订在副本上。正本封面可以不作要求。

（5）包装

包装在以下几个问题应统一要求：

1）投标文件各部分分包方法；

2）包装用纸；

3）密封要求；

4）外包装的书写要求。

11.2.2　招标文件的要求

投标文件的内容不仅要按招标文件的要求编制，而且投标文件的形式和包装也要符合招标文件的要求。因为其中影响到保密的问题，如果违背招标文件要求容易泄密，只能按废标处理。如果政府主管部门已经对此作出规定，招标文件按照前面所说内容执行即可；如果没有规定，建议按照上述内容，在招标文件中提出要求。

11.2.3　企业形象的需要

形式和包装是内容的载体，是投标人向招标人第一次传递信息。在招标人没有看到投标文件内容之前，第一印象就是包装。在招标文件允许的范围之内，投标文件尽量精美一些，但也不必过于奢华。物业管理投标刚开始时，有的投标人到印刷厂用高档铜版纸印制投标文件，其实大可不必。这既容易泄密也是一种浪费。投标文件是代表了企业的形象，应以"雅"为主。

11.3　学习情境设计

物业管理的投标文件大多洋洋洒洒十几万字，要想让学习者具有编制投标文件的能力，必须斟酌学习情境设计。编制招标文件的训练应该是综合性训练，物业管理专业学生所学许多课程的精华都会凝聚在投标文件上。编制投标文件前面已已经介绍了投标文件的框架和基本内容，然后再提炼出编制招标文件所需的要点，通过实战模拟的方法进行训练。

11.3.1　编制投标文件的工作重点

抓住编制投标文件的工作重点是投标人应该具备的核心能力，也是学习者训练的主要内容，主要包括投标文件策划、技术部分编制和经济部分编制等三大部分。

11.3.1.1　投标文件策划

（1）信息采集

信息收集是指通过各种不同方式获取所需要的信息，信息收集的目的是更好地利用信息。知己知彼百战不殆，要想在物业管理招投标中获胜，必须掌握招标有关信息和竞争对手的有关信息以及自身的资源状况。信息收集工作的好坏，直接关系到投标的成败。信息可以分为原始信息和加工信息两大类。原始信息是指在招投标活动中直接获取的数据、知识、概念、经验及其总结，是尚未经加工的信息，如：物业管理市场上每年需求量、供给量、招标项目业态、体量和某竞争对手的投标报价等；加工信息是对原始信息进行加工、分析、改编和重组而形成的具有新内容、新形式的信息，如：物业管理市场供求变化趋势、业主需求取向分析以及统计资料等。两类信息都对物业管理公司的投标活动发挥着不可替代的作用，投标文件的编制者必须具有信息收集的能力。

（2）现场查勘

现场查勘是对全面了解招标项目的重要环节，包括项目的外围环境、用地、房屋建筑、设施设备、园林绿化、项目进度以及购房群体等。其中既涉及社会科学领域的知识，又涉及了自然科学领域的知识，投标人必须具有查勘能力，否则招标文件空洞无物。

（3）项目分析

要想使招标文件具有更强的针对性，就必须对项目所具有的特点进行全面分析。分析的内容包括项目的坐落位置、环境布局、房屋档次、设施设备、装修以及业主群体等。只有将这些情况分析清楚，才能确定项目管理的重点和难点，编制适宜的管理方案。

（4）理解招标文件

对招标文件的理解看似简单，但在实践中许多投标文件丢分，甚至于废标问题都出在没能正确理解招标文件上。绝大多数的招标文件都会将招标方的需求意愿和一些禁忌表达清楚，而且对许多关键问题都会有特别提示。即使这样，还是会有人不重视，造成废标。有些投标文件的编写者，不认真研究招标文件，完全凭着感觉和经验在其他投标文件上改编，结果造成失误。对招标文件的理解要抓住核心问题，尤其是禁止性事项一定要百倍警惕绝对不能触雷。

（5）确定投标文件编制思路

在认真研究拟招标项目基本情况和充分理解招标人意图的基础上，再来确定投标文件编写思路，主要包括服务质量标准的确定和投标报价的确定。服务质量问题不是仅提出服务等级就完事大吉，一定要有量化的检查标准和达到所定标准的切实可行的具体措施。如果通过对项目和招标人的分析研究，发现存在纠结之处，应该大胆提出解决问题的建议。曾经有过一个在建工程项目招标的案例。某投标人对其设备安装、调试及日后管理提出一整套方案，引起评委和招标人极大兴趣，结果一举中标。

（6）文字表达

文字表达能力是文字水平的能力，是运用语言文字阐明观点、意见或者抒发思想、感情的能力，是运用文字形式将决策思想实践经验，系统、科学、条理化地表达出来的一种能力。尽管有很好的想法，如果没有很好的文字功底，不能充分表达自己的思想，无法形成质量较高的投标文件。

11.3.1.2 技术部分编制要点

（1）资源配置

项目管理的关键是合理的配置有限资源，评标时评委也是根据资源的配置是否与项目实际需要的吻合程度来决定分数的多少。物业管理的资源主要有人、财、物三类，出现问题最多的是人力资源。

（2）制定工作计划

工作计划是社会活动中使用范围最为广泛的重要公文，任何单位对一定时期的工作事先作出安排时，都要制定工作计划。工作计划的种类划分，可以按时间长短分，也可以按照范围大小分。工作计划比较长远、宏大的是"规划"，比较切近具体的是"安排"，比较繁杂、全面的是"方案"，比较简明、概括的是"要点"，比较深入、细致的是"计划"，比较粗略、雏形的是"设想"，这些都属于计划文种的范畴。项目管理应该有项目规划，物业管理应该有管理方案。但由于都是工作计划范围之内，因此工作要点定位在工作计划。

（3）流程设计

流程是将一系列组织运作和顾客需求链接起来的活动，流程设计为特定顾客或市场提供特定产品或服务而实施的一系列精心设计的活动。物业管理服务质量标准能否实现，与流程设计是否合理有必然的关系，是评标时评委关注的重点。

（4）应急预案制定

应急预案一般都是招标文件要求必写项目，是招标人必须掌握的要点。但许多投标文件编制时不够重视，往往随意粘贴，漏洞百出，成为扣分重点。

11.3.1.3　经济部分编制要点

（1）管理成本测算

管理成本是决定投标报价的依据，必须测算准确而且要有前瞻性，预测出成本变化的趋势。

（2）报价决策

招标投标竞争主要看投标报价的大小，投标报价决定着投标的成败。管理成本和投标报价有因果关系，管理成本并不等于投标报价，也不是在测算出管理成本的基础上乘以一个系数所得出的结果。投标报价应该是在保证不亏损的前提下，略低于其他投标人的一个价格。决策者必须对其他竞争对手有充分的了解，有丰富的投标报价经验，是投标过程中技术含量最高的一项工作，必须加强对学习者的训练。

（3）财务分析

财务分析是以会计核算和报表及其他相关资料为依据，采用一系列专业分析技术和方法，对企业和其他经济组织过去和现在有关筹资活动、经营活动、投资活动的盈利能力、偿债能力、营运能力和增长能力状况等，进行分析与评价的经济管理活动。编制物业管理投标文件时，是以项目为独立核算单位。因此，此时的财务分析不是整个企业的财务分析，而是针对拟招标项目进行财务分析。财务分析是难度较大的工作，财务分析的结论是能否中标的关键，投标人必须把握好盈亏的尺度。项目连年亏损不能持续发展，评委通不过；利润太大业主肯定会极力反对无法中标。

（4）取费依据

投标文件中的各项取费必须要有根据，援引自哪个文件一定标注清楚。学习者要对相关规定了如指掌，尤其是涉及员工的社会保险，更不能有一点差错。有的投标文件取费依据有误，甚至使用废止文件，中标可能性很小。

物业管理公司应该经常收集各种取费标准以备投标时使用，现在国家或各地制定了一些与成本测算相关定额和标准，如：住房和城乡建设部制定的《城镇市容环境卫生劳动定额》（许多地区也有地方定额）、有的城市制定的《园林绿化养护标准定额》和《电梯维护保养工程预算基价》等。

11.3.1.4　训练方法和手段

以上所说的要点，既是投标文件中的核心问题，也是最容易出错的问题。在对学习者训练时，可以采取不同方法和手段。

（1）纠错训练

纠错训练的思路在招标文件中已经介绍，所不同的是投标文件的纠错不能整篇练习。最好将容易出错的部分提炼出来，设计成纠错练习软件令其反复训练，如：成本测算、项目分析和流程设计等。

（2）角色扮演

对于投标报价可以采用角色扮演的方法。指导教师可以将一个班的学生分为若干个小组（大约5～6人一组），其中一人为招标人，其余为投标人。每个组给一个真实的项目和评分方法，每个学习者代表投标单位报价。扮演招标人时学习者按照评分办法打分，然后按分数排序。第二轮更换招标人，指导教师再给一个项目和评分方法，重新演练投标报价。以此类推，一个学期可以进行多次，按学习者总名次确定成绩。投标人要综合管理成本、评分方法和其他人的报价习惯来确定自己的报价。多次练习的目的就是训练竞争者的报价习惯和心理状态，做到知己知彼才有获胜的可能。

（3）实战模拟训练

在前面训练的基础上，最后再利用校内实训时间选择真实项目制作一份完整的投标文件。这种实训方法最大的好处是实践性和综合性很强，但又没有资源消耗。在已实施物业管理招投标的城市，投标文件最好由评标专家库的专家评判，而且还可以与后面的宣讲和答辩结合起来进行。

（4）案例分析

投标文件的案例分析可以选用一些已经用过的实例，也可以用学习者练习所编制的投标文件。但真实的投标文件比较冗长，因此案例分析可以节选其中的一部分。

1）案例内容

例：消防应急处理预案

为预防火灾事故的发生，或发生火灾后的火势扩大和蔓延，物业公司（以下简称本物业）成立灭火应急组织机构，指挥部设在消防中控室。总指挥由本物业最高的负责人（物业公司总经理）负责。如果发生火灾，总指挥对火灾事故有直接指挥、下达命令、组织抢救的绝对权力。

（一）火情报警

1. 本物业内任何人员在任何区域发现烟火时，应立即使用最近处火灾报警按钮或用电话、对讲机向消防中控室报警（消防中控室电话：　　　　　　　　）。报警时要讲清楚起火的具体地点、燃烧物、火势大小、报警人的姓名、身份、所在部门和位置及是否有人员受伤。

2. 发生初起火灾，发现人员应立即报消防中控室，然后采用就近的灭火器材进行扑救，并保护好现场。如火情不允许，组织好疏散，将人员及贵重物品转移到安全位置，帮助火灾现场的业主（住户）做好自救及撤离现场的准备。

3. 发现火情时一定要镇定，迅速采取有效措施，绝对不能说不利于人员情绪稳定的话，如果火势较大，在做好上述第二点的同时，必须迅速报告本物业消防总指挥确认。消防总指挥批准后才能拨打119报警电话。

（二）火情确认

1. 消防中控室和分控室接到火灾报警信息后，应立即安排护管队义务消防员（所有护管员均为义务消防队员）携带对讲机和必备的消防用品赶到现场，确认火情是否存在，确认火情后消防分控室应立即通知护管队主管、服务中心负责人、和相关部门负责人赶到现场，成立灭火指挥组，同时安排义务消防员（及护管员）携带近处可取的灭火器材和可以利用的消防设施，赶到火灾现场，开始灭火。

……

2）案例分析

① 总指挥设置不当

物业公司总经理担任消防事故处理的总指挥，而且赋予了绝对权利。但一般物业管理公司要管理许多个项目，物业管理公司总经理不可能住在这些项目里，有的甚至不在同一地区。由一个不在现场人，只凭借通信工具指挥灭火是绝对不可能的。

② 报警

案例中要求"如果火势较大，在做好上述第二点的同时，必须迅速报告本物业消防总指挥确认，消防总指挥批准后才能拨打 119 报警电话。"现在见到的投标文件这样表述的非常多，应该说是一个普遍的问题。这个案例的关键问题是火灾发生后不允许报警，而要等待不在现场的总指挥确认批准。按照《消防法》第四十四条规定："任何人发现火灾都应当立即报警。任何单位、个人都应当无偿为报警提供便利，不得阻拦报警。"还有的文件承诺员工救火，如果扑救不灭和火情无法控制才允许报警。这样很容易造成火势蔓延给业主带来更大损失，而且是违法行为应该禁止。

③ 义务消防队

从现行的法律法规上已经找不到"义务消防队"字眼，《消防法》只提到了"专职消防队"和"志愿消防队"。专职消防队的建立，应当符合国家有关规定，并报当地公安机关消防机构验收，纳入当地公安机关消防机构的指挥调度体系。单位的专职消防队应当按照公安机关消防机构的指令，参加灭火救援工作。机关、团体、企业、事业等单位以及村民委员会、居民委员会根据需要，建立志愿消防队等多种形式的消防组织，开展群众性自防自救工作。如果是住宅小区的志愿消防队应该是居民委员会组建，而不是物业管理公司组建。

11.3.2　投标文件常见瑕疵

投标文件可以采用前面的案例分析方式表述，但将原来投标文件逐个节选进行分析所占篇幅太大。因此，现将投标文件中常见的瑕疵提炼出来，分别予以介绍。

在物业管理招投标评审投标文件的过程中，经常见到一些问题。有的属于编制投标文件的人基础知识欠缺，还不知道什么是物业管理，各个主体之间的关系根本没有理清；有的从网上下载现成的投标文件或东拼西凑罗列到一起，前后矛盾重重；有的用以往其他项目的投标文件，改一下项目名称就接着另投。这种投标文件肯定不会得到高分，甚至于直接判为废标。现将从一些真实的投标文件中提炼出来的内容列出，以儆效尤。

11.3.2.1　技术部分

（1）前期介入越俎代庖

国家鼓励物业服务企业通过参与建设工程的设计、施工、分户验收和竣工验收等活动，向建设单位提供有关物业管理的建议，为实施物业承接查验创造有利条件。但值得注意的是，国家仅仅是鼓励物业服务企业"参与"这些活动，而不是活动的主要行为主体。许多投标文件都将物业服务企业列入主角，总览设计、施工、建材采购、设备安装以及竣工验收等全部开发建设单位所做的工作。明眼人一看就知道这是在网上下载的内容，这确实是物业管理开展最早城市真实的投标文件，但不是现在的投标文件。早期的物业管理还不是真正的物业管理，而是房地产开发的售后服务。物业管理部门实际上是房地产开发的附庸，承担了许多房地产开发建设单位应做的工作。老的投标文件中保存着当时的痕迹，有些投标单位不假思索信手拈来，结果是贻笑大方。

（2）时点和内容有矛盾

有的项目已经进入了内外装修的阶段，但投标文件仍然写如何帮助开发商做好前期规划工作。出现这种问题的原因有两个，其一是现场查勘走过场视而不见真实情况；其二是粘来的投标文件未作仔细检查和盘端出。

（3）主体责任不清

竣工验收、制定《临时管理规约》和交房入住等工作都应由开发建设负责，而许多投标文件都揽在自己工作范围之内。竣工验收是施工单位在向开发建设单位递交产品，由开发建设单位验收。如果物业管理公司列席参加，可以获得一些重要信息，便于承接查验尽快抓住重点。实际工作中有的物业管理公司将两次验收合并，这是不允许的，而且这样做也不利于日后管理。

《临时管理规约》虽然涉及管理主体及其相对人有关事宜。但《物业管理条例》第二十二条规定："建设单位应当在销售物业之前，制定临时管理规约，对有关物业的使用、维护、管理，业主的共同利益，业主应当履行的义务，违反临时管理规约应当承担的责任等事项依法作出约定。"据此，制定《临时管理规约》应由开发建设单位负责，而不是物业管理公司负责。

交房入住是商品房交易主体商品交接过程，开发建设单位是交房主体。虽然有时房地产开发建设单位可能会委托物业管理公司代理，但此时物业管理不是以自己企业的身份工作，而是以开发企业的名义在工作，其民事责任还应该由开发建设单位承担（"被代理人对代理人的代理行为，承担民事责任。"——《民法通则》）。

（4）技术装备表述不清

技术装备是管理好一个项目必备的物质基础，是投标文件的主要内容之一，主要包括：办公设备、家具、交通工具、通信工具、环境维护所需设备和工具以及设施设备检修所需的仪器、仪表和工具等。但在投标文件中经常见到将一些消耗性的物资也列入技术装备中，如：复印纸、电池和燃油等。相反的例子也有，在投标文件中将万能表列入耗材。这都说明投标人的基本概念不清晰，以至于归类错误。

（5）承诺不适应客观环境

有的投标文件对服务质量承诺过高，有的可能照搬南方质量标准而在北方无法实现。特别是与有些服务与气温和环境有关，如华北地区的投标文件上写着保证做到"大堂地面一尘不染"没有脚印；小区花草树木四季常青，这些都是北方的物业管理项目做不到的。尤其是每年春天的沙尘天气，经常有人出入的地面肯定会留下脚印。

（6）人力资源配置不当

物业管理是劳动密集型工作，主要生产成本都集中在人力资源上，所以适度配置人力对于投标文件的技术部分和经济部分都很重要。现在所看到的投标文件，同一项目不同投标文件人员配置总数相差一倍以上。人员少了无法运行，人员多了加大成本，都不利于竞标。

物业管理工作中的有些岗位要求 24 小时都要有人值班，但在方案中人员配置过少。有的方案这种岗位只安排三人，认为每班 8 小时三班倒即可。其实四个人都不够，因为每人每星期法定工作时间是 40 小时，每星期自然时间是 168 小时。无论怎样排班都有 8 小时无人值班，变通的办法就是触犯《劳动法》延长工时。当然物业管理公司延长工时并不鲜见，但投标文件必须以适法为先，只要有悖法律法规肯定会被扣分。

（7）应急预案千篇一律

评标中所见到的应急预案基本雷同，有时几家投标单位犯同样错误。许多内陆地区投标文件中竟然有防台风预案，说明这些投标文件的编制者根本没有去研究项目的环境，直接从南方的投标文件中复制过来。

（8）触犯法规

许多投标文件夸大物业管理公司的作用，甚至替代政府主管部门职能违反法律法规的有关规定，其结果是无法实现，既违法又违约。经常看到投标文件写道："建立一支受过专门训练反应迅速的护管队伍，处理各种治安、消防和自然灾害及其他事故。"这些企业总想包揽物业管理区域内的一切事务，其实普通平民百姓是不能随便组建队伍处理治安案件和消防事故的。按照我国《警察法》规定："公安机关的人民警察对违反治安管理或者其他公安行政管理法律、法规的个人或者组织，依法可以实施行政强制措施、行政处罚。"

《消防法》规定："发生火灾的单位和相关人员应当按照公安机关消防机构的要求保护现场，接受事故调查，如实提供与火灾有关的情况。

公安机关消防机构根据火灾现场勘验、调查情况和有关的检验、鉴定意见，及时制作火灾事故认定书，作为处理火灾事故的证据。"公安机关的人民警察和公安机关消防机构才有权处理治安案件和消防事故，物业管理公司最多起到协助的作用而无权处理事故。

11.3.2.2　经济部分

经济部分常见的问题主要有：取费项目重复计算、费用取值不合理、收费不合法以及项目亏损运营等。

（1）重复计算

这里所说的重复计算，是指物业管理运营成本的个别项目重复计算，导致物业管理服务费标准提高。最常见的有人工费、维修费和材料费。

1）人工费

按照《物业服务收费管理办法》规定，物业服务成本或者物业服务支出构成中人工费主要有管理服务人员的工资、社会保险和按规定提取的福利费等，投标文件中大多数都将人工成本在此列全。有些项目已将其中某些服务转包给专项服务公司，并将转包费用进入成本。但前面的人工成本没有扣除，形成重复计算。

2）维修费

现在物业管理强制性招标都是前期服务，此时大多数设备都在维保期内，开发建设单位承担着维修费用。但投标文件仍然将维修费计算在内，造成重复收费。当然有可能设备的维保期与物业管理合同期不同步，合同未满而维保期已过。如有这种情况，可以根据每件设备维保期限分别计算，应该由开发建设单位（或设备生产厂商）解决的投标文件不计算维修费，超过维保期后投标文件再计算维修费。

3）直接材料费

物业管理服务的直接材料费包括物业管理企业在物业管理活动中直接消耗的各种材料、辅助材料、燃料和动力、构配件、零件、低值易耗品、包装物等的费用。对于转包的服务项目，有些材料费应该包括在内。如果材料费已经包括在转包合同中，投标文件再次计算则属于重复计算。当然投标时转包合同尚未形成，不过在专项服务市场上，各种不同价格所应包括的内容是众所周知的。

（2）取值不合理

1）取值少于正常开支

有些南方公司到北方城市投标，对于环境变化而引起的取值差异把握不好。尤其是绿化问题，南方雨水多需要人工浇地费用少，而北方干旱绿地主要靠人工浇灌，担保投标文件对于这些费用往往估计不足。

2）资源分配不合理

有些项目有多种业态，每种业态应该根据不同管理成本确定收费。项目的公共资源（如项目经理）应该根据不同工作量分摊成本，既要考虑工作的难度又要考虑管业面积。有的投标文件只简单按业态数目均分，也不管每种业态面积大小，这显然不合理。

（3）收费不合法

目前各地对普通住宅项目的物业服务费都有收费标准，一般是按服务等级划分。普通住宅服务收费属于政府指导价，可以在规定的价格基础上按照法定比例浮动。但有的投标文件报价明显高于规定的价格和允许浮动的范围，造成不合法收费。如果是超级服务可以超过标准收费，但指标文件应该有相关要求，而且服务质量也应该超过服务等级的要求。

（4）亏损运营

投标人为了掩盖企业盈利，往往使投标文件的财务分析结论为亏损状态。其实这是掩耳盗铃，任何企业经营项目的目的都是盈利，如果长期是亏损运营肯定不能持续发展。因此，投标文件一定实事求是，可以将合理利润列出。

12　学习情境3——现场答辩能力训练

答辩是询标过程的一个环节，是一种通过质询方式，有组织、有准备、有计划地鉴别和审查竞标人承担项目管理能力的重要形式。询标的本意是评标委员会要求投标人对投标文件中含义不明确的内容作必要的澄清或者说明。但物业管理的询标是评委对投标单位负责人和项目经理的面试，通过投标人的现场表现，考核投标单位工作人员的基本素质。现场答辩不是国家强制性的要求，而是物业管理市场行为的需要。《招标投标法》中没有答辩环节，但在《前期物业管理招标投标暂行办法》提到了"现场答辩"。这就说明一般意义的招标投标可以没有答辩环节，而对于物业管理招标投标是可以有此环节的。参加现场答辩的投标人代表通常是投标企业的负责人和物业管理项目经理。评委可以通过与他们的对话，了解企业的经营理念和负责人的个人素质。人的因素十分重要，因为管理和服务主要是靠人来实现。物业管理招标投标活动中的答辩，就是对人的检查手段。

物业管理招投标不同于工程项目的招投标。工程项目约束条件比较多而且非常成熟，图纸和各项施工规范以及验收标准齐全，人为因素相对较少。业内人士都知道，一个项目能否管好关键在于项目经理。按说投标文件本应由项目经理主持编制，其能力大小从投标文件中也能窥见一斑。但现在许多投标文件都是咨询人员代劳，项目经理并不知情，要想甄别项目经理的"功底"，只好通过询标面试。

12.1　现场答辩实际工作

12.1.1　现场答辩的意义

现场答辩给业主代表、评委与投标人提供了一次交流的机会。对于招标人来说，现场答辩可以帮助筛选中标人，使质优价低的服务者脱颖而出。而对于投标人来说，是竞标企业向招标人展示自己的素质和才干的大好时机。许多招标项目，现场答辩分数所占权重比较大，在某种意义上决定了竞标结果。因此，投标人都非常重视这一环节，挑选精兵强将进行备战预演。

现场答辩主要的工作是宣讲、聆听评委提问和回答问题三项。

12.1.2　宣讲投标文件

12.1.2.1　方式和手段

物业管理投标，现在基本上都采用多媒体投影仪投放幻灯片配合宣讲，图文并茂以求取得最佳效果。投放的图片最好不是简单的宣讲字幕，应该根据所讲内容配上插图。配图可以是静态也可以是动态，动态图像在技术上是完全可以实现的。

投标人参加宣讲和答辩的人数由招标人确定，一般是三个人，包括企业负责人和项目经理，再带一名助手。负责人中有一人主讲，助手负责操作计算机配合投影。另一负责人注意观察评委表情，分析评委关注的问题，揣测可能提出的疑问。

宣讲有时间的限制，一般要求在15～20分钟。宣讲不是讲投标文件的全部内容，而是扼要介绍有特色的重点。

12.1.2.2 宣讲内容

宣讲的内容不是投标文件的重复，而是强调一些必须让评委注意的问题。因为有时阅标的时间并不充裕，评委不可能把几十万甚至上百万字的投标文件逐字逐句阅读并摘出重点。投标人非常想让评委了解的内容，也许并未引起评委的注意，所以要借此机会加以强调。

（1）本企业介绍

重点介绍资质等级和业绩，业绩主要介绍管业面积、管理项目数量、获优数目以及管理和服务的特长（紧扣招标项目来谈），几句话即可。

（2）管理方案

针对项目本身提出计划，分析项目的优势和劣势，容易出现哪些问题和如何解决这些问题。管理方案不能千篇一律，一定要针对项目特点讲出具体措施。

（3）管理特色

管理特色是本企业在物业管理服务中的独到之处。宣讲时要根据物业本身的特点阐述才能引起招标人和评标专家的兴趣，得到高分。物业管理服务中各个问题都很重要，但总应该相比较而言分出轻重缓急。如：一个设施设备非常复杂的超高层楼宇招标，招标人和评标专家所关心的是维护设施设备的完好，保证设施设备正常安全运行以及业主紧急疏散等问题。宣讲时应讲述本企业在设施设备管理方面的特色，包括经验、能力、业绩、措施以及紧急疏散的方案等。如果仍然大谈社区文化、家政服务等问题，而回避设施设备管理，分数肯定会受到影响。

（4）服务质量

物业管理服务是一种产品，这种产品是环境整洁程度的增量，主要通过其载体——物业反映出来。学习者描述质量时，应该根据业主需求分析，制定服务质量标准。

（5）投标价格

投标价格是任何招标项目决标的重要因素，宣讲时要将定价主要原因讲清楚。另外，物业管理服务费计费方法也是重点内容。

（6）优惠条件

优惠条件是在力所能及的前提下提出，必须经得住推敲真实可信，而且有针对性，是该项目所需要的事项。

12.1.2.3 注意事项

（1）仪表

宣讲人举止要大方，学习者可着学生装或职业装，修饰要朴素整洁，切忌浓妆艳抹。

（2）语言

语言是宣讲时宣讲人与评委沟通的唯一工具，学习者训练时一定要讲普通话，而且要语言连贯不能有赘语。

（3）守时

"守时"主要训练学习者归纳问题和总结问题的能力，培养学生能在规定的时间内将招标文件的核心内容表述清楚。实际招标时，各地可能会根据不同项目，限定不同的宣讲时间。训练时指导教师可以设定不同的时间让学习者宣讲同样内容，以学习者偏离规定时间的多少确定成绩，训练学习者的适应能力。

12.1.3　聆听评委提问

12.1.3.1　提问方式

提问方式大致有两种：随问随答和先问后答，采用哪种方式由评委决定。另外，由哪位投标人回答问题也由评委决定。

（1）随问随答

随问随答是指评委提问后随即回答，评委可根据回答问题情况再次发问，评委和投标人可以随时交流。

（2）先问后答

先问后答是评委提问时投标人记录，所有问题提完后投标人可以商议一下再回答。不过评委有时针对投标人答案可能会再次发问，结果也形成了随问随答，两种方式融合在一起。

12.1.3.2　理解提问内容

评委所提问题一般不会超过投标文件的范围，不过文件中所涉及的法律法规肯定要问。有经验的评委大多会抓住投标文件的瑕疵，接连问下去直到对方理屈词穷。

投标人必须听清并理解评委所提问题，然后再构思如何回答。由于答辩人要回答诸多评委问题，必然有些紧张，常常没听清就急于回答，结果答非所问影响夺标。

12.1.3.3　回答问题

答辩是投标人对评委现场所提问题的响应，一般要求投标人必须注意以下几个问题：

（1）熟悉投标文件内容

1）答辩人应主持投标文件制作。

有些企业固定某个人专门制作投标文件，或找咨询机构制作投标文件，而答辩人对投标文件内容全然不知，肯定影响中标。因此，最好应由答辩的项目经理主持制作投标文件。

2）经济部分答辩人参与运算。

评委对经济部分非常关注，肯定会在质询时提出问题。答辩人必须参与运算过程熟悉每个数据来源。

（2）熟悉法律法规

评委经常会问到有关物业管理的法律法规，答辩必须十分熟悉投标文件中所涉及的法律法规。国内物业管理开展较早的城市曾经有一个投标实际案例，就是因为某投标人对某一法条的回答失误，结果使原来处于劣势的竞争对手反超 0.02 分一举中标。

（3）针对问题的核心回答

回答问题要抓住重要的核心内容。

（4）回答问题条理性强

回答问题要有条理，最好将要表达的内容分成若干条目逐条讲述。而且还要注意到前后关系，不能自相矛盾。

12.2　学习情境设计

12.2.1　学习目标

现场答辩主要可以考察企业负责人和项目经理以下各方面的能力：

（1）逻辑思维能力；

（2）语言表达能力；

（3）理解问题的能力；

（4）应变能力；

（5）对时间的把握能力。

学习者也要从这几方面的能力训练入手，不过任何训练手段都不能做到与各方面能力存在一一对应的关系，只能是一种综合训练。而且各种能力也有相互交融的问题，很难划分出十分清晰的界限。尤其是逻辑思维能力有时涵盖了其他能力。所谓逻辑思维就是将意识按照顺序排列进行思考。逻辑思维能力是指正确、合理思考的能力，也就是对事物进行观察、比较、分析、综合、抽象、概括、判断、推理的能力，采用科学的逻辑方法，准确而有条理地表达自己思维过程的能力。而通过经常性的逻辑思维锻炼，就能达到培养和训练逻辑思维的目的。对逻辑思维能力的训练，贯穿学习者学习的全过程。我们所设计的训练仅仅是其中一小部分。

12.2.2　需要铺垫的知识

在学历教育中，招投标课程一般都会放在最后，是物业管理专业所学课程的综合运用。现场答辩时评委的发问，可能会涉及物业管理中的各种问题，因此所需铺垫的知识比较多。具体内容在前面"完成工作任务必备的知识和能力"中已有介绍，这里不再赘述。

12.2.3　情境模拟

校内实训室布置成决标大厅，设置评委席（包括招标人代表）、答辩席和旁听席。大厅里应有多媒体教学设备，如：多媒体计算机、液晶投影机、数字视频展示台、中央控制系统、投影屏幕、音响设备等。旁听席应有至少能容纳一个班学生的座椅。

12.3　实　际　训　练

12.3.1　训练方法和手段

12.3.1.1　角色扮演

前面我们介绍过，角色扮演非常适合多角色的学习情境教学。现场答辩是招投标过程的关键环节，物业管理市场的供给主体、需求主体和协调主体都要登台亮相，应该采用角色扮演方法训练学习者。指导教师可让学习者分别扮演招标人、投标人和评标人，剩余学习者可以担任行政事务工作人员和旁听人。扮演角色的学习者现场答辩时，旁听席上的学习者认真观察现场答辩的表现并做好记录，准备讨论和点评。各种角色依次轮换，让每个学习者都能得到每个角色训练的机会。

12.3.1.2　分组讨论

指导教师将学习者分成若干小组，将前面角色扮演时的设问和答案归纳成若干项内容，学习者可在组内进行讨论，总结出意见趋于一致的答案。

12.3.1.3　辩论会

各组将组内意见公诸于众，如果组与组之间意见不同可以展开辩论，最后由指导教师点评。

主要参考文献

［1］ 郝寿义主编. 物业管理通论. 深圳：海天出版社，1997.

［2］ 约瑟夫·W·迪卡罗主编. 美国物业管理概论. 北京：中国建筑工业出版社，2010.

［3］ 吴凤山主编. 市场学. 哈尔滨：哈尔滨工业大学出版社，1989.

［4］ 邓辉主编. 招标投标法新释与例解. 北京，同心出版社，2003.

［5］ （美）雷蒙德 P. 菲斯克，史蒂芬 J. 格罗夫，乔比·约翰著. 张金成等译. 互动销售服务营销. 北京：机械工业出版社，2000.

［6］ 李景泰主编. 市场学. 第 2 版. 天津：南开大学出版社，2003.

［7］ 马龙龙，理智编著. 服务营销与管理. 北京：首都经济贸易大学出版社，2002.

［8］ 唐德华，孙秀君主编. 合同法及司法解释条文释义. 北京：人民法院出版社，2004.

［9］ 王家福主编. 物业管理条例解释. 北京：中国物价出版社，2003.